新编21世纪
高等职业教育精品教材

经贸类通用系列

数字与智能营销

主编 胡磊

SHUZI
YU ZHINENG YINGXIAO

中国人民大学出版社
· 北京 ·

图书在版编目（CIP）数据

数字与智能营销 / 胡磊主编．-- 北京 ：中国人民大学出版社，2024. 11. --（新编 21 世纪高等职业教育精品教材）. -- ISBN 978-7-300-33136-2

Ⅰ. F713. 365. 2

中国国家版本馆 CIP 数据核字第 2024BE5860 号

新编 21 世纪高等职业教育精品教材 · 经贸类通用系列

数字与智能营销

主　编　胡　磊

Shuzi yu Zhineng Yingxiao

出版发行	中国人民大学出版社		
社　　址	北京中关村大街 31 号	**邮政编码**	100080
电　　话	010－62511242（总编室）		010－62511770（质管部）
	010－82501766（邮购部）		010－62514148（门市部）
	010－62515195（发行公司）		010－62515275（盗版举报）
网　　址	http://www.crup.com.cn		
经　　销	新华书店		
印　　刷	北京七色印务有限公司		
开　　本	787 mm×1092 mm　1/16	**版　　次**	2024 年 11 月第 1 版
印　　张	17.25	**印　　次**	2024 年 11 月第 1 次印刷
字　　数	394 000	**定　　价**	49.00 元

PREFACE

前言

党的二十大报告指出："教育、科技、人才是全面建设社会主义现代化国家的基础性、战略性支撑。必须坚持科技是第一生产力、人才是第一资源、创新是第一动力，深入实施科教兴国战略、人才强国战略、创新驱动发展战略，开辟发展新领域新赛道，不断塑造发展新动能新优势。"这一重要论述为高职教育的改革与发展提供了根本遵循。

在党和政府的全面领导和规划下，数字中国建设正稳步推进，并取得了举世瞩目的重大成果。我国基础设施数字化进程走在了世界前列，不仅推动了各行各业的转型升级，更为国家发展注入了新的活力。数字中国建设不仅是在数字时代推进中国式现代化的重要引擎，更是构筑国家竞争新优势的有力支撑。

正是在这样的时代背景下，数字基建日益完善，数字生活深入人心，数字法治建设保驾护航，数字经济蓬勃发展，催生出各种新产业、新业态和新职业。其中，数字与智能营销（本教材使用简称"数智营销"）作为数字经济的重要组成部分，正以其独特的魅力和巨大的潜力，成为推动经济社会发展的新动力。

数智营销，作为依托大数据、人工智能等先进技术的营销方式，不仅提高了营销的效率和精准度，更深刻改变着传统的商业模式和消费习惯。它使得企业能够更深入地了解消费者需求，制定更精准的营销策略，实现更高效的市场推广。同时，数智营销也为消费者带来了更个性化、更便捷的营销体验，提升了消费者的满意度和幸福感。

然而，数智营销的发展也面临着诸多挑战。技术的更新换代日新月异，要求从业人员具备扎实的理论基础和丰富的实践经验；市场环境的复杂多变，要求企业具备敏锐的市场洞察力和灵活的战略调整能力。因此，培养具备数智营销专业知识和实践能力的人才，成为当前教育领域的重要任务。

本教材为项目式新形态教材，由校企合作共同开发。教材内容涵盖组建数智营销团队、制定数字品牌策略、制定数智营销方案、搭建触客渠道、挖掘客户数据、个性化内容与智能推荐、新媒体内容营销、推荐引擎营销、搜索引擎营销、混合现实营销和数智营销数据分析等典型数智营销工作场景。

本教材具有以下鲜明特色：

（1）打造素养课堂，培养高素质技能型人才。全书共设计 8 个"学思浅悟"板块，旨在提升学生的道德、智慧和职业素养，培养具有先进思想的社会主义建设者。

（2）校企合作，双元共建应用型教材。教材编写团队邀请企业专家参与，提高本教材的产教融合程度，做到"岗课赛证"融合。教材设计了反映职场经验的板块"职场案例”与“小贴士”，可以帮助学生获得更实用、更符合职场需求的技能和知识，提高学生的职业素养和就业竞争力。

（3）注重实践操作，提升学生岗位行动能力。为了满足混合式教学场景，本教材配套“翻转一下”翻转课堂任务，师生可灵活开展混合式教学活动。为了提高学生的实践操作能力，大部分的学习任务都配套“业务操作”这一实训任务，让学生在学习与实践中，锻炼自身岗位行动能力。

（4）培养创新思维和职业兴趣，促进全面发展。在理论知识的学习上，为了确保学生能理解、会运用，本教材设计了“引导案例”“知识视窗”等板块，提高学生的学习兴趣和积极性，增强学习效果，培养创新思维，促进全面发展。

（5）数字资源丰富，学习方式更灵活。本教材同步建设了微课、课件、实训素材和实训工具表等数字化教学资源，可通过扫描书中二维码获取相关学习或实训资源。

教材编写团队由遵义职业技术学院具有丰富教学经验和实践经验的教师组成，另外邀请广州福思特科技有限公司及行业专家参与教材的研讨研发，他们提供了大量企业数智营销业务资料、企业实际营销案例和实际操作经验，并积极参与了教材的编写、资料收集、审稿等工作。

数智营销作为我国乃至世界创新的业态，正在被越来越多的企业接纳，并且相关的政策、技术、经验、模式不断涌现，行业标准与规范也在发展中不断完善。尽管我们在编写过程中力求准确、完善，但书中难免有疏漏与不足之处。教材是集天下人的智慧而成的书，所以恳请广大专家、读者批评指正，共同完善本教材。

编者

2024 年 4 月

CONTENTS

目录

项目一 数智营销认知与团队组建

学思浅悟

数智营销团队组建的关键：德才兼备，任人唯贤

在数智营销领域，团队的组建与管理对数智营销业务的发展起着至关重要的作用。

数智营销团队的组建，必须以德才兼备为基石。这意味着，团队成员不仅要具备扎实的专业知识和出色的技能，更要拥有崇高的品德和道德操守。只有这样，团队才能在数智营销的征途上保持诚信为本、专业至上，为企业的长远发展筑牢基石。

此外，团队组建应当坚持任人唯贤的原则，不受地域和背景的束缚，积极吸引和汇聚各方英才。这就要求团队领导者在选人用人时，必须树立正确的导向，不被地域、背景等外在因素所限制，而是注重人才的内在能力和素质。唯有如此，团队才能汇聚各路精英，形成强大的合力，共同推动数智营销事业不断向前发展。

教学目标

知识目标：

1. 掌握数智营销的核心概念、特点、价值和区别，建立对数智营销的全面认知。
2. 了解数智营销技术的基础知识、应用领域和影响，以及数字技术在营销中的实际运用。
3. 了解数智营销的发展历程和未来趋势，把握数智营销领域的最新动向和发展方向。

技能目标：

1. 能够收集和整理数智营销行业的资讯获取渠道。
2. 能够判断行业未来数智营销趋势。
3. 清楚数智营销团队的构成，了解数智营销岗位的职责。
4. 能够根据业务需要，组建合理的数智营销团队。

素养目标：

1. 培养对数字化时代的敏锐洞察力和创新思维能力。
2. 培养数据驱动决策的理性思维和科学方法。
3. 培养自主获取知识和技能的能力，不断跟进数智营销领域的发展。

引导案例

为贯彻落实党中央、国务院关于建设数字中国的重要部署，国家数据局会同有关单位系统总结2023年数字中国建设重要进展和工作成效，编写完成《数字中国发展报告（2023年）》（以下简称《报告》）。《报告》指出，在各地区各部门共同努力下，2023年数字中国建设取得积极进展。数据基础制度建设步伐加快，上下联动、横向协同的全国数据工作体系初步形成。数字基础设施不断扩容提速，算力总规模达到230EFLOPS，居全球第二位；先进技术、人工智能、5G/6G等关键核心技术不断取得突破，高性能计算持续处于全球第一梯队。数据要素市场日趋活跃，数据生产总量达32.85ZB，同比增长22.44%。数字经济核心产业增加值占GDP比重达到10%左右；累计建成62家“灯塔工厂”，占全球总数的40%；连续11年成为全球第一大网络零售市场。

资料来源：许维娜．国家数据局：2023年数字中国建设取得积极进展 总体发展呈现四方面特点．人民网，2024-05-27.

■ 案例思考

党和政府为什么大力推进数字中国建设？这对“数智营销”有什么意义？

任务一 建立数智营销基本认知

任务引例

一般的商家或厂家乐意在地图平台上标注自己的信息，包括联系方式。如果一家企业的服务对象是商家，其业务属于“to B”模式，那这家企业就可以使用一些数智营销工具采集目标市场所在地地图上的商家信息。在手机App商城搜索“客户”“拓客”“客源”等关键词，就能找到这类工具。

通过这类地图信息采集工具，可快速获取某个区域客户信息，极大提高企业拓客效率，这是数智营销领域一项典型的技术应用。

任务描述

在当今数字化时代，数字营销与智能营销已成为企业取得竞争优势的重要手段。本教材将围绕一家名为“千禧服装有限公司”的服装企业展开数智营销相关认知与实操任务。

1. 企业基本信息

千禧服装有限公司成立于 2000 年，创始人李华在 20 世纪 90 年代来到广东，从一个普通的服装厂质检员开始打拼，积累了丰富的行业经验和人脉资源，最终创立了这家服装企业。近几年公司营收从高峰时期的 1.5 亿元，下降到现在的 8 000 万元左右。下降的原因，主要是最重要的几家大客户的电商业务近年来收益下降，导致订单急剧萎缩。在从事服装设计的女儿李卿的说服下，李华决定探索数智营销模式，寻求数智化转型，并招聘一名数智营销经理来帮助李卿开展相关工作。

企业经营范围：

各类服装的代工制造，涵盖运动装、休闲装、外套等多个系列；

制服定制与销售，涵盖校服、厂服、工装等。

2. 启动数智营销业务的原因

（1）代工厂模式遇到瓶颈，急需扩大自营业务；

（2）计划搭建一套合理高效的数智营销体系来扩大营收，并降低营销成本和人工成本；

（3）技术发展迅速，市场竞争激烈，已经步入数智化竞争的时代；

（4）数智营销更贴近年轻客户群体，有助于企业提高在年轻消费群体中的知名度，扩大市场份额。

本任务中，千禧服装有限公司创始人李华要求刚入职的数智营销经理王志汇报数智营销基本信息，并准备一些服装行业数智营销最新资讯和案例。

任务要求

通过探讨数智营销的核心概念和价值，建立对数智营销的基础认知，为后续知识的掌握和运用打下坚实基础，并通过对数智营销资讯渠道的梳理，掌握信息获取渠道和最新行业资讯。

知识准备

一、数智营销的含义及特点

（一）数智营销的含义

随着科学技术的进步，一些重要的技术深刻影响营销形态的演化，营销的基本原则保持不变，但营销的方式不断发展，从电视广告、互联网广告再到“元宇宙营销”，当前世界进入一个高度先进的营销时代。其中数字技术和人工智能技术的发展，促使“数智营销”诞生，将营销提升到一个全新的水平。

知识视窗

元宇宙营销

元宇宙营销是一种基于元宇宙技术的营销策略和方法。元宇宙是一个虚拟的数字世界，可以模拟现实世界的各种场景和体验。元宇宙营销利用元宇宙的虚拟环境和互动性，为产品或品牌创造全新的营销体验。

在元宇宙营销中，企业可以通过虚拟现实（VR）、增强现实（AR）等技术，将产品或服务展示在虚拟世界中，与消费者进行互动和体验。通过元宇宙营销，企业可以打破传统的地域和时间限制，为消费者提供更加沉浸式和个性化的购物和体验环境，从而提升品牌认知度和用户参与度，实现营销目标。

在了解什么是数智营销之前，有必要先了解一下什么是数字化和智能化。

1. 数字化的含义

数字化是指将各种信息、数据转换为数字形式，并通过数字技术和设备进行存储、处理、传输和展示的过程。例如，数码相机能将图片转化为数字格式存储在内存卡中，方便人们在相机上进行预览、选择、删除等操作，还能够将照片导入电脑等设备中进一步编辑和存储。

数据的收集、整理、存储和分析是数字化的重点，企业可以通过挖掘和利用数据资源进行价值创造与提升。例如，通过对用户数据的收集和分析，企业能更加了解用户的特征、兴趣偏好，从而实现精准营销。

2. 智能化的含义

智能化是指将智能技术应用于物体、系统或过程中，使其具备一定的自主学习、分析和决策能力，以实现自动化、智能化的功能。智能化技术通常基于人工智能（AI）、机器学习、大数据分析等先进技术，使系统能够从数据中学习，并根据学习结果做出对应的决策和操作。

智能化强调利用数据和人工智能算法进行预测、优化和自动化。例如，智能推荐算法能根据用户的行为兴趣向用户推荐他们可能感兴趣的内容或产品，从而实现个性化推荐。智能化技术甚至可以实现一定程度上的自动化运营，例如，智能客服通过语义理解与文本匹配自动且快速地解答用户常见疑惑。

需要注意的是，数字化是智能化的基础，智能化是数字化的最终形态，而数字化和智能化的有机结合就形成了数智化。

3. 数智营销的含义

数智营销是指在营销领域中利用数字技术和智能技术，以数据为基础，深入了解目标受众，制定更精准、更个性化的营销策略的营销方式。数智营销依赖大数据、人工智能等技术对数据进行收集、整理、分析和可视化，以更好地理解消费者行为、市场趋势和营销效果。

（二）数智营销的特点

1. 数字化

数智营销以数字化为基础，拥有可追踪、可衡量的海量数据资源，如用户画像数据、用户行为数据、社交媒体数据。企业可以通过对数据的收集与分析获得有价值的信息，从而做出明智的经营决策。

2. 智能化、自动化

数智营销以智能技术为重要手段，实现营销过程的智能化、自动化。例如，使用数据挖掘软件或平台自动收集目标消费者的联系方式。

3. 精准化

数智营销通过各种各样的工具和技术准确定位和识别目标受众。数智营销能通过数据挖掘与分析，获得不同群体消费者的兴趣和需求，从而针对特定的消费群体开展营销推广活动，推送精准内容。

4. 个性化

数智营销根据消费者兴趣、偏好和行为等，能够为每个消费者提供个性化、定制化的产品、服务、广告或内容，如千人千面的个性化推荐。

5. 多元化

数智营销的多元化主要体现在营销渠道多元化，如社交媒体、在线视频网站、短视频应用、直播软件、音频应用、电商平台、智能大屏等都是数智营销的渠道。

6. 实时性

数智营销使营销人员能够根据实时数据进行决策调整，这使得营销活动可以更快地响应市场变化，及时调整策略以获得更好的结果。

二、数智营销与传统媒体营销的区别

数智营销与传统媒体营销的区别是多方面的，主要体现在营销渠道、传播方式、数据应用、效果与评估、营销决策和互动参与等方面。

在营销渠道上，数智营销渠道呈现多元化特点，包括社交媒体平台、视频平台、短视频平台、直播平台、搜索引擎、内容社区、智能大屏等数字渠道；传统媒体营销渠道以电视、广播、报纸和杂志为主，营销渠道丰富度较低。

在传播方式上，数智营销以去中心化传播方式为主，具有分散控制、广泛参与、可信度有限的特点；传统媒体营销以中心化传播方式为主，具有集中控制、有限参与和可信度较高的特点。

知识视窗

中心化传播和去中心化传播

中心化传播是指由一个或少数几个中心化的来源或媒体机构主导和控制的信息传播的过程。例如，传统媒体时代的电视、广播、报纸，信息内容主要由少数媒体机构决定和控制。中心化传播主要有以下特点：

（1）集中控制：由少数的中心机构或权威人物负责信息的发布和管理。

（2）有限参与：大部分受众都处于被动接收信息的状态，参与度相对较低。

（3）可信度高：中心机构权威性高，信息较为可靠，受众比较信任其发布的信息，但是有可能存在信息偏颇的风险。

去中心化传播是指信息传播不再受少数中心机构的主导和控制，而是由更多的独立个体、社交媒体平台、社区等分散的来源进行传播的过程。例如，社交媒体时代，任何人都可以发布和分享内容。去中心化传播主要有以下特点：

（1）分散控制：信息的生成和传播没有单一的控制者，广泛的个体均可参与。

（2）广泛参与：个人、群体均可参与信息的传播，多样性和民主性较强。

（3）可信度有限：信息的准确程度不一，可信度有限，容易造成虚假信息、谣言泛滥。

在数据应用上，数智营销可以收集大量的数据，并通过数据分析来洞察用户需求，从而优化营销策略；传统媒体营销对于数据的收集较为有限，对于数据的分析较为不充分。

在效果与评估上，数智营销基于大数据与人工智能技术可以实现精准的个性化推荐与广告投放，成本投入较低，营销效果可追踪、可测量；传统媒体营销的营销成本较高，受众不精准，容易造成资源浪费，且营销效果难以追踪和测量。

在营销决策上，数智营销决策以数据为基础，趋于智能化，通过分析用户的行为与兴趣进行营销决策；传统媒体营销决策通常基于经验、市场研究，决策精准度有限。

在互动参与上，数智营销的用户互动方式多元，可以通过评论、点击链接、参与活动等方式与品牌进行互动，参与程度较高，双向互动的特性明显；传统媒体营销呈现单向输出的特点，受众参与度较低，难以直接与品牌进行互动。

综上所述，数智营销与传统媒体营销的主要区别如表 1-1 所示。

表 1-1　数智营销与传统媒体营销的主要区别

	数智营销	传统媒体营销
营销渠道	多元化	单一
传播方式	去中心化传播	中心化传播
数据应用	数据应用较为充分	数据应用较为有限
效果与评估	效果可追踪和测量，易于评估	效果难以追踪和测量，较难进行评估
营销决策	重视数据决策	以经验决策为主
互动参与	双向互动	单向输出

三、数智营销发展历程

数智营销的发展历程大致可以划分为四个阶段，分别是基于互联网的单向营销阶段、基于社交媒体的互动营销阶段、基于大数据的精准营销阶段和基于人工智能的智能营销阶段。

（一）数智营销 1.0：基于互联网的单向营销

20 世纪 90 年代初，伴随着互联网的诞生与发展，网站横幅广告、弹窗广告、电子邮件、搜索引擎等营销形式兴起，传统营销逐渐向数智营销过渡。互联网早期的广告形式具有单向传播、互动性不足的特性，企业将产品、服务或促销信息传递给广大受众时，用户只能被动地接受广告信息。

（二）数智营销 2.0：基于社交媒体的互动营销

2002 年之后，社交媒体服务兴起，社交媒体开始崛起。在这一阶段，用户不再被动地接收信息，用户生成内容（UGC）变得越来越普遍，社交媒体逐渐成为主流媒体。基于社交媒体的营销具有互动性、社交性、实时性的特点，企业与消费者能够通过社交媒体平台实现双向沟通和实时互动。

（三）数智营销 3.0：基于大数据的精准营销

2010 年前后，“大数据”开始流行起来。企业通过数据收集与分析，进一步了解消费者的行为习惯和兴趣偏好，从而能更有针对性地进行营销决策。数据挖掘、智能推荐算法等技术的发展和进步使得企业迈入精准营销的新纪元。这一阶段的营销以个性化、精准化为主要特点。

（四）数智营销 4.0：基于人工智能的智能营销

2016 年，随着阿尔法狗战胜围棋世界冠军，人工智能在全球范围内引发了深度讨论。人工智能技术的强力赋能开创了营销的新局面，如直播和短视频等新技术媒介迎来了发展的黄金期；围绕虚拟数字人、NFT 数字藏品、AR、VR 开展的元宇宙营销打破了现实世界与虚拟世界的边界；人工智能生成技术赋能内容生产，内容生产效率大幅提升。人工智能技术的应用与普及，使得营销更加智能化、自动化。

四、数智营销发展趋势

数智营销未来发展呈现广告内容化、流量私域化、品牌 IP 化、全流程数字化的趋势。

（一）广告内容化

1. 广告内容化的内涵

广告内容化是指将广告融入用户感兴趣的内容中，以更自然、更无缝的方式实现品牌推广的效果，常见的形式有原生广告、赞助内容、故事性广告等。广告内容化通过创造出有趣、有吸引力的内容，将品牌或产品相关信息巧妙嵌入其中，能够在一定程度上缓解消费者对广告的抵触情绪，提升广告效果。如图 1－1 所示，微博内的信息流广告就是一种广告内容化的体现。

图 1-1　广告内容化案例

2. 广告内容化的原因

（1）广告屏蔽或跳过问题。

传统广告形式推广生硬、缺少共鸣，常被消费者视为一种干扰。广告屏蔽工具和“跳过”按钮使得消费者在广告触达时能够自行关闭或跳过，如图 1-2 所示为开屏广告设有“跳过”按钮。将广告与有趣、有价值的内容相结合，将广告嵌入内容之中，能够提升消费者的接收体验，降低消费者的反感，从而减小被忽视或屏蔽的概率。

图 1-2　广告“跳过”按钮

（2）消费者行为和偏好变化。

随着互联网的普及，消费者获取信息和沟通交流的方式发生了改变，他们更倾向于通过有价值、有趣的内容来获取信息。例如，消费者在购买商品前会在抖音、小红书、知乎平台浏览试用视频、测评笔记、选购攻略等内容，再进行购买决策。在这种情况下，内容成为一种新型广告形式，而广告内容化是适应消费者行为和偏好变化的必然之举。

（3）消费者注意力有限。

随着时代的发展与进步，广告形式也变得越来越多样，消费者每天都会接触大量的广告，但消费者的注意力是有限的。所以，为了吸引消费者的目光，引发消费者的兴趣，广告必须更加有趣、有价值。

（4）社交媒体的兴起。

一方面，社交媒体、短视频平台等数字媒体成为消费者社交、娱乐和获取信息的主要平台，贴合平台调性、生动有趣的广告内容能够获得更大的曝光度和更好的传播效果；另一方面，有趣或有价值的内容更容易在社交媒体上传播，从而进一步扩大曝光。

（二）流量私域化

1. 流量私域化的内涵

流量私域化是指将流量引导和留存在自己的平台或渠道上，从而与用户建立更深的联系。企业通过流量私域化的方式能够更直接地与用户进行沟通和互动，降低对外部平台的依赖，从而实现长期业务增长和品牌价值提升。

2. 流量私域化的原因

（1）私域经济效益显著。

在公域流量成本越来越高的情况下，企业通过流量私域化能够低成本、直接快速地触达用户，对用户进行精细化运营与管理，从而提升用户转化率和复购率等。

（2）掌握主导权。

流量私域化可以更好地获取精准的用户数据，从而进行更深入的用户洞察和精准营销。并且，流量私域化可以降低企业对公共平台的依赖，降低因公共平台算法变化、政策调整带来的品牌流量急剧下降等风险。

（3）深耕用户关系。

以用户为中心，关注用户需求是企业实现业务增长的关键。流量私域化能够促进企业与用户之间的互动和交流，增强用户的忠诚度和黏性，从而建立更紧密的用户关系，提高用户的留存率和复购率。

（4）有助于品牌曝光。

品牌曝光是营销的重要内容，一次曝光相当于一次“广告展现”。用户成为品牌私域流量后，品牌的账号与内容容易出现在用户的“推荐”名单内，或系统会向粉丝推送品牌相关内容，或更容易出现在用户的手机中。例如写有品牌名的微信订阅号出现在用户微信界面，这就是一次品牌曝光，如图 1－3 所示。

图 1－3　微信界面

（三）品牌 IP 化

1. 品牌 IP 化的内涵

品牌 IP 化是指将品牌打造成一个独特的、可识别的、有故事性的形象或角色。通过品牌 IP 化，品牌被赋予更多的情感和人格，更具亲和力，从而与消费者建立更深入的连接。

2. 品牌 IP 化的原因

（1）打造差异化营销。

品牌 IP 具有高辨识度、强共鸣、强互动等特点，能够在激烈的市场竞争中突出品牌独特的个性和形象，从而在消费者心中形成差异化。通过品牌 IP，可以更好地表达品牌的特点和价值，吸引那些寻求与众不同的产品和体验的消费者。

（2）营造情感营销。

随着物质生活的逐渐丰富，消费者除了关注产品本身，还会更加关注情感体验，追求精神上的共鸣。品牌 IP 化赋予品牌更多的情感和故事性，使消费者更容易与品牌产生共鸣和情感联系。一个人性化、有趣的品牌 IP，能够吸引消费者的注意，从而更容易引发消费者的情感联系。例如，基于企业家奋斗拼搏的精神而打造的品牌 IP，很容易牵动消费者的情绪，让消费者对品牌产生良好的印象或进行购买等行为。

（3）强化消费者参与和互动。

品牌 IP 化更方便品牌与消费者互动，就像人与人之间的沟通交流一样。例如，创建虚拟角色回答消费者问题。

（4）娱乐化营销。

娱乐化营销是一种通过将品牌的营销活动与娱乐元素相结合的策略，以创意、有趣的方式吸引消费者的注意力。品牌 IP 的运用可以为娱乐化营销提供更丰富的故事情节、角色和元素，从而更好地实现这一目标。

娱乐化可以减轻传统广告营销中的售卖感，让消费者更愿意积极参与，因为他们会把这种体验视为娱乐而不是广告。

（四）全流程数字化

1. 全流程数字化的内涵

全流程数字化是指企业在开展营销业务的过程中，将所有业务和运营流程进行数字化转变和管理，以实现高效、精准的业务运作。例如，使用 SCRM、DMP、智能客服等营销技术和工具进行营销流程的自动化和智能化。

全流程数字化能够简化业务流程，提高工作效率；节约人力、物力成本和资源；能够实时监控和反馈问题。

2. 全流程数字化的原因

（1）数字技术进步。

随着人工智能、大数据分析、物联网等数字技术的不断发展，企业可以通过各种营销技术或工具实现更便捷、更智能、更精准的营销。例如，人工智能和机器学习技术能够从大数据中挖掘出消费者的购买频率、对产品的评价情况等有价值的信息，从而辅助营销活动。

（2）数据驱动决策。

数据成为重要的生产要素，企业开展营销活动依赖于数据的收集、分析。全流程数字化能够大量地收集与产品、内容和消费者相关的数据，辅助企业进行营销决策。例如，根据数据采集与分析可得出，知乎的人群画像是集中在“北上广深”一线城市的高学历、高收入人群，进而可以推断，教育、医疗、房产、理财、保险等认知门槛高的产品适合在知乎平台上进行营销推广。

（3）市场竞争压力。

市场竞争激烈，全流程数字化是企业实现降本增效、增强竞争力的有效途径，可以帮助企业更好地适应市场变化。

五、数智营销的价值

（一）商业价值

数智营销的成功实施可以为企业带来多重商业价值，以下是主要的商业价值。

1. 降本增效

数智营销布局得当，可以实现多方面成本的下降和工作效率的提升。例如，智能客服代替传统的电话销售，可以实现人工成本的大幅降低；精准定位受众，仅向潜在客户进行广告投放，能有效减少广告浪费，降低广告成本。又例如，AIGC 的应用能缩短创作的过程，提升内容生产的效率等。

知识视窗

什么是 AIGC?

AIGC 即 AI Generated Content，利用人工智能技术来生成内容，它被认为是继 PGC、UGC 之后的新型内容创作方式。

常见的应用有问答式 AI、文案创作 AI、绘画类 AI 等，它们能够根据“语境”快速生成内容，快速满足用户的咨询、互动、观看内容等需求。

2. 辅助决策

人工智能技术和大数据技术的加持使得数据的收集与整合、分析与预测变得更加全面、深刻、直观，它们使决策更加智能、科学和高效。

（1）辅助产品定位决策。

产品定位决策是企业在市场中为其产品或服务确定适当的目标市场、定位和差异化策略的过程。产品定位决策涉及了解目标受众的需求、竞争环境、产品特点等，以便将产品与竞争对手区分开来，并在市场上建立独特的品牌形象和市场位置。

借助数智营销工具，可快速收集产品定位所需的信息和数据，从而帮助企业或从业者做出优秀的定位决策。

例如，一家电子产品公司正在考虑推出新款智能手表，公司高层可以利用数智营销分析工具，收集消费者在社交媒体上的评论，搜索数据以及竞争对手的销售情况。通过分析这些数据，他们可以了解消费者对不同功能的偏好、市场上竞争产品的特点等。这些数据可以帮助企业高层更准确地确定产品的定位、特点和定价策略，从而做出更科学的决策。

（2）广告投放优化。

广告投放是营销业务重要的工作内容，其中用户的精准性和内容的匹配度非常关键，而这些可以通过数智营销手段优化，筛选更精准的用户，创造更匹配的内容。同时，通过数智营销，了解不同营销渠道的效果，从而优化广告投放策略。

例如，一家电商企业正在进行一次大规模促销活动，计划在多个广告渠道上投放广告。企业可以借助数智营销工具监测不同渠道上的广告效果，如点击率、转化率等。如果某个渠道的广告效果不佳，企业可以及时调整广告内容、定位或投放时间，以获得更好的回报。通过实时监测和数据分析，企业可以在活动期间做出更快速的决策，实现优化广告投放策略的目的。

3. 快速获取大量客户线索

客户线索是指对企业产品或服务有兴趣的潜在个人或组织。这些个人或组织可能表现出购买意向，但尚未成为正式的客户。客户线索通常是通过不同的渠道收集和获取的，如市场活动、社交媒体、网站注册、展会等。

客户线索是销售和营销团队的重要资产，因为它们代表了有可能转化为实际销售的潜在机会。将线索转化为客户需要的一系列互动、跟进和营销活动。销售和营销团队会利用不同的方法和策略来培养这些线索，以便在合适的时机将其转化为实际客户。

获取客户线索是大部分销售或营销活动开展的前提。而数智营销的一项重要任务就是自动地、智能地获取大量客户线索，如客户的联系方式。

4. 客户筛选

客户筛选是指在商业活动中，对潜在或现有客户进行评估和选择的过程。通过客户筛选，企业可以更有效地识别哪些客户是最有价值、最适合和最有可能产生积极业务结果的。这个过程涉及对客户的各种因素和特征进行分析，以便做出明智的业务决策。

在数智营销领域，通常会借助人工智能机器人联系潜在客户，根据客户沟通结果，为客户贴上“意向标签”。当潜在客户表现出一定的兴趣后，人工销售或人工客服就可以介入，这将降低“电话销售员”的心理压力，并提高工作效率和质量。

小贴士

电商客服团队走了三分之二

吴琳（化名）是一位电商客服主管，在2018年和2019年这两年，她带领的电商客服团队发生了巨变。当时淘宝千牛做了系统更新，完善了机器人客服功能，导致很多售前、售中、售后的客服工作被替代。她的整个团队陆续被裁员了三分之二，只剩下六人。这六人还是她极力保留下的“精英”。“那些肯研究、肯拥抱数字化工具的人，可能会迅速超越那些原来拥有优势的人，因为现在是数字化时代，你总不能避而不见。”吴琳说她总是这样告诫留下来的员工，促使他们好好研究和利用“人工智能客服”。

（二）社会价值

1. 人才培养

数智营销对人才的需求，将带动相关人才的培养。正如传统电商的崛起培养了大量的电商人才，而电商人才又促进了传统电商的发展。

第一，它代表未来营销的趋势，它对人才的要求，正是新营销人才需要重点关注和学习的方向。例如数字化素养的提升和数字化工具的使用等。

第二，它为年轻人提供了新的职业机会，数智营销属于较为新颖的营销方式，旧的营销赛道上，已经站满了人，竞争相当激烈，对于年轻人来说，不太好突破。但是数智营销提供了一个“蓝海”赛道，这里竞争者相对较少，数智营销技术和理念相对较新，非常适合年轻人。

2. 技术创新

数智营销反推技术创新。数智营销依赖技术更好地实现营销目标，与此同时，数智营销也是技术创新的催化剂。数智营销过程面临的大规模数据处理、用户洞察、个性化推荐等挑战也对营销技术提出了新要求，这些实际应用中的挑战推动着技术的不断创新迭代和新兴技术应用场景的不断扩展。

3. 产业创新

数智营销促进产业创新。数智营销的“数据＋人工智能”双驱动模式推动了企业数智化变革，在组织形式、业务模式、营销方式等多方面促进了产业的创新发展。

4. 理论创新

数智营销推动营销理论的创新。数智营销的实践带来了丰富的案例和启发。学者和从业者在思考和探索中不断总结经验，发现新现象、新规律，研究新问题，构建新模式，从而推动着营销理论不断发展和演进。

翻转一下

请收集当前主要营销理论，分析它们的区别。

六、数智营销基本流程

在拥有数字化和智能化技术条件下，企业能够做到对客户数据的收集与分析，对需求进行预测，并制定个性化内容或服务提供给客户，从而实现精准营销和个性化维护。一般的数智营销流程如表 1－2 所示。

表 1－2　数智营销流程

序号	步骤	描述
1	设定营销目标	设定营销具体目标，如销售增长、品牌知名度提升等
2	收集客户数据	挖掘客户数据，包含客户人口统计学数据、兴趣偏好、销售线索等
3	需求预测	根据客户数据细分客户群体，为客户贴上标签；通过数据分析预测客户需求趋势并确定市场机会
4	个性化内容	根据客户特征和需求生成个性化的推广信息和产品推荐
5	精准营销	利用数据和个性化内容选择合适的营销渠道和方式，实现精准营销
6	针对性维护	通过私域或公域渠道对客户进行针对性维护，重视和提升客户的生命周期价值（Life Time Value，LTV）
7	营销效果评估	通过数据监测评估营销活动效果，为未来策略调整和优化提供参考

七、快速了解数智营销行业

（一）快速了解数智营销行业的原因

对于行业的新手而言，通过一些渠道和方法快速了解行业的信息，将帮助他快速提高专业度，更能让其清楚未来的学习方向和发展方向。

当前营销行业变化很快，营销技术、营销热点和营销模式不断涌现，加上营销平台规则和玩法的变化，这就要求从业者能快速跟上潮流，快速掌握行业最新动态。

（二）重点行业信息

每个行业都有其基本概念和术语，这是行业的敲门砖。对于行业从业者而言，掌握行业基本术语是基本功。例如数智营销、个性化营销、客户线索、获客等词汇。

翻转一下

请收集数智营销或数字营销相关的专业术语，要求整理成文档提交。

（三）快速了解数智营销行业的方法

以下是一些快速了解数智营销行业的方法。

1. 行业报告

查找专业机构、咨询公司和行业协会等发布的行业报告、市场研究和分析报告，它们能让我们快速了解行业趋势、竞争格局、市场规模、用户喜好等方面的信息。

小贴士

购买行业报告网站的 VIP

行业报告属于优质学习材料，它能开阔我们的视野，帮助我们了解行业最新动态、就业前景等。建议班级用班费采购一个行业报告网站 VIP 会员，可共享账号与密码，或者由学习委员掌管。

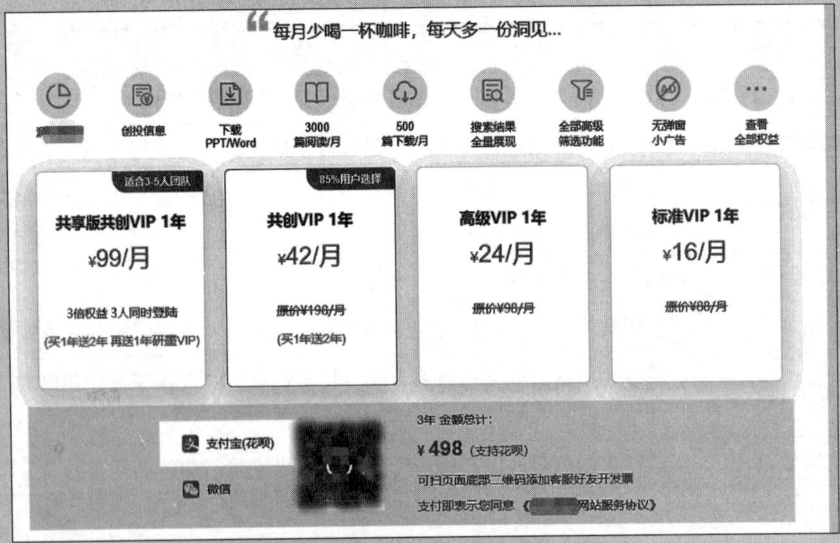

行业报告网站 VIP 购买页面

翻转一下

小组活动：请查找与整理获取行业报告的渠道，并梳理各渠道的优缺点。

2. 行业书籍和文献

阅读行业相关的书籍、研究论文和技术文献，能够深入了解行业的发展背景、发展历程和技术变革。

> **翻转一下**
>
> 请通过学校图书馆或城市图书馆，登录知网或维普期刊收集“数智营销”相关文献。

3. 行业专家和大V账号

每个行业都有出色的专家或从业者，他们分享的内容浓缩了自身几十年的经验。这类内容对新手的成长很有价值，如果对方有著作或新媒体账号，应该拜读和关注。

> **翻转一下**
>
> 请登录知乎和抖音，以“数智营销”为关键词，搜索相关大V，并查看他们账号相关内容。

4. 行业解决方案供应商

行业解决方案供应商是指专门为特定行业或领域开发、提供定制化解决方案的企业。这些解决方案旨在满足特定行业内的需求，结合技术、服务、咨询等资源，帮助企业或机构解决问题，实现业务目标。

在数智营销领域同样如此，数智营销作为一种新兴营销模式，很多企业在关注和尝试该营销模式，但也遇到理念不熟悉、没有工具、没有资源等困难，由此诞生了数智营销解决方案供应商，它们旨在为企业提供数智营销方案，助力企业数智营销业务的开展。

> **小贴士**
>
> **如何找到数智营销解决方案供应商？**
>
> 做B端客户的企业，通常会投入资金到搜索引擎排名中，我们只需要通过搜索引擎搜关键词“数智营销”就可以找到供应商。

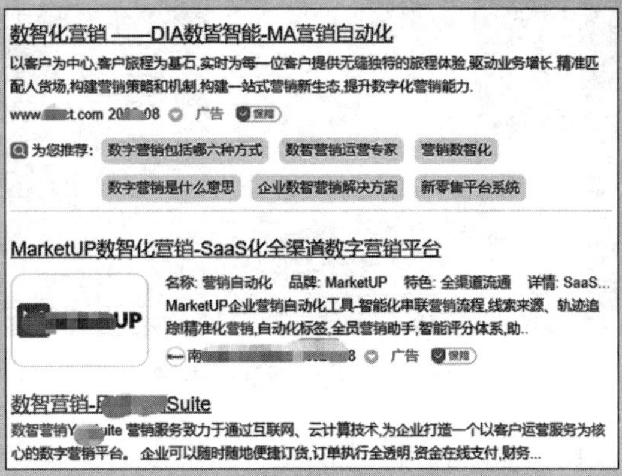

百度搜索关键词“数智营销”结果页

业务操作一

业务名称：数智营销行业资讯获取渠道的收集与整理

业务描述：数智营销领域是不断变化发展的，想要深入了解数智营销行业就需要持续关注和学习。请你收集和整理获取数智营销行业资讯的相关渠道，制作一张数智营销行业资讯渠道汇总表，并与同学进行交流，补充完善自己的表格。

工作要求：

1. 收集的渠道应该涵盖数智营销行业的最新动态、趋势、案例、技术、方法等，尽量广泛和全面。

2. 整理的表格应该包含渠道的名称、类型（如行业报告、微信公众号、资讯网站等）、链接、更新频率、主要内容等信息，方便查阅和使用。

3. 使用 Excel 制作表格，格式整洁美观。

操作步骤：

第一步：在不同的信息获取渠道上，收集相关的网站或资讯内容。

（1）渠道一：知网。

使用城市图书馆数字化资源中的“知网”，收集整合最新的“数智营销行业研究资料”。注意，不要使用学校的图书馆，毕业后学校图书馆无法使用，要习惯使用社会公共资源解决问题。

操作如下：

1）注册与登录图书馆，这里以登录浙江图书馆为例，如图 1－4 所示。

图 1－4　登录浙江图书馆

2）点击数字资源，找到知网入口，如图 1－5 所示。

3）输入关键词，如“数智营销”“数字营销”“智慧营销”等，从中筛选出近几年发表且内容与“数智营销领域”高度相关的文献，如图 1－6 所示。

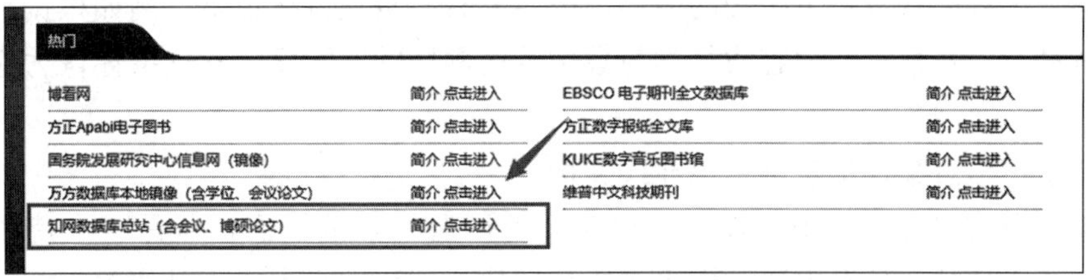

图1-5　浙江图书馆线上数字资源“知网”入口

图1-6　知网“数字营销”关键词搜索结果

另外，尽量选择硕士、博士研究生发表的文献，因该类文献会介绍某领域或某行业更多信息。

（2）渠道二：行业报告网站。

推荐两个网站：“洞见研报 www.djyanbao.com”和“发现报告 www.fxbaogao.com”。

搜索关键词“数智营销”“数字营销”“智慧营销”等，搜索结果如图1-7所示。

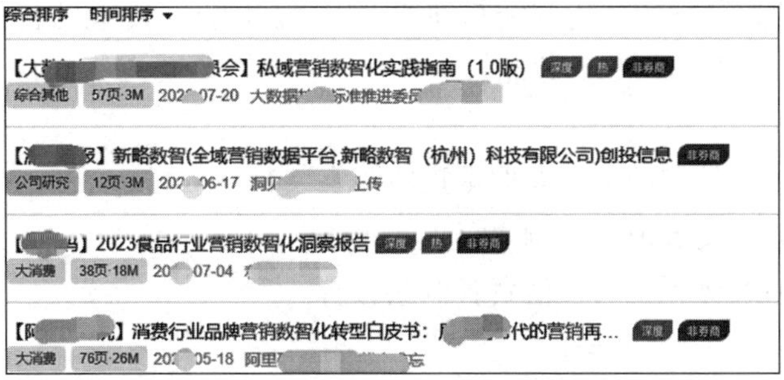

图1-7　某行业报告网站“数智营销”关键词搜索结果

（3）渠道三：新媒体平台。

当前主要的新媒体平台有知乎、微信公众号、抖音等，直接搜索相关关键词，筛选账号，这个过程要查看一下账号的内容，内容要有质量且持续更新。例如根据抖音账号的粉丝数量、点赞数量、内容质量和与数智营销领域的匹配度，筛选出你认为应该关注的账号。

第二步：汇总渠道信息至腾讯在线文档。

营销行业需要关注营销行业动态以及企业所属行业的动态，这是一个持续性的工作，为了更方便整合信息渠道与资讯的收集，建议使用在线表格记录相关内容。在线表格可以随时随地打开，不受空间和设备的影响，且在线表格能够跟随创建者，可用于日后的工作，如图 1-8、图 1-9 所示。

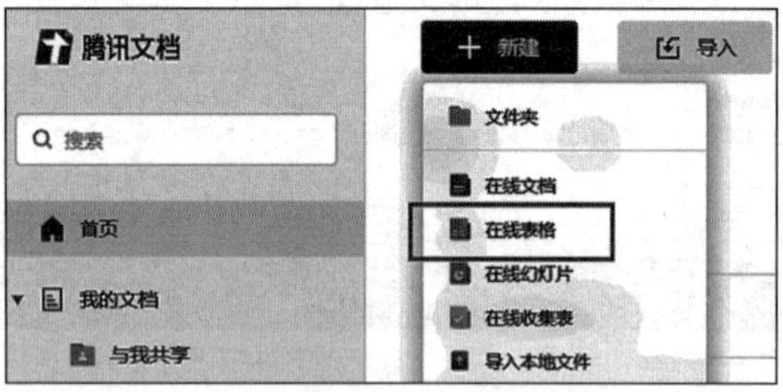

图 1-8　腾讯在线文档新建在线表格

实践任务工具--数智营销行业资讯渠道汇总表

姓名：　　专业班级：　　学号：

渠道名称	渠道类型	链接	更新频率	主要内容	备注

图 1-9　数智营销行业资讯渠道汇总表截图

业务操作二

业务名称：女装行业资料收集与整理

业务描述：

在实际工作中，我们会经常遇到不熟悉的领域，是否能快速了解一个领域或行业，对我们做出专业的、科学的分析判断起到关键作用。因此，专业的、科学的分析判断是职业生涯中一个非常重要的职业技能。

工作要求：

1. 尝试使用上述提到的信息获取渠道收集女装行业资料。

2. 收集低中高端女装消费者洞察报告。

3. 收集不同新媒体平台女装消费者洞察报告。

操作步骤：

在不同的信息获取渠道上，收集女装行业相关资料，然后汇报、筛选出契合本书情境的行业资料。

任务二 了解数智营销技术

任务引例

大数据分析与数智营销

我们可以借助天气预测的原理理解大数据分析。

首先，开展天气预测工作需要收集各种数据，如气温、湿度、风速、气压等。其次，整理这些数据，去掉不准确或重复的部分，保证数据质量。然后，观察历史天气数据，寻找其中的规律，比如在夏天气温较高、靠海的地区风速较大等。接着，使用过去的天气数据建立一个模型，该模型需要考虑如温度、湿度等不同变量，并找出它们之间的关系。基于预测模型输入当前的气象数据，模型会分析这些数据，并根据过去的模式预测未来的天气，比如预测明天会下雨或气温会升高等。然后，观察预测结果与实际天气情况是否吻合。若不准确，可以通过调整模型或采用更准确的数据来提高预测的准确性。最后，将预测结果以图表或报告的形式呈现给公众，向公众播报天气趋势。

不难发现，以上过程大致经历了数据收集、整理、分析、建模、预测与分析、验证与更新、可视化等过程。类似的，大数据分析也是基于对历史数据的分析，从中找到数据中的模式和关联，进行分析、评估、预测等。不同之处在于大数据分析能够通过更多的算法和技术来处理海量复杂的数据，挖掘数据中隐藏的价值。大数据技术的发展，正是数智营销发展的重要推动力之一。

任务描述

在当今数字化时代，数智营销技术成为推动市场营销领域革新的关键因素。

李卿作为一名小红书平台服装种草博主，深知选对一个平台或工具对一项业务成功具有重要的影响。她要求数智营销经理梳理出当前主要的数智营销技术，并罗列一个开展数智营销业务的技术采购清单。

任务要求

1. 掌握数智营销技术的核心概念以及对市场营销的影响。
2. 熟悉当前主要的数智营销技术，了解这些技术在数智营销领域的应用。
3. 能根据业务需求，制定合理的数智营销技术方案，并说明理由。

知识准备

一、数智营销技术概述

（一）数智营销技术的概念

科学技术是社会发展的重要力量，重大技术的更迭会影响政治、教育、交通、娱乐、艺术等方面。例如人工智能的发展将会影响教育，教师怎么教、学生怎么学都将受到人工智能技术的影响。数智营销领域同样受到技术发展的影响。

这里的数智营销技术是指一系列与数智化营销业务相关的技术和工具，包括硬件、软件和平台。

（二）技术对数智营销的影响

营销涉及内容的生产、内容的形式、内容的传播、用户行为等，而这些又受到技术变迁的影响。例如短视频平台的崛起，将成为新一代营销的内容与形式。

1. 技术对内容的影响

（1）碎片化呈现。

当前消费者主要在新媒体平台消费内容，而新媒体平台的内容以碎片化呈现为主，用户看的前后内容大都属于不同的账号、不同的主题。这就导致内容有碎片化呈现的特点，很难兼顾深度和广度。因此从业者就需要想办法在仅有的时间内，尽可能地吸引用户注意力，促使用户成为粉丝或吸引用户点进个人主页查看其他内容。

翻转一下

课堂探索：短视频内容创作领域有一个“开头黄金三秒”的说法，请查阅相关资料，说明此说法的合理性。请借助问答式 AI 工具（如文心一言）完善你的答案，如向 AI 输入以下提问：

【现在有一道问题：短视频内容创作领域有一个“开头黄金三秒”的说法，说明此说法的合理性。

我的回答是：××××××××××。

请你给我的回答评分，满分是 10 分，如有扣分，需解析被扣分的原因。】

（2）多形式呈现。

媒体内容形式的变迁大体从文字到图文再到视频，未来趋势可能是虚拟呈现。当前的技术条件下，已经能实现内容的多形式呈现。例如文章中可以同时包含文字、图片、视频、音频等形式的内容，而且部分科技公司正在探索其他感觉器官的内容，如触觉。

知识视窗

触觉手套

触觉手套（Haptic Glove）是一种设备，通常以可穿戴的手套形式呈现，旨在模拟人类的触觉感觉和动作，使用户能够与虚拟现实（VR）、增强现实（AR）等数字环境中的物体进行互动。这些手套配备了各种传感器、激励器和材料技术，通过模拟力量、压力、振动等方式，让用户能够感受到虚拟环境中物体的触感和反馈，例如和虚拟世界中的好友握手，我们能获得真实世界中握手的体验。

2. 技术对传播形态的影响

传播是营销的重要课题，当前技术对传播形态的影响也影响着营销策略的制定。

（1）传播的去中心化与再中心化。

互联网去中心化的趋势以及移动端的普及，加上各新媒体平台的兴起，正在改变传播的面貌。这种变革使得信息的产生、发布和传播不再受限于传统的中心化媒体机构，而是越来越多地转移到了企业、组织和个体手中。

再中心化是指在去中心化传播的背景下，由于信息过载和可信度问题，出现了一些关键意见领袖或权威机构，他们在特定领域内积累了影响力和认可度，成为信息筛选和引导的中心点。这种传播模式不同于传统的中心化媒体，而是通过权威性和专业性的个人、组织或机构，重新引导和影响广大受众对信息的认知和选择。

“再中心化”的传播模式下，关键意见领袖和权威机构扮演着信息的筛选者和传播者的角色，他们可能拥有丰富的专业知识、经验和影响力，能够将海量的信息进行解读和整理，为受众提供更有价值、更可靠的内容。这些意见领袖通常能够通过社交媒体、专栏、讲座等渠道传播他们的观点，并以其独特的见解和专业性，吸引一大批关注者。

对数智营销的启示：营销者要搭建一个“关键意见领袖名单”，了解哪些人对我们的客户群体有重要影响，而这些人就是潜在的合作对象。当然，新媒体时代，我们可以去搭建账号、创建人设，培养出属于自己的关键意见领袖。

（2）大众自传播。

内容的生产、发布和传播权利下沉到个体，使每个人都能成为一个传播节点。对于重要的内容、喜欢的内容、想要传播的内容，大众可以自发传播。对于不喜欢、不认可的内容，可以选择无视、不传播甚至拉黑相关账号。

当前大部分新媒体平台是利用数据推荐内容给用户，内容的数据越好，平台就越有可能将该内容推荐给更多潜在兴趣用户。这就造成“热点”的产生，而热点也是营销非常重要的素材。

对数智营销的启示：在策划营销内容时，要尊重和理解用户群体的文化背景、意识形态、喜好和习惯等因素。思考哪些内容容易被用户接受和传播，思考如何通过数智化工具找到关联的“热点”并生成相关内容推送给感兴趣的用户。

（3）多层级交互传播。

传统营销时代，信息的传播大多是从中心往外传播或自上而下传播。例如一些重大事件，往往是先由权威媒体报道，后由下一级媒体分发。当前数智营销时代，信息的传播已经呈现多层级交互传播的特点，例如一些突发事件，现场的视频往往来自自媒体用户，而其视频被权威媒体转载。

3. 技术对传播范围的影响

当前的内容形式、信息技术和智能推荐算法等，会使一些内容快速扩散。例如重点社会事件或重大自然灾害报道。另外，短视频平台的崛起，传播对象扩大，视频内容对用户的素质要求较低。从三岁儿童到八十岁老人，从偏远山村到一线城市，用户对视频内容的接受度非常高。当前世界，新媒体平台蓬勃发展，某一个地区的热点内容，可能迅速在全世界范围内“火起来”。

4. 技术对用户的影响

技术影响了用户，这是客观事实。新媒体能够便捷地满足用户的多种需求，所以传统媒体受到挑战，逐渐流失了用户。

例如，新媒体可以满足用户网络购物、社交、休闲娱乐、自我成长等多种多样的需求，实现随时随地消费内容。而传统媒体内容形式单一，内容有限，发布时间固定，且内容中心化，不能满足用户个性化需求。

传统媒体时代的用户，称为受众，是信息的被动接收方，缺少对内容反馈、互动的渠道。而在新媒体时代，他们从受众变成用户。“高话语权”是新媒体用户的主要特征，即用户有选择的权利。他们可以评估内容的好坏与价值，如果他们觉得内容有价值，可以选择点赞、转发或投币；如果他们觉得内容没有价值，则可以选择不理睬甚至拉黑相关账号。

对数智营销的启发：营销者对“价值”的判断，要符合常理、符合科学、符合法律法规，不能“为宣传而宣传”，不能不讲逻辑；否则容易遭到用户的反驳甚至拉黑，会严重影响品牌的形象。

二、大数据在数智营销中的应用

（一）认识大数据

1. 大数据的概念和特点

大数据是指规模庞大到难以使用传统数据处理工具进行处理的数据集合，具有数据体量大、增速快，类型多、复杂度高，价值潜力大、价值密度低等特征。

（1）数据体量大、增速快。

由于现代社会科技的发展，数据产生方式和数据来源发生了翻天覆地的变化，造成了海量数据产生。例如，数字化的存储、传输和分析方式使得数据量急剧增加；互联网的普及和社交媒体的兴起导致每天都有海量的文字、图片和视频数据被生产出来和发布在网络上；物联网的发展使得智能手机、智能家居等各种搭载传感器的设备每天产生海量数据。

（2）数据类型多、复杂度高。

不同领域和应用产生了许多不同性质、结构和格式的数据，导致了大数据的复杂多样。数据来源的多样化，包括文本、图像、视频、音频等；数据结构的多样化，如结构化数据、半结构化数据和非结构化数据；数据格式的多样化，如 JPEG、PNG 的图像文件格式和 MP4、AVI 的视频文件格式等；数据维度的多样化，如时间、地理位置、用户属性等。

（3）数据价值潜力大、价值密度低。

大数据中蕴藏着大量信息，这些信息可能对业务决策与创新产生重要作用。但是，在这些大量的数据中只有少部分是真正有价值的信息。因此，需要投入大量的时间、资源进行深入的处理和分析，才能在复杂多样和质量参差不一的海量数据中提取出有价值的信息。

2. 大数据相关技术

大数据技术涉及数据采集与预处理、数据存储和管理、数据处理与分析、数据安全与隐私保护等一系列的技术和工具。大数据相关技术解释如表 1-3 所示。

表 1-3 大数据相关技术解释

技术	解释
分布式存储	指将海量的数据分散存储在多台服务器上，以提高数据的可用性和扩展性
分布式并行计算	指将复杂的数据处理任务切分成多个子任务，分配给多台服务器并行执行，以提高数据的处理效率和扩展性
数据库	用于存储和管理大数据的数据库
数据挖掘	利用统计学、机器学习、人工智能等技术，从大量的数据中发现有价值的信息和知识，包括模式识别、预测分析、关联分析、聚类分析、文本挖掘等
数据可视化	将大数据转换成可视化图表和仪表盘，帮助用户更好地理解和分析数据
流处理技术	用于实时处理数据流，对持续产生的数据进行实时处理、分析和响应
数据安全与隐私保护	用于确保大数据安全性和保护用户隐私的技术和方法

（二）大数据在营销中的实际应用

大数据应用侧重于海量数据的存储、处理与分析，并从海量数据中发现价值，服务于生产和生活。在营销领域，大数据应用主要有数据分析与决策、用户洞察和精准营销等。

1. 数据分析与决策

大数据技术能够通过对大量数据的收集、存储、处理、特征提取与选择、建模、验证与优化、可视化等一系列操作，挖掘隐藏在数据中的模式、关联和趋势，辅助营销决策。在营销场景中，常见的数据分析有营销效果评估、市场趋势分析、产品或服务需求预测、竞争对手分析等。例如，许多研究机构每年都会对消费趋势进行研究和梳理，形成年度消费趋势报告，为从业者提供一些参考。

2. 用户洞察

大数据能从用户基本特征、兴趣偏好、行为习惯、情感反馈等众多方面对用户进行分析与洞察。

（1）洞察用户基本特征，例如年龄、性别、地理位置、家庭状况、消费水平等。

（2）洞察用户的兴趣和偏好，如用户对哪些领域比较感兴趣，关注什么样的内容，喜好的品牌、产品或服务，喜欢使用哪些渠道。例如，“Z 世代”群体对于二次元、游戏、美妆、萌宠等领域较感兴趣，习惯通过 KOL 获取信息和经验。

（3）洞察用户的行为习惯，包括购买历史、浏览记录、点击行为、搜索习惯、消费习惯，用户购买决策过程、购买时间、购买频率和方式，购买某种产品或服务的动机和需求。例如，“95 后”妈妈在购买母婴产品时可能会优先考虑健康、安全以及品质等因素，习惯于从母婴平台获取信息，进行购买决策。

（4）洞察用户情感和反馈，包括用户对产品、品牌、服务的情感倾向，以及用户的反馈、评价。

借助大数据技术进行用户洞察，了解目标用户的特点、行为、兴趣和偏好，能够帮助企业更好地开展营销业务。总而言之，通过大数据分析对用户进行全方位洞察，能够实现在对的时间、对的地点，以对的方式，为对的人，提供对的产品或服务。

3. 精准营销

大数据集成处理和数据挖掘技术能从消费者行为数据中精准定位目标消费者及其需求，从而实现定向广告投放、个性化产品推荐、精准获客等一系列的精准营销操作。图 1－10 所示为某购物平分推荐页面。

（1）定向广告推送：通过人群定向、地理位置分析等技术实现广告精准触达。

（2）个性化产品推荐：例如，电商平台的“推荐”“猜你喜欢”板块，就是基于用户的各种数据来判断用户需求或偏好，进而推荐用户可能需要或者感兴趣的产品。如图所示。

（3）精准获客：通过精准的广告触达、个性化的内容推荐，精准获取客户。

大数据在营销中的实际应用还有基于机器实现自动化舆情监测和口碑探测，基于数据整合的数据库或营销平台搭建等。

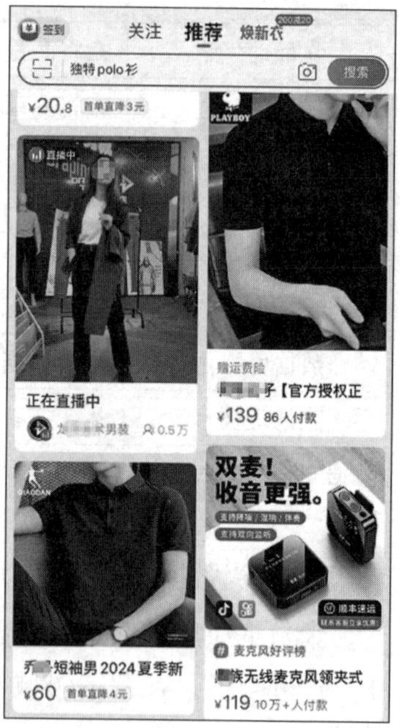

图 1－10　某购物平台推荐页面

三、人工智能在数智营销中的应用

（一）人工智能的概念

人工智能（Artificial Intelligence，AI）是一种模拟人类智能的计算机系统和技术，旨在使计算机具备类似于人类的思维、学习、推理、解决问题和适应环境的能力。人工智能系统可以通过大量的数据和算法来模仿人类的认知过程，从而实现各种任务，包括自动化决策、语音识别、图像处理、自然语言处理等。

人工智能的相关技术有机器学习、深度学习、自然语言处理、计算机视觉、语音识别、人机交互、知识图谱等，如表 1－4 所示。

表 1－4　人工智能相关技术的解释

技术	解释
机器学习	是人工智能的核心技术之一，它使计算机可以从数据中学习模式和规律，从而做出预测、分类和决策
深度学习	是机器学习的一个特定分支，通过多层次的神经网络模型，使用大量的数据来学习和提取特征。通常用于解决复杂的模式识别和抽象问题，如图像识别、语音识别、自然语言处理等
自然语言处理	使计算机能够理解、处理和生成如英语、中文等自然语言的技术，包括文本分析、情感分析、语义理解、机器翻译等
计算机视觉	使计算机系统能够理解和解释图像或视频的技术，涵盖图像识别、目标检测、人脸识别等
语音识别	使计算机能够听懂、理解和处理人类的语音指令或对话，包括语音识别、语音合成（文本转语音）、语音情感识别等
人机交互	让人与计算机系统之间进行有效的信息交换和互动，包括手势识别、虚拟现实技术、增强现实技术、人机界面设计等
知识图谱	用于表示知识的结构化的数据库，用于捕捉实体之间的关系和属性，以此建立机器可理解的知识库，从而实现更智能的搜索、推荐、问题解答等

（二）人工智能在营销中的实际应用

1. 内容生成

人工智能生成技术（AIGC）的应用颠覆内容生产方式，它能够实现文案、图片、视频、音频等内容的策划与生产，从而极大地提升内容生产的效率，并为企业节省大量的工作时间和成本。

（1）文案生成：实现标题、脚本、广告语、营销软文等一系列文案内容的生产。图 1－11 所示为某平台 AI 文案生成工具。

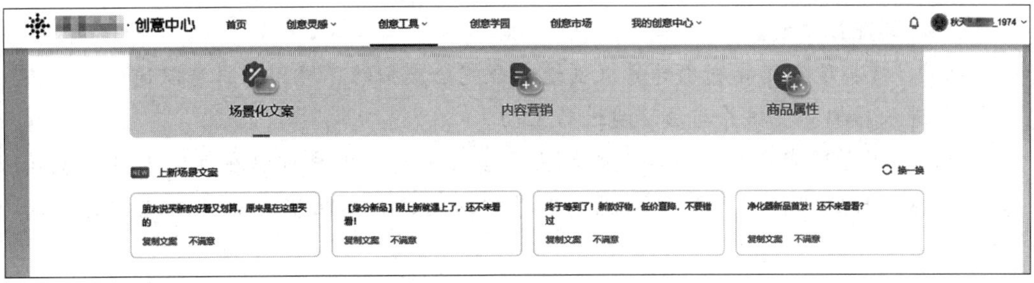

图 1－11　某平台 AI 文案生成工具

（2）图片生成：只需要用文字描述想要生成的图片，人工智能就能够实现封面、头像、横幅、海报等一系列图片的自动生成。

人工智能还能将文本转换为音乐或视频，根据用户输入的文字描述生成相应风格、类型、时长的音乐作品或视频作品。

除文本生成图像、音频或视频外，人工智能还可以实现跨模态生成，例如图像、音频或视频生成文本，文本生成代码等。

翻转一下

请收集和整理国内当前的人工智能工具或平台，例如腾讯公司出品的“腾讯智影”平台。

2. 虚拟人品牌营销

当下，虚拟主播进行直播带货、虚拟客服提供智能客户服务，以及虚拟偶像进行品牌代言、广告拍摄、营销推广等不再是罕见的事情。

虚拟人在品牌营销领域的应用主要有两个方面，一是品牌打造虚拟形象 IP，二是与知名 IP 型虚拟人进行合作，开展品牌代言、营销推广等活动，例如虚拟时尚博主 AYAYI 就曾与安慕希、伊利等品牌进行合作。

3. 扩展现实技术的体验营销

扩展现实（XR）技术主要包括增强现实（AR）、虚拟现实（VR）、混合现实（MR）等技术，对于打造沉浸式营销体验有着创新性的作用。

例如，利用 AR 技术创建虚拟试衣间；利用 VR 技术创建虚拟房屋，满足用户的参观体验；利用 AR 或 VR 技术创建虚拟产品展示；使用 MR 技术将数据可视化，使数据在真实环境中呈现三维图表和图形效果等。XR 技术为营销提供了更为有趣、互动性更强的沉浸式体验，对于吸引消费者，提升品牌影响力，促进用户与品牌的深度互动有着十分重要的意义。

知识视窗

AR、VR 和 MR

AR：增强现实是指在现实世界中叠加虚拟内容（如图像、文字、视频或 3D 模型等）的技术。通过使用 AR 设备（如手机、平板、AR 眼镜等），用户可以在真实环境中看到虚拟元素。

VR：虚拟现实是指利用计算机创造一个完全虚拟的环境，用户可以通过 VR 头戴设备进入虚拟环境中并与该环境进行互动。

MR：混合现实是将虚拟和现实元素融合在一起。用户可以在现实世界中操控虚拟物体，而虚拟物体也能感知现实世界中的物体，从而实现虚拟与现实的双向互动。

4. 智能客服

智能客服是人工智能在营销领域的又一大应用。智能客服能够提供在线客户服务，根据客户提出的问题给予相应的答案或解决方式。智能客服还能够提供智能外呼服务，通过与客户对话，筛选出意向客户，对客户进行分类等。

当代企业面临着人员流失率高、人工成本高等困境，智能客服的应用能够有效提高客服业务响应率和准确率，在实现降本增效的同时提升客户体验感。

四、数智营销技术应用场景

数智营销技术广泛应用于企业营销的各个环节，包含内容、数据应用、客户管理、自动化四个场景。

（一）内容场景

除了基于 AIGC 的内容生产，还有内容管理系统（Content Management System，CMS）。

CMS 系统是一种用于创建、编辑和发布内容的软件工具或平台，主要用于企业门户网站、电子商务网站、新闻门户等网站的建设、编辑与管理，包括文章、图片、视频、商品等各种内容，用户可以通过后台管理界面添加、编辑和删除网站上的内容。

（二）数据应用场景

1. 客户数据平台（Customer Data Platform，CDP）

CDP 用于收集、整合和分析不同来源的第一方数据，帮助企业更好地了解客户需求、行为和偏好，适用于个性化营销、客户关系管理和市场策略细分等。CDP 能对企业官网、App、小程序等企业自身的各种触点上的数据进行收集、管理和应用，实现客户数据资产沉淀，还能够统一识别客户身份，通过多维度数据构建客户画像，洞察客户行为，帮助企业实现精准营销。

翻转一下

请通过网络搜索引擎查找提供 CDP 技术方案的企业官网，了解它们的 CDP 系统有什么特点和功能。

2. 数据管理平台（Data Management Platform，DMP）

DMP 用于收集、整合和分析不同来源的第一方数据、第二方数据和第三方数据，能够帮助企业了解潜在目标用户，适用于广告精准投放和用户细分等。

翻转一下

请通过资料收集与整理，谈一谈 CDP 与 DMP 有什么区别，分别表现在哪些方面。

3. 商业智能（Business Intelligence，BI）

BI 是用于收集、整合、分析和展现业务数据的技术和平台，能够打通和整合企业不同业务系统中的数据，快速进行数据分析，产出可视化报告，从而帮助企业更好地理解业务状况，优化决策，改进业务流程。常见的 BI 工具有 Power BI 和 Tableau 等。

翻转一下

请通过网络搜索引擎查找提供 BI 技术方案的企业官网，了解它们的 BI 系统有什么特点和功能。

4. A/B 测试

A/B 测试实际上是一种对照实验，主要用于比较两种或多种方案或变量，以确定哪个版本能够在目标群体中产生更好的结果，是广泛适用于标题、文案、图片、音频、视频、产品描述、登录页面等内容或方案的测试。

翻转一下

请通过网络搜索引擎查找提供 A/B 测试技术方案的企业官网，了解它们的 A/B 测试系统有什么特点和功能。

（三）客户管理场景

1. 社交客户关系管理（Social Customer Relationship Management，SCRM）

SCRM 即社会化的客户关系管理或基于社交媒体的客户关系管理。

传统 CRM 着重于销售和交易，将用户视为消费者，而这种视角可能无法满足当下客户更多元化的需求。SCRM 更注重客户的社交网络价值和个性化体验，将客户视为一个拥有复杂社交关系的个体。通过对客户在社交媒体上的行为和画像进行分析，企业可以更准确地了解客户的兴趣、偏好和需求，从而为客户提供更加个性化和有价值的服务。

SCRM 强调在互动中建立和维护关系，而不仅仅是单纯地达成销售目标。它倡导将客户视为合作伙伴，建立长期、稳固的信任关系，从而实现更高的客户忠诚度和持续的价值创造。

翻转一下

请通过网络搜索引擎查找提供 SCRM 技术方案的企业官网，了解它们的 SCRM 系统有什么特点和功能。

2. 客户体验管理（Customer Experience Management，CEM）

CEM 以客户旅程为中心，贯穿客户全旅程的各个线上及线下触点，对客户体验、行为等数据进行收集、分析与应用，提升全流程的客户体验。CEM 为客户从接触到购买的每个阶段都能获得积极、愉快和有意义的体验提供技术或工具支持，能够提高客户满意度和忠诚度，增加客户复购率和留存率，降低客户退款率，增强品牌口碑和竞争力。

翻转一下

请通过网络搜索引擎查找提供 CEM 技术方案的企业官网，了解它们的 CEM 系统有什么特点和功能。

（四）自动化场景

营销自动化（Marketing Automation，MA）是一种用于自动执行营销任务的技术或工具。营销自动化能够实现邮件、短信等内容自动创建、发送与跟踪，例如在用户生日时，自动发送一封祝福的邮件或一条祝福的短信。

随着"用户洞察技术""内容智能生成技术""人工智能员工""大数据分析"等技术的发展，未来营销自动化的场景将不断深入和扩大。

翻转一下

请通过网络搜索引擎查找提供MA技术方案的企业官网，了解它们的MA系统有什么特点和功能。

五、数智营销技术采购

（一）数智营销技术采购的概念

数智营销技术采购指的是购买与数智营销相关的技术、工具或服务。这些技术和工具通常用于数据收集、分析、个性化内容生成、精准营销以及自动化营销等方面。数智营销技术采购的目的是帮助企业更有效地利用数据和智能技术来实现精准营销、提升客户体验和增加销售等业务目标。

（二）采购基本流程

数智营销技术采购流程如表1-5所示。

表1-5　数智营销技术采购流程

步骤	描述
明确需求	确定数智营销的具体需求，包括数据收集、分析、个性化营销等方面的技术需求
制定采购目标	确定采购的目标和范围，包括技术类型、功能特点、预期效果等，明确采购方向
技术评估	对市场上的数智营销技术进行评估和比较，考虑稳定性、适用性、成本等因素选择合适的技术产品
预算规划	根据需求评估制定合理的采购预算，确保选择最优技术方案并在预算范围内进行采购
寻找供应商	联系多家供应商获取技术方案、报价、服务支持等信息，并选择合适的供应商进行合作
制定采购清单	详细列出所需采购的技术产品或服务，包括名称、型号、规格、数量、价格等信息
采购协商	与供应商协商具体细节，商议价格、服务支持、交付时间，并签订合同或协议
采购执行	按照采购清单进行采购，确保所购技术与需求一致，并进行必要的实施和部署
验收和评估	对交付的技术产品或服务进行验收，验证功能是否符合预期效果，并进行评估
后续支持	确保获得供应商的及时支持和维护，以保障数智营销技术产品或服务的顺利运营

业务操作

业务名称：数智营销技术采购

工作要求：

1. 假设你是千禧服装的数智营销经理，请你根据企业现状和对数智营销行业的了解，向李卿建议采购哪些数智营销技术，并说明理由。

2. 任务成果汇总成一份数智营销技术采购清单。

操作步骤：

步骤一：查看与梳理企业的背景和数智营销业务需求。根据你的见解，配置对应的技术方案。

步骤二：使用 Excel 表格工具设计一份数智营销技术采购清单，可参考表 1－6。

表 1－6　数智营销技术采购清单

产品名称	功能/用途	单价	数量	金额	采购理由

步骤三：在成本效益最大化原则的指导下，查找合适的数智营销技术，并将候选项填入表格中，鼓励咨询技术服务商以获得产品资料和单价，表中单价与金额可选择填或不填。

任务三　组建数智营销团队

任务引例

某 MCN 机构开展“直播带货”训练营业务，面向想成为带货主播或直播运营的人群，提供培训项目，其主要通过“数智营销”模式展开业务，团队构成如下：

项目经理：负责制定数智营销业务模式，组建团队与管理团队，对项目成效负责。

新媒体运营：搭建新媒体账号矩阵，策划与制作账号内容和流量广告内容。负责维护私域用户，提高用户黏性和转化率。

投流手（数据分析师）：设置付费推广计划，负责流量广告投放，获取销售线索。负责对数据进行分析复盘。

销售客服：跟进销售线索，和潜在客户建立联系，邀请潜在客户添加企业微信或加入社群等私域流量池，促进潜在客户购买。

任务描述

李卿计划创建一个女装品牌，通过线上渠道营销和销售该品牌产品。为此，她让数智营销经理王志组建一个数智营销团队。要求前期团队简洁且能够先积累潜在客户群体，明确“有客户、有市场”，然后再投入资金扩大数智营销团队规模。

王志理解李卿的想法，他计划先组建一个小团队，负责前期数智营销策划、营销策略检验、品牌塑造、粉丝积累等工作。

任务要求

1. 清楚数智营销团队由哪些岗位构成，熟悉每类岗位的工作职责。

2. 能够根据业务需要，完成团队组织结构设计、岗位规划和人才招聘等工作，从而组建团队。

3. 清楚团队管理的工作内容，能够进行合理的工作安排，胜任基本的团队管理工作，如进度把控、培训、例会和团队文化建设等。

知识准备

一、数智营销团队的构成

不同行业或不同业务，其所需的数智营销团队有所区别，且部分岗位存在职责重叠的问题，如新媒体运营和客服存在用户维护工作上的重叠。具体要根据业务情况，规划好岗位的职责。数智营销团队包含的岗位如下。

（一）数智营销经理/主管

数智营销经理/主管在团队中的主要职责是制定团队管理与营销战略，胜任这个职位需要具备深刻的行业洞察力、用户洞察力、创新思维以及卓越的团队管理和沟通能力。他们的工作关乎整个数智营销战略是否能够成功实施。

数智营销经理/主管职责如表 1－7 所示。

表 1－7　数智营销经理/主管职责

职责	描述
团队管理	领导和管理数智营销团队，确保团队目标、状态和工作进度协调一致
战略制定	根据企业现状和营销行业洞察，制定合理高效的数智营销战略
营销策划	策划与管理数智营销活动，规划每年的中大型营销活动
绩效分析	监控和分析关键绩效指标（KPI），利用数据分析提供可操作的见解，优化营销活动绩效
跨部门合作	与销售、产品、IT 等部门紧密合作，完成数智营销业务中的相关工作

续表

职责	描述
创新和优化	持续关注营销新兴趋势和技术，推动团队创新，探索新工具和方法以改进营销策略
预算管理	有效管理和分配预算，基于数据分析和量本利分析优化预算配比

（二）数智营销专员

数智营销专员通常负责执行营销计划和战略，利用数字化工具和智能化工具展开销售线索获取、客户跟进、销售产品、品牌策划与推广等工作。

数智营销专员职责如表1-8所示。

表1-8　数智营销专员职责

职责	描述
执行营销策略	根据营销计划和战略执行各项营销活动，确保营销顺利推进
数字化工具应用	使用数字化工具如SCRM系统、拓客软件等，进行销售线索获取、客户跟进和产品销售等工作
智能化工具利用	利用数据分析软件、人工智能工具等进行客户数据分析、个性化营销和精准推广
销售与推广	开发客户、完成销售目标，同时负责品牌策划与推广工作
数据分析与报告	分析营销活动效果，撰写报告，提供数据洞察和优化建议
客户关系管理	维护现有客户关系，开发新客户，提升客户满意度和忠诚度
市场调研与竞争分析	参与市场调研，收集和分析市场信息、竞争对手情报，为营销策略的制定提供数据支持

（三）数据分析师

数据分析师是数智营销团队中的关键岗位，负责收集、清洗和分析营销数据，为团队提供深度见解。数据分析师还负责制作详细的报告和可视化图表，以便团队理解和利用数据。此外，他们还参与A/B测试和优化营销策略，支持团队通过数据驱动整个业务的开展。

数据分析师职责如表1-9所示。

表1-9　数据分析师职责

职责	描述
数据收集与清洗	收集不同来源的营销数据，确保数据的准确性和完整性，并进行数据清洗以便进行分析

续表

职责	描述
数据分析与解读	运用统计学和数据挖掘技术，分析营销数据、客户数据、销售数据等，对需求进行预测，对效果进行评估
策略制定与优化	根据数据分析结果，提出并优化营销策略，以提高活动效果和效率
报告与可视化	制作清晰易懂的报告和可视化图表，将复杂数据转化为可理解形式，协助决策和沟通；预测市场、分析和解释数据变化的原因，快速定位异常数据问题，为业务改进提供数据支持并给出改进方案
A/B测试与改进	设计和执行A/B测试，比较不同策略或变量对活动效果的影响，并据此进行改进
个性化营销支持	基于客户数据分析，支持个性化营销策略的制定和实施，提高针对性和效果

（四）客户经理

部分行业会为数智营销配套客户经理岗位，他们主要负责客户开发、客户关系维护、客户拜访等工作。

客户经理职责如表1－10所示。

表1－10　客户经理职责

职责	描述
销售线索管理	收集、筛选和跟进销售线索，提高销售转化率
客户开发	通过市场调研、推广活动等方式，寻找潜在客户并与他们建立联系
客户关系维护	通过私域和公域手段对客户进行维护，提高客户留存率、活跃度和复购率
客户拜访	通过线下或线上手段拜访客户，了解客户业务状况和需求变化，提供解决方案和建议
项目管理	根据客户需求，协调部门或其他部门的工作或服务
数据分析	收集和分析客户数据，了解客户行为和需求，为营销策略和决策提供支持

（五）新媒体运营

新媒体运营主要负责利用各种新媒体平台（如社交媒体、内容平台、短视频平台等）进行品牌推广、内容营销、客户互动等工作。

新媒体运营职责如表1－11所示。

表1－11　新媒体运营职责

职责	描述
内容策划与创作	制定新媒体内容策略，撰写、编辑和发布有吸引力的文章、图片、视频等内容

续表

职责	描述
社交媒体管理	管理和运营企业的社交媒体账号，发布内容、与粉丝互动、处理客户投诉等
活动策划与执行	策划并执行线上活动，如抽奖、打卡挑战等，增加用户参与度和品牌知名度
数据分析	通过分析新媒体平台的数据，了解用户行为和喜好，为内容策划和营销策略提供数据支持
舆情监测	关注网络上与企业相关的言论和评价，及时处理负面舆情，维护企业形象
合作与推广	与其他新媒体平台、博主、网红等合作，进行跨平台推广，扩大品牌影响力
关注行业动态	了解新媒体行业的发展趋势，不断学习和尝试新的营销手段，提升运营水平

二、团队组建

（一）组织结构设计

1. 组织结构的概念

组织结构是指组织内部的构成方式和工作流程，它定义了组织内各个部门和人员之间的关系、职责和权力。组织结构对于组织的运作和管理至关重要，它可以影响组织的效率、决策制定、沟通和协作等方面。

职场案例

一家公司典型的组织结构

公司的组织结构清晰明确，各个部门和人员的职责和权力得到明确规定，这样可以提高公司的运行效率和决策制定的速度，同时也可以促进各个部门之间的协作和沟通，提高公司的效益和竞争力。

以下是一家公司典型的组织结构：

- 董事会：负责制定公司的战略和政策。
- 总经理：负责公司的日常管理和决策制定。
- 市场营销部：负责推广公司的产品和服务。
- 财务部：负责公司的财务管理和预算编制。
- 人力资源部：负责公司的人员招聘、培训和绩效管理。
- 生产部：负责公司的产品生产和质量控制。
- 研发部：负责公司的技术研发和创新。

2. 组织结构类型

（1）职能型组织结构。

该类型组织结构将一个组织分成不同的职能部门，如市场营销、销售、财务等，每个部门都有明确的职责和任务。优点是可以将复杂的任务分解到具体的部门，每个部门可以专门负责某项任务，提高工作效率，并有利于各个部门之间的合作。缺点是可能导致部门之间的职能重叠，缺乏整体性的目标和战略规划，同时各部门之间的沟通和协作可能不够顺畅。

（2）项目型组织结构。

该类型组织结构主要是为了完成一个特定的项目而组建的，项目团队成员来自不同的部门，项目结束后团队成员返回原部门。

项目型组织结构的优点是能够将项目的所有任务划分得更加清晰，实现更好的责任分配和控制，这样能够让各个项目成员更加明确自己的职责，提高工作效率和项目执行效率。同时，这种组织结构也有助于降低沟通成本，更好地协调各个部门之间的合作，让项目整体效果达到最佳。

项目型组织结构的缺点也是显而易见的，由于项目型组织结构涉及多个部门之间的协作，因此协调项目进展、沟通协调等方面的难度也会增加。

（3）扁平型组织结构。

扁平型组织结构是一种只有少数层级和员工人数相对较少的组织结构。在这种组织结构中，决策权更加分散，员工之间的沟通更加直接和顺畅。

扁平型组织结构的优点包括：

1）决策更加迅速：扁平型组织中的决策权分散，因此决策速度更快，能够更好地应对市场变化和客户需求。

2）沟通更加顺畅：扁平型组织中的员工，他们之间沟通更加直接和顺畅，能够更好地协调工作和解决问题。

3）员工参与度更高：扁平型组织中的决策权分散，员工能够更加积极地参与到决策过程中，提高员工的参与度和积极性。这种组织结构非常适合需要创意的行业，如营销策划、新媒体、互联网产品等。

扁平型组织结构的缺点包括：

1）管理难度增加：扁平型组织中的决策权分散，管理难度增加，需要管理者具备更高的管理能力和领导力。

2）决策风险增加：扁平型组织中的决策权分散，决策风险增加，需要管理者更加谨慎地进行决策。

3）员工能力要求更高：扁平型组织中的员工需要具备更高的能力和素质，以适应决策权分散的组织环境。

（4）事业部型组织结构。

事业部型组织结构是一种依据产品或服务划分的组织结构，适用于大型或中型企业，旨在实现产品或服务的专业化生产和管理。每个事业部都有独立的利益和自主权，以及相对独立的产品或服务，使得公司可以针对主营产品或服务，更好地进行决策，也便于考核事业部的业绩，增强企业活力，如图 1－12 所示。同时，也存在人力资源重置和浪费，以及事业部之间协调困难的问题。在组织内部信息传递效率低，易出错，部门设置臃肿，责任划分不清，内耗严重。因此，需要不断进行优化和调整。

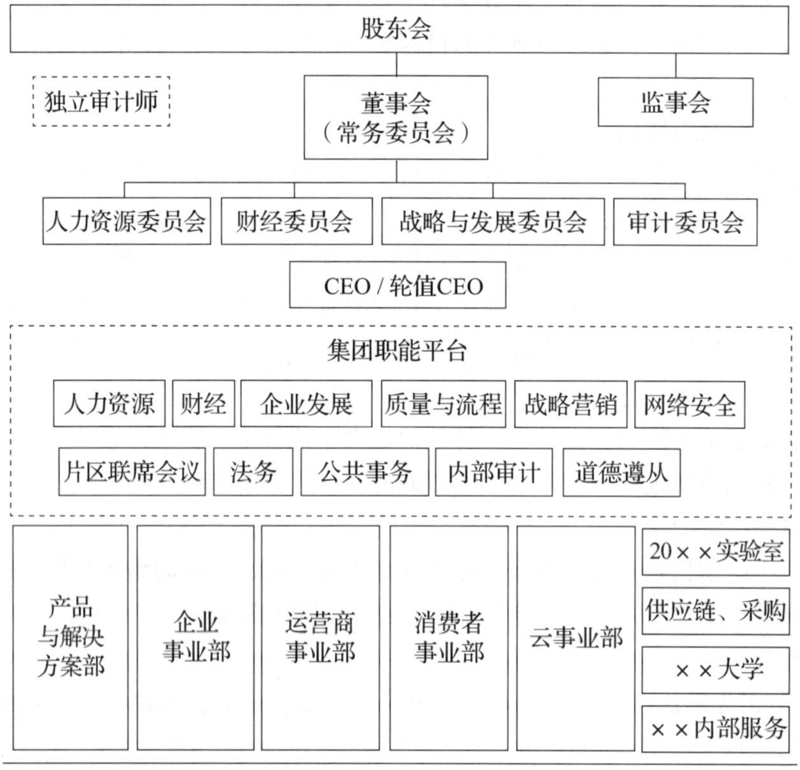

图 1－12　国内某大型企业的事业部型组织结构

小贴士

新媒体时代，为了更好地布局各个新媒体平台，一些企业会设置“抖音事业部”“快手事业部”等针对具体平台的组织结构。好处是能够更精准地满足各个新媒体平台的运营要求。每个平台都有其独特的用户群体、内容偏好和运营规则，通过设立专门的事业部，企业可以深入研究并适应这些差异，从而制定更有效的运营策略。

3. 数智营销团队组织结构设计

组织结构设计需要考虑多方面的因素，并根据企业的具体情况和需求进行调整。只有这样，才能设计出一个适合数智营销业务发展的组织结构，提高组织的运营效率和市场竞争力。数智营销团队组织结构设计需要考虑以下因素：

（1）数智营销业务发展阶段和规模。

当数智营销业务刚启动时，大部分企业可能会选择项目型组织结构，在一个独立于公司职能部门之外的项目团队中，由公司其他部门人才（如客服、营销员、平面设计、数据分析师）来负责数智营销主要工作。也可以采用扁平型组织结构，由数智营销经理主持搭建一个扁平型组织，而公司高层可以直接参与，让数智营销业务快速成型成熟。

当数智营销业务发展成熟，业务规模比较大时，可以考虑事业部型组织结构，例如本书情境中的服装企业，其数智营销业务可以按照主打产品，分为女装事业部、制服事业部，而数智营销业务可以统称为数智营销事业群。

（2）人力资源。

部门员工素质、工作方式和价值观会影响组织结构的设计，例如以年轻人为主的部门，更加提倡扁平型组织结构，这样可以充分调动年轻人的积极性和创意想法。

（3）技术条件。

技术的变化会对组织结构产生影响，在进行组织结构设计时要考虑当前有哪些可应用的技术，特别是沟通与协作有关的技术。当组织内部沟通和协作比较方便，可以适当减少层级，即减少中间管理层，某种程度上会促进业务运行效率的提升和人力资源成本的下降。常用技术平台有钉钉、飞书、OA 系统。

（二）岗位规划

岗位规划是团队组建中的一个重要环节，它解决了数智营销团队配置哪些岗位以及配置多少人的问题。它有助于明确不同岗位的职责、职级、技能要求等。岗位规划的目标是建立清晰的岗位架构，使每个岗位的职责和职级都能够明确地与组织的战略和目标相对应，从而实现组织内部的协调和高效运作。

数智营销团队岗位规划的主要内容如表 1－12 所示。

表 1－12　数智营销团队岗位规划的主要内容

内容	描述
岗位描述和职责	定义每个岗位的主要职责、任务和工作范围，并说明岗位如何支持数智营销战略目标和业务需求
技能和资格要求	列出每个岗位所需的技能、知识、资格和经验，确保员工具备完成岗位任务所需的能力和素质
职级划分	将岗位划分为不同的职级，反映岗位在组织中的级别和权重，以决定员工的薪酬水平、晋升机会和职业发展路径。
协作和沟通	确定不同岗位之间的协作关系和沟通渠道，以促进信息的共享和流通，确保团队的有效合作
职业发展路径	为每个岗位制定职业发展路径，包括晋升机会和技能培训，以帮助员工了解他们在组织中的发展前景。
岗位调整和优化	随着组织发展和变化，可能需要调整岗位规划，以确保岗位规划与组织战略的变化相一致，满足新的业务需求

（三）人才招聘

确定了组织结构，并做好了岗位规划，相当于确定了我们需要“哪些人才”。接着就是解决人才招聘问题。

人才招聘过程中主要面对以下问题：

（1）选择招聘渠道：根据目标人才群体以及团队的搭建要求选择合适的渠道。

（2）发布职位：编写吸引人的职位描述，清晰地传达职位要求和待遇。

（3）筛选简历：根据招聘要求，筛选简历，选择与岗位要求匹配的应聘者，重点关注应聘者的经验、技能和教育背景。

小贴士

额外关注应聘者的“数字素养”

数智营销对工作人员的“数字素养”有一定要求，即要求他们拥有数据思维、数字挖掘与分析能力、使用数智化工具的能力、数字伦理道德等。

当筛选简历或面试应聘者时，要关注应聘者是否具备“数字素养”。特别是市场营销专业的应届生，要留意其专业所学课程是否涉及数智营销、新媒体营销等内容。截至2024年，当前还有很大一部分学校的市场营销专业的课程依然以传统营销课程为主，忽视了“数智营销”这一时代背景和企业的实际人才需求。

岗位说明

岗位名称：数智营销专员

该岗位旨在为公司的数字化和智能化营销活动提供专业化的支持，从业人员需要具备对数字化和智能化营销领域的深入了解和实际操作经验，能够灵活运用各类数字化和智能化营销工具，以提升公司在市场中的竞争力。

工作职责：

1. 制定数智营销策略：基于市场数据和趋势分析，制定数字化和智能化营销战略，包括社交媒体营销、搜索引擎优化、人工智能营销等，以提升品牌曝光和用户参与度。

2. 数据分析与报告：收集、整理、分析营销数据，生成详细的报告和分析结果，为优化营销策略提供可靠数据支持。

3. 运营社交媒体账号：管理公司在社交媒体平台上的账号，包括定期发布内容、与用户互动、维护粉丝关系等。

4. 智能广告管理：负责智能化广告投放，包括人工智能广告平台的运营与优化，监控广告效果，提升投放策略的智能化程度。

5. 数据驱动决策：通过数据分析和人工智能技术，为决策提供依据，持续优化营销策略。

6. SEO优化：通过关键词研究、社会热点研究，提升公司新媒体账号或平台在搜索引擎中的排名。

7. 内容创意策划：与团队合作，策划并创建吸引人的数字化营销内容，包括文字、图片、视频等。

8. 跟踪趋势与竞争分析：密切关注行业动态和竞争对手的营销策略，及时调整公司的数智营销方案。

任职要求：

1. 熟悉常用数字化营销工具和智能化营销平台。

2. 具备数据分析和人工智能技术应用能力，能够独立处理和解释营销数据。

3. 熟悉SEO、SEM等网络营销技巧和智能化营销策略，具备相关实操经验。

4. 具备良好的团队合作精神、良好的沟通能力和执行力。

5. 对数字化营销和智能化营销行业动态有敏锐的观察力，能及时调整策略。

6. 具备创新精神，能提出新颖的数字化和智能化营销策略。

赛题链接

赛事：2023 年全国职业院校技能大赛高职组“GZ046 市场营销”赛项。

相关赛题：围绕某女装品牌实际情况、用户特点和行业动态，完成数智营销策略制定、推荐引荐营销、搜索排名优化等数智营销相关任务。

2023 年全国职业院校技能大赛高职组“GZ046 市场营销”赛项

业务操作

业务名称：数智营销业务团队组建

工作要求：

1. 请代入千禧服装数智营销经理王志的角色。

2. 请根据任务情境和本任务知识点，为数智营销团队配置合理的岗位和人数，并阐述清楚岗位的职责。

3. 任务成果汇总到表格并提交。

操作步骤：

步骤一：研究任务情境。李卿对数智营销业务提出了关键想法和要求，即后续计划创建数字品牌专攻线上营销渠道，且对数智营销初期团队的职责有一定要求。需要根据任务情境，思考数智营销团队的搭建问题。

步骤二：确定岗位需求和职责，确认需要配置哪些岗位。可拓展该步骤，即编写岗位说明书，这个拓展将有助于我们提升对职场职位的认知。

步骤三：确定岗位人数。根据业务规划，对工作量进行预估，然后确定岗位人数。

步骤四：总结数智营销团队的配置情况和人员安排，形成表格并提交。

练一练

一、单选题

1. 数智营销根据消费者兴趣、偏好和行为等，能够为每个消费者提供个性化、定制化的产品、服务、广告或内容，这是指数智营销的（　　）特点。

A. 数字化　　B. 智能化、自动化

C. 个性化　　D. 多元化

2. （　　）不是数智营销的商业价值。

A. 降本增效　　B. 技术创新　　C. 辅助决策　　D. 客户筛选

3. （　　）是一种依据产品或服务划分的组织结构，适用于大型或中型企业，旨在实现产品或服务的专业化生产和管理。

A. 事业部型组织结构　　B. 扁平型组织结构

C. 项目型组织结构　　D. 职能型组织结构

4. 在采购数智营销技术时，采购协商的下一步是（　　）。

A. 寻找供应商　　B. 制定采购清单

C. 验收和评估　　D. 采购执行

5. 大数据能从用户基本特征、兴趣偏好、行为习惯、情感反馈等众多方面对用户进行分析与洞察，这是指大数据在营销中的（　　）实际应用。

A. 数据分析与决策　　B. 用户洞察

C. 精准营销　　D. 个性化服务

二、判断题

1. 数智营销的发展历程大致可以划分为基于互联网的单向营销阶段、基于社交媒体的互动营销阶段、基于大数据的精准营销阶段和基于人工智能的智能营销阶段。（　　）

2. 去中心化是指在去中心化传播的背景下，由于信息过载和可信度问题，出现了一些关键意见领袖或权威机构，它们在特定领域内积累了影响力和认可度，成为信息筛选和引导的中心点。（　　）

3. 大数据是指规模庞大到难以使用传统数据处理工具进行处理的数据集合，具有数据体量大、增速快，类型多、复杂度高，价值潜力大、价值密度低等特征。（　　）

4. 当数智营销业务发展成熟，业务规模比较大时，可以考虑事业部型组织结构。（　　）

5. 数智营销团队包含的岗位有数智营销经理/主管、数智营销专员、数据分析师。（　　）

三、思考题

自 ChatGPT 正式发布以来，在全球掀起一波热潮，引发了业界、学界等的讨论与探索。作为一个 AI 语言模型，ChatGPT 目前主要应用在交互式对话的领域中，这个核心功能恰好契合虚拟数字人的应用场景。在 ChatGPT 和 AI 技术加持下的数字人，开始进行带货宣传、推广产品、播报新闻……特别是在电商直播领域，呈现出独特的应用价值。

你见过哪些虚拟主播进行直播带货？你见过哪些虚拟客服提供智能客户服务的情况？从中你得出什么启示？

实训任务评价一

项目二 数智营销策划

学思浅悟

数智营销与社会主义核心价值观相融合

在当今数字化、智能化的时代背景下，数智营销已经成为企业发展的重要战略手段。它不仅关乎企业的经济效益，更体现了企业在市场竞争中的社会责任。因此，我们在学习数智营销策划的过程中，不仅要掌握相关的知识和技能，更要注重培养正确的价值观和道德观。

在数智营销策划中，我们要始终牢记企业的道德责任与担当，要尊重市场规律，遵守法律法规，不得利用技术手段进行不正当竞争或侵犯他人合法权益。同时，我们还要关注社会公益事业，积极参与社会公益活动，用实际行动践行企业的社会责任。

教学目标

知识目标：

1. 清楚当前企业面临的营销困境。

2. 了解营销内容策略的最优解。

3. 了解我国宏观需求的趋势，清楚国家宏观调控对市场需求的影响。

4. 熟悉当前时空背景下，企业开展数智营销业务的内部优势与劣势和外部机会与威胁。

5. 清楚品牌的概念与品牌的影响，熟悉数智营销品牌策略类型与原理。

6. 掌握数智营销方案的概念，掌握熟悉营销方案制定方法。

技能目标：

1. 能够根据营销内容策略最优解这一理念，以提高营销效果为目标，进行营销内容规划。

2. 能够根据我国宏观需求的趋势，在产品研发、内容策略、服装方案等环节中，具备较高的视野进行科学决策。

3. 使用 SWOT 分析法对企业开展数智营销业务的可行性进行分析。

4. 能够制定品牌策略，以达成提高辨识度、增强消费者信任感、成为消费者情感寄托、影响消费者价值判断等目标。

5. 能够根据业务需求，设计心智策略、品牌IP人设和品牌传播策略。

6. 能够根据企业业务需求，制定合理的数智营销业务目标并设计出目标实现路径，制定较为系统的数智营销方案。

素养目标：

1. 通过不同难度的实践任务，培养实际问题解决能力和创新思维。

2. 增加小组合作类型的翻转课堂任务和实践任务，培育团队精神、合作精神。

3. 提高自主学习能力。

引导案例

火山引擎的汽车行业数智营销解决方案

我国新能源汽车行业快速发展，车载智慧大屏成为新一代优质媒介，同时也是优质的数智营销平台。火山引擎作为抖音公司旗下专注数智营销的平台，具备强大的数据分析能力与营销能力，帮助车企深入洞察客户行为，构建客群画像，实现客户千人千面运营、自动化营销、售后智能提醒，提升客户满意度与转化率。

案例思考

从该案例中，你能发现数智营销有哪些特征？

任务一 分析企业与市场现状

任务引例

2023年的爆款营销案例中有茅台和瑞幸的联名营销，营销活动的背后其实是茅台品牌的年轻化尝试。很多传统品牌似乎还没有找到和年轻人打交道的正确方式。这需要传统品牌及时洞察市场变化，了解消费者的需求偏好，才能更好地赢得未来消费者的认同。

任务描述

随着国内电商格局的变化，千禧原来的淘系女装品牌大客户的市场份额降低，导致订单下降。另外，随着东南亚、印度等地区的服装产业链崛起，来自外贸的订单也呈现下降趋势。加上物料、设备、人力等成本的上升，客户的压价，导致千禧服装面临严峻的经营困境，创始人李华亟须寻求新的“开源之道”。

在这样的背景下，李华的女儿李卿作为一名优秀的女装设计师，提出创建一个线上品牌，主攻线上渠道。她计划使用“数智营销”模式，前期先搭建起触客渠道，策划与验证出潜在客户喜欢的内容与人设，积累粉丝并确定有客户需求后，再开始生产与销售等工作。这一做法将降低创业成本和风险，得到李华的支持，并为此引入一位数智营销经理辅助李卿开展相关业务。

本项目将据此展开数智营销策划相关工作，任务包含女装市场现状的分析、品牌定位、品牌策略制定、数智营销方案制定等。

在本任务中，李卿规划了一个女装品牌“女武神”，主打产品是时尚平价女装，主攻“Z 世代”女性消费群体。数智营销经理王志根据李卿的品牌构想，了解到产品是什么、目标客户群体是谁等基本信息。现在需要对该市场的现状进行分析，充分了解市场的需求、用户对女装产品的偏好、平台使用偏好、业内主要同行及其营销策略，以便为后续的品牌策划和数智营销方案制定提供决策支持。

任务要求

1. 通过学习和自主探索，清楚当前企业营销面临的困境，对营销问题有一定的认知和洞察。

2. 通过对市场需求和发展趋势的调研和分析，了解用户的兴趣偏好、平台使用偏好、产品偏好等内容，清楚哪些营销策略更有效。

3. 能够将本任务的学习成果积极应用到后续的策划与实践工作任务中，提供精准有效的见解。

知识准备

一、企业营销困境

（一）业务性质限制导致无法产出高效营销内容

在信息传播领域，某些内容总是容易获得更多的关注和传播，所以在策划营销主题、策划营销内容时，存在一个营销内容策略最优解问题。企业的业务性质有时会导致无法产出高效营销内容。

翻转一下

课堂互动：请问一家技术创新型公司和一家代工厂，哪个更容易做营销？为什么？

1. 内容策略最优解——向世界提供创新技术或方案

“创新”代表人类的进步，相关产品或内容的创新容易在全世界范围内实现大规模传播。特别是科学技术上的创新，更容易获得全世界人民的关注，这是因为新的科学技术有可能影响我们的生活、工作，对于和自己息息相关的事物，人们的关注度会更高。

例如多年前我国企业提出的“空中巴士”新概念交通工具，就曾经引起世界轰动，各国媒体纷纷报道。这家企业不用做营销、不用打广告，就登上了全世界主要媒体的版面，引起了全球网民的关注，就是因为人们认为它可能是交通工具的一项重大创新，有可能影响日后的出行。

翻转一下

课堂实践：小米公司深谙创新促进营销之道，请收集一两个佐证上述知识点的小米公司营销案例，深刻理解其内容的营销高效性。

翻转一下

小组讨论：美国企业家埃隆·马斯克的特斯拉、SpaceX 等公司并未进行大量的广告投放，但为什么马斯克在全世界范围内获得巨大关注？这种关注对他的企业有什么影响？请组成 5～6 人小组，分组讨论后，由小组代表发表见解。

2. 内容策略次优解——通过文化产品衔接世界

这里依然不是直接营销产品或品牌，想要开拓更多市场、拓展更多国家营销工作的客户，次优解是通过文化产品衔接客户。

常见的文化产品有电影、电视剧、音乐、小说、长短视频、动漫、电子游戏等，这些是触达客户的优质媒介，它们价格较低又能够满足消费者休闲娱乐等需求，因此客户更乐意消费。先用这类产品去打动潜在客户，与客户建立联系后，再植入营销内容，这样就可以轻松达成营销目的。

职场案例

舞动世界的“广西科目三”

“广西科目三”是由广西一名舞蹈爱好者创作且火爆全球的舞蹈视频。“科目三”名称的由来，据说是因坊间流传“广西人一生中会经历三场考试，科目一唱山歌，科目二嗦米粉，科目三跳舞”。

“有趣”“创新”“快乐”是很多外国青年人观看“科目三”视频后对中国人的评价，也有非常多的外国友人对舞蹈进行了模仿。

在各类“科目三”视频中，向国外用户展示了中国人的生活环境、精神面貌和中国的科技水平等，这就是通过文化产品衔接世界的好处。

翻转一下

头脑风暴：组成小组，讨论“女武神”女装品牌可以用什么文化产品来达到品牌营销的目的，推举一名小组代表汇报小组的创意。

3. 内容策略一般解——产品品牌推广

产品品牌推广是指内容围绕产品或品牌展开，这类内容有明显的品牌宣传推广意味。对于企业来说，需要付出一定的营销成本，且消费者不一定乐意接受这些内容。这种模式对内容策划的要求比较高，因为当前处于“去中心化”新媒体时代，用户有较高话语权，他们可以选择不看、反驳甚至拉黑广告主账号。

所以，在策划内容时，要充分尊重用户群体，生产能与之共情的内容。

4. 内容策略较差解——代工厂模式

企业业务是代工厂性质，在营销内容策划上比较有难度。除了一些展会，我们很少见到代工厂打广告，这是因为代工厂不直接面向消费者，且大部分消费者认为代工厂只负责品牌商的产品生产，而品牌的技术、价值理念等与代工厂无关。

总体上，“世界工厂模式”在我国经济发展中曾做出非常大的贡献，提供了大量就业机会，提高了生产力规模。但代工厂模式的品牌、客户和客户触达渠道都不在自己手中，所以无法获得品牌溢价价值。当前国家正在推进产业升级，产业升级就意味着往产业链上游走，关键是“创新”和“营销”。虽然有好产品，但其他国家竞争者不会因为产品好，就主动把客户和市场让给我们，而是需要我们通过营销一点一点地“攻下”客户和市场。这是新时代我国营销人员的使命。

知识视窗

中国地方产业发展变迁过程

以浙江省为例，改革开放以来，浙江省的产业发展主要经历了四个阶段：

第一阶段，以零散工厂、家庭式作坊为主，是地方第二产业发展的开始。

第二阶段，开始集约化、规模化生产，形成产业链配套，形成规模经济优势。

第三阶段，电商化是大趋势，浙江部分地区衍生出电商村、电商镇。部分企业开始寻求建立大众品牌。

第四阶段，产业向数字化、智能化转型，地方开始注重塑造整体产业链的数字品牌形象。其中打造特色产业小镇是重要举措，该省有时尚服装产业小镇“艺尚小镇”，有以数字科技为主的“云栖小镇”，也有以宠物食品、宠物用品为主的“宠物小镇”。地方产业给人的印象不再是粗陋的厂房，而是精致优美的特色小镇。另外，部分特色小镇会举办大型活动来持续吸引大众的关注，如重要会议、世界大赛等。这些都是数智营销时代重要的品牌宣传策略，而这些策略的实施由政府和龙头企业主导。

对于一些产业发展较为滞后的地区，开展数智营销业务时，要留意当地产业的发展程度。直接开展数智营销战略，存在弯道超车的可能性。数智营销时代，“内容”也是关键产品。如果擅长打造“内容产品”，则有可能因为“内容产业”而推动当地其他产业的发展。

翻转一下

小组讨论：2023 年年末“哈尔滨小土豆”成功出圈，这是数智营销时代典型的因为“内容火”促进了当地相关产业发展的例子。请组成一个 3～4 人学习小组，了解和解读“哈尔滨小土豆”这一营销案例，并讨论内容对数智营销的重要性。

（二）缺乏有效触客渠道

数智营销时代，搭建有效的线上触客渠道，对企业的营销业务非常关键。有效性体现在以下几点：

（1）渠道所在的平台拥有大量的潜在客户群体，这样的触客渠道才有搭建的意义。

（2）内容受潜在客户群体的关注和欢迎。如果只是创建账号，但账号的内容不受欢迎，那就不能被称为有效的触客渠道。

（3）账号能够积累活跃度高的粉丝。账号没有粉丝或粉丝活跃度不够高，也不能被称为有效的触客渠道。

（三）公域流量获取成本越来越高

公域流量获取成本受流量供求的影响，在某个市场内，当该市场互联网用户的规模达到一定程度就无法再增长，例如中国市场，互联网用户数不会超过 20 亿，因为当前中国的人口就没有 20 亿。另外，用户使用互联网到了一定的时长就不会再增加，即使用户非常依赖互联网，他一天的使用时长也不可能超过 24 小时，因为一天只有 24 小时。

这种情况说明，互联网用户的注意力是有限的，当需要公域流量的企业、组织、达人和普通用户越来越多，有限的公域流量资源就会变得越来越珍稀。这将导致获取公域流量的难度提升，使公域流量获取成本变高。

职场案例

某家 MCN 机构做直播带货培训班，在付费推广方面主要通过投放搜索引擎广告、竞价广告和短视频平台的信息流广告，推广费用越来越高，但效果却越来越差。例如，3 万元的资金，在短视频平台投放流量广告，留下的销售线索有 300 多条，相当于一个线索需要投入 100 元。而且，当客服联系后，很多人想不起来曾经留下过联系方式，最终转化为实际购买的客户寥寥无几。

（四）用户内容消费习惯变化

用户内容消费习惯的变化指的是人们获取信息、浏览信息和使用信息等行为上的变化。这些变化主要体现在以下几个方面：

（1）信息平台或设备的使用变化，以往是报纸、电视，而现在主要是手机 App。新的信息平台或设备对企业原来的营销策略有很大影响，新信息平台或设备对营销提出了新规范、新要求，如新的内容形式、内容排版、内容主题等。

（2）内容偏好发生变化，新媒体用户更关注满足自己个性化需求的内容。这种变化会影响企业的营销内容策略，某种程度上也提高了企业的营销难度。

（3）内容消费的时间和方式发生改变，移动设备的普及让用户能够随时随地获取信息，这对内容提供者的内容策划、内容发布策略产生影响。

（4）用户话语权的变化深刻影响企业的营销理念，传统媒体时代，内容提供者少，用户无法选择，只能看广告。如今的新媒体时代，人人是内容提供者，内容选择多了，用户就会挑剔内容和内容提供者。例如，刷短视频，如果用户不喜欢这个视频内容，他马上会刷下一个视频，不会等到这个视频播放完，甚至他可以拉黑该账号。这种现象带来的影响是原来的营销策略、营销思路需要调整，不能再以企业为中心、以产品为中心，而是要以客户为中心，认真思考哪些东西对客户来说是有价值的，以及如何提供这些价值。价值可以是产品、服务、内容、情感、关系、情绪、成长等。

翻转一下

小组讨论：高话语权是新媒体用户的核心特征，用户的话语权高对企业营销有什么影响？企业如何适应？

二、市场需求分析

（一）市场宏观需求趋势

1. 整体需求层级上升

不同市场，社会需求侧有不同之处，本任务主要介绍中国市场的需求侧情况。

我国当前及未来相当长一段时间的宏观需求趋势是层次性上升，这是消费升级的真正内涵。消费升级不一定意味着消费能力和消费金额的提升，而是说明消费者对自己的需求层级有新的期望。

图 2-1 是马斯洛需求层次金字塔，当人们低层次的需求被满足，将追求更高层级的需求。改革开放以来，在党、政府、企业和劳动人民的共同努力下，中国取得了非凡成就，直接体现就是生产力规模和效率得到极大提升，人民的生活水平提高，生理和安全需求得到基本保障，人们开始追求更高层次的需求。

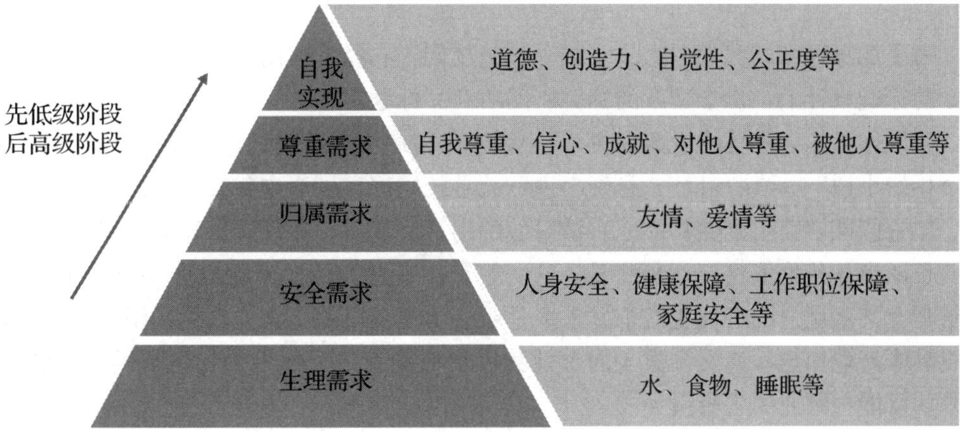

图 2-1　马斯洛需求层次金字塔

虽然会受到多种因素影响，但总体需求变化趋势不变，这对产品、服务、营销、社会制度、法律法规、教育等提出了新要求。各社会主体需要对这种需求趋势的变化做出调整，其中对市场需求变化较为敏感的企业端更需要关注社会需求侧的变化。

知识视窗

价值循环

在市场经济中，“价值循环”作为一种解释商业模式的基本原理，被广泛应用于各个领域。

客户有需求，企业提供价值，这个价值，在数智营销时代，不能简单地认为是产品，它还可能是内容、情绪、情感等。企业提供价值满足客户需求，获得诸如购买产品、观看内容、口碑传播等回报，这些回报令企业获得利润或帮助其业务发展，这让企业又有充足的资源投身于提供更优质的价值，如此便形成良性循环。

2. 关注长尾市场

长尾市场通常指那些小众的、非主流的市场，这些市场的产品种类繁多、个性化特征明显，它们组合在一起，形成了像一条尾巴的曲线，如图 2－2 所示。

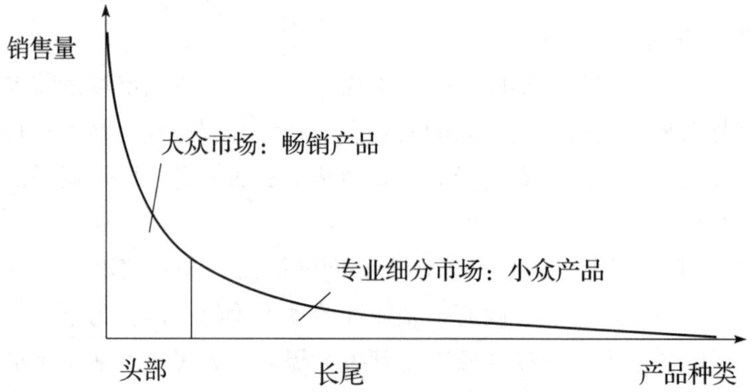

图 2－2　长尾市场示意图

为了加深理解，我们引入一个词——长尾词，它经常被用于搜索引擎或推荐引擎营销中的标题设计上，例如文章的标题、网店商品标题等。

假设你是一名推荐小说的博主，“小说”是核心词、关键词，它涵盖所有小说类型，而“科幻小说”“武侠小说”“悬疑小说”就是长尾词，虽然这些长尾词的搜索量相对较低，但它们能够吸引到更具体、有针对性的用户，从而提高观看量和购买率。

长尾市场的价值将会不断凸显，这一趋势出现的原因是长尾款产品具备更多特点，能够契合某些用户的个性化需求。未来是否会出现长尾款比大众款更畅销的情况，还需要视具体行业而定，当大多数人的个性化需求都能由一个或多个长尾款供应商满足时，大众款可能会因此失去吸引力。

这一切要归功于技术的发展，特别是大数据和人工智能的发展，它们让用户的各种行为线上化、数字化，比如社交、学习、娱乐、搜索、观看、评论、购物等，这些是行为也是数据，平台根据数据可以判断用户是什么样的人，然后给出标签，将用户进行分类。这群用户就是带有某类标签的群体，形成了一个个长尾市场。当符合用户个性化需求的内容、产品或服务呈现到他们面前时，他们就可能会消费。

3. 国家宏观调控持续影响市场需求

想要了解我国市场的需求变化，除了看市场调节，还需要注意国家的宏观调控。在我国的市场经济中，市场调节是一种基本的机制，它通过价格、供求关系和竞争等因素来引导资源的配置和经济活动。国家的宏观调控政策也起着重要的作用。宏观调控是指国家运用经济、法律和行政手段，对经济运行进行调节和控制，以实现经济增长、稳定物价、促进就业、平衡国际收支等目标。

常见国家宏观调控政策如下：

（1）财政政策。

政府可以通过调整税收政策和财政支出，来影响市场需求。例如，政府可以降低个人所得税或企业税，以增加消费者可支配收入和企业的盈利，从而刺激消费和投资需求。此外，政府增加基础设施建设、教育、医疗等公共支出，也可以创造就业机会和提高生产力，间接地促进市场需求。

（2）货币政策。

中央银行可以通过调整利率、货币供应量等手段来影响市场需求。例如，降低利率可以降低贷款成本，鼓励企业和个人增加投资和消费，从而刺激市场需求。此外，央行还可以通过量化宽松政策向市场注入流动性，提高货币供应量，促进经济活动和市场需求。

（3）产业政策。

政府可以通过制定产业政策来引导和影响市场需求。例如，政府可以提供补贴、税收优惠或其他激励措施，鼓励企业在特定领域进行投资和创新，从而推动相关产业的发展和市场需求的增长。

（4）贸易政策。

政府可以通过调整进出口政策来影响国内市场需求。例如，政府可以实施进口限制或提高关税，以保护国内产业和减少进口竞争，从而增加国内产品的需求。相反，政府也可以通过降低关税和促进贸易自由化，增加进口产品的供应，满足国内消费者的需求。

（5）法治建设。

法治建设也是国家宏观调控政策的一个重要方面，它可以通过建立和完善法律法规体系来影响市场需求。例如知识产权保护法规、环境保护法规、互联网治理法规的出台或修订都会影响市场相关经济活动。

企业在制定数智营销战略时，需要了解国家宏观调控政策和地方的产业政策，要学会查看和解读国家政策。例如，政策可能对电子商务、跨境贸易等方面有新的要求或支持措施，企业可以相应地调整线上线下的营销渠道，拓展国内外市场。

（二）目标客户群体需求偏好分析

1. 需求偏好的概念与意义

当一个消费者总要从多个选项中选择一个选项，这样的情景多了之后，就可以从消费者的选择数据中获得该消费者的选择偏好或者需求偏好。

现在把范围拓展到整个目标客户群体，我们就能获得目标客户群体的需求偏好。而对目标客户群体需求偏好进行分析，其实是一项市场研究工作，旨在了解目标客户群体的兴趣、关注点、购买偏好、平台使用偏好等信息，借助这些偏好信息，将有助于产品研发、选品、营销策略制定等工作的开展。

2. 营销业务所需偏好信息

（1）平台使用偏好。

平台使用偏好是指用户在选择使用不同平台或渠道时所表现出的倾向性和喜好。它反映了用户对于特定平台的使用习惯、信任度、易用性、功能需求等方面的态度和行为。

对于企业来说，了解目标客户群体的平台使用偏好非常重要，因为这可以帮助企业更好地选择合适的平台来推广产品和服务，更容易提高营销效果和客户满意度。

（2）产品款式或风格的偏好。

产品款式或风格偏好是指消费者在选择产品时对其外观、设计、风格等方面的偏好和倾向。

产品款式或风格偏好受到多种因素的影响，例如个人品位、文化背景、年龄、性别、社会地位、生活方式等。不同的消费者可能对不同的产品款式或风格有不同的偏好，例如有些人喜欢简约的设计风格，而有些人喜欢华丽的装饰和细节。

对于企业来说，了解目标客户群体的产品款式或风格偏好非常重要，因为这可以帮助企业更好地选品、制定营销策略等。

（3）内容兴趣偏好。

根据目标客户群体对哪些内容更感兴趣，可以分出内容热门大类，每个大类下再分出热门领域。例如，某平台用户在服装穿搭方面，会更关注季节性穿搭、运动穿搭、约会穿搭和职场穿搭这四大类内容；内容大类下细分出更多的场景穿搭，如职场穿搭中的通勤穿搭是用户最关注的内容，面试穿搭次之。

（4）营销方式偏好。

营销方式偏好是指目标客户群体更喜欢或更能接受哪种营销方式，如名人带货、关键意见消费者（KOC）的种草、关键意见领袖（KOL）的推荐、直播带货、剧情短视频带货、联名营销等。

3. 需求偏好信息获取

目标客户群体需求偏好信息的获取分为两种情况，第一种情况是有第一手客户数据，从中可以分析出目标客户群体偏好信息；第二种情况是手里没有第一手客户数据，这时可以通过第三方数据源挖掘客户需求偏好信息。常用的信息源是行业报告，为了避免打广告嫌疑，同学们可以去搜索有哪些好用的提供行业报告的网站。常用“行业趋势”“消费者洞察”“消费者分析”等关键词去找带有消费者需求偏好分析的行业报告。还有抖音热点宝、蝉妈妈、学术文献平台等也可能存在某行业消费者需求偏好资料。

业务操作

业务名称：时尚女装（或某类女装）消费者需求偏好分析

任务描述：

李卿计划在抖音和小红书平台进行数智营销业务，现在她希望你能帮助她梳理这两个平台时尚女装消费者的偏好信息。她将根据这些偏好信息制定营销策略。

工作要求：

1. 从抖音和小红书平台中选择一个你感兴趣的平台进行分析。

2. 之前的任务已经收集到女装相关的行业资料，请从中找出抖音或小红书时尚女装消费者需求偏好信息。此任务允许使用人工智能工具获取相关资料。

3. 组成一个 4～6 人学习小组完成此项任务，任务成果汇总到 PPT 或 Excel 表格中，并提交。

操作步骤：

以使用 Excel 表格梳理小红书时尚女装消费者需求偏好为例。

步骤一：在提供行业报告的网站里找到相关行业报告，如图 2－3 所示。

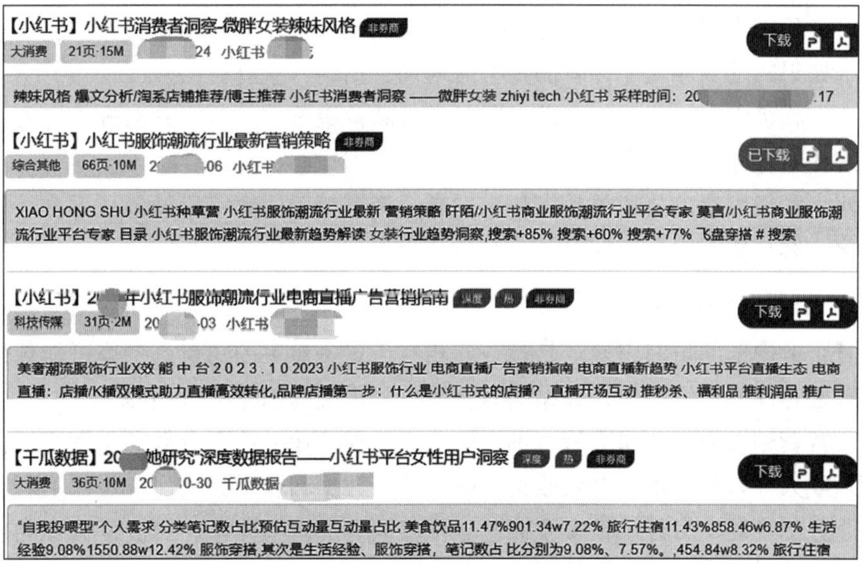

图 2－3　小红书女装相关行业报告

步骤二：打开 Excel 表格软件，设计小红书时尚女装消费者需求偏好分析表。

步骤三：将需求偏好信息汇总到表格中并提交。

三、数智营销业务的 SWOT 分析

制定数智营销业务方案时，不能脱离企业现状。企业现状是指企业目前所处的实际

情况、状态和环境。评估企业现状是制订任何业务计划、战略或营销方案的重要一步，它可以帮助企业了解自身的优势、劣势、机会和威胁，从而更好地规划未来的发展方向。

这里借助 SWOT 分析法进行分析。SWOT 分析法是一种常用于评估企业现状的方法。SWOT 是四个英语单词首字母的组合，S（Strengths）优势、W（Weaknesses）劣势、O（Opportunities）机会、T（Threats）威胁。

结合数智营销业务的需求，评估企业开展数智营销业务的优势、劣势、机会和威胁。

（一）优势（Strengths）

这是企业内部的积极因素，也就是企业在其他竞争者面前的优势。这可能涵盖技术专长、卓越的客户服务、强大的品牌声誉、高质量的产品等。

回到数智营销业务，企业内部有利于数智营销业务开展的积极因素有以下方面：

第一个积极因素，公司决策者或负责人高度重视和支持这个业务，是数智营销业务是否顺利开展的关键因素。这涉及资源的调度和权利的分配。

小贴士

在策划数智营销业务方案时，需要先说服企业高层，因为业务的开展需要资源的保障。不能脱离公司的支持，异想天开地制定业务方案。

第二个积极因素，企业拥有擅长数智营销的专业人才，这就要去评估企业现有的人力资源，如果缺乏专业人才，就需要考虑培训、招聘等事宜。

第三个积极因素，公司的产品或服务有较高营销价值，容易开发成内容或打造出人设且有潜在新媒体用户受众。

第四个积极因素，公司的数字化水平高，拥有相关的数字化设备或平台，例如供应链数字化、客户数据中台、SCRM 系统的应用等。

（二）劣势（Weaknesses）

这是企业内部的负面因素，是指企业相对于竞争对手的弱点。劣势可能包括过时的技术、缺乏足够的人力资源、高昂的运营成本和传统营销路径依赖等。

就数智营销来说，公司决策者不了解或不重视该业务；企业数字化程度低，缺乏必要的技术或人才，导致难以有效收集数据、分析数据和利用数据，这些都不利于数智营销相关业务的开展。另外，很多企业过分依赖原有的营销体系，对数智营销的逻辑理解不深或不正确。很多在传统媒体时代耳熟能详的品牌，在当今新媒体时代逐渐落寞了。因为今天的客户主要在新媒体平台上，但是部分企业的营销策略还停留在传统媒体时代，接触不到客户，自然就有被客户忘记的风险。

（三）机会（Opportunities）

这是外部环境中的积极因素，企业可以利用这些因素来促进增长。机会可能涉及新的市场需求、行业趋势、技术创新等。

就数智营销业务而言，外部可能的机会如下：

第一，中国数字经济蓬勃发展，人们的需求与消费的实现越来越依赖数字技术。除了个体的消费行为改变，国家宏观政策也有利于数智营销业务开展。国务院印发《“十四五”数字经济发展规划》，明确“十四五”时期数字经济发展的指导思想，强调以数据为关键要素，以数字技术与实体经济深度融合为主线，加强数字基础设施建设，完善数字经济治理体系，协同推进数字产业化和产业数字化，赋能传统产业转型升级，培育新产业新业态新模式，不断做强做优做大我国数字经济。

第二，社交媒体，特别是短视频和直播平台越来越受欢迎。去中心化传播成为主流，消费者越来越偏向个性化体验，而数智营销能够更好地满足这种需求。

第三，以人工智能、虚拟技术、大数据、物联网为代表的新一轮技术革命正在产生深远影响。例如以前绘画需要大量人力物力，但现在借助 AI 绘画，可以极大地提高绘画生产效率。这些技术的诞生与发展有力地支持了用户画像搭建、个性化内容生产和智能推荐等工作，从而实现个性化营销、精准化营销。

（四）威胁（Threats）

这是外部环境中的负面因素，可能给企业带来风险和挑战。威胁可能包括竞争加剧、法规变化、经济不稳定等。就数智营销业务而言，常见风险如下：

第一，新媒体平台规则与玩法变化快，对企业和从业者要求变高。

第二，国家相关政策和相关法律法规的调整或出台，会影响数智营销业务。

第三，当前国内流量红利期已过，用户数不再增长，整体用户注意力资源有限，各营销者竞争加剧。

翻转一下

小组讨论：针对千禧服装企业现状和李卿的业务规划，讨论李卿开展数智营销业务的优劣势以及外部机会和威胁。

任务二　制定数字品牌策略

任务引例

三棵树成立于 2002 年，是一家国内领先的涂装产品企业，独创了超越国际标准的“健康+”标准。早在 2018 年，三棵树就成立了新零售部门，成为业内最早搭建新零售部门并推动数字化营销体系建设的涂装品牌之一。

在数字品牌策略上，三棵树全面锁定“健康”关键词，通过 logo 升级、VI 升级、广告语升级、产品系列升级，并推出健康+超级卡通形象——小森，如图 2－4 所示。小森以其超萌的外表，成为三棵树的超级卡通形象，进一步巩固了消费者对“三棵树健康漆”的认知。

图 2-4　三棵树品牌 IP 形象

任务描述

制定数字品牌策略是数智营销业务中的关键任务，品牌营销是否成功，一个关键评估标准就是是否能让社会大众对该品牌的消费者形成某个印象，即消费该品牌的用户是一群什么样的人。当社会大众对该品牌的支持者持有积极评价时，社会大众对品牌的认可将影响个体消费者对品牌的认可，因此，关键品牌策略是告诉目标客户群体，社会大众是积极看待使用该品牌产品的消费者的。

当然，目标客户群体自身对品牌的认知也非常重要，李卿根据年轻女性消费者群体的特征以及自己的业务规划，设计了数字品牌策略，包括品牌心智策略、品牌 IP 人设策略和品牌传播策略。

任务要求

1. 熟悉品牌的概念以及品牌对消费者的影响，能够制定品牌策略。

2. 掌握心智策略的概念，了解心智策略的原理，能够使用心智策略原理对其他行业或品牌进行心智策略设计。

3. 熟悉品牌 IP 人设的概念与作用，能够通过品牌故事设计、品牌价值理念设计、内容策划、形象塑造等进行品牌 IP 人设塑造。

4. 熟悉品牌传播策略的概念，掌握数字品牌传播的典型方法，能够使用数字品牌传播策略提高品牌传播效果。

知识准备

一、认识品牌策略

（一）品牌的概念

品牌是指一家公司、产品或服务在消费者心目中所形成的整体认知和印象。它不仅是一个标志或名称，也包括企业文化、价值观、产品质量和消费者体验等方面。品牌可以通过广告、营销、产品设计和客户服务等方式来建立和塑造，它代表了企业的特点、承诺和独特之处，能够影响消费者的购买决策，并建立长期的忠诚度和认可度。

（二）品牌对消费者的影响

品牌对消费者的影响是多方面的，不仅体现在产品或服务的外在特征，更体现在与消费者情感、认知和价值观等深层次联系上。

1. 品牌提高辨识度

通过品牌营销，消费者形成对品牌视觉上的认知、心理上的认知，这有助于将该品牌和其他品牌区别开来。客户对品牌的认知会影响消费者对品牌产品的认知，影响的关键点是：

（1）要有一个独特的标识或品牌名，让自己的品牌与其他品牌区分开来。这里有个小细节，当前数智营销时代，看重品牌与消费者的互动，品牌标识如果是拟人或拟物的形象将有助于人设形象的塑造，增加品牌标识的社交互动属性。换句话说，就是方便品牌能够像人一样表达内容，像人一样和消费者互动。

（2）品牌形象要保持一致性，例如文案风格、色彩搭配、品牌标识、员工形象等。无论是线上广告、线下广告还是产品包装，都要注重品牌形象的一致性。

（3）品牌故事和品牌价值观也非常重要，通过讲述品牌故事、突出品牌价值观来激发用户的好奇心、认同感。

综合大部分营销者的观点，他们认为品牌故事或者创始人的故事在营销宣传中占据重要角色。可以说“品牌故事是最好的宣传文案”，我们需要讲述一个具有优秀营销效果的品牌故事。

例如，讲一个让人觉得品牌很励志、很有发展前景的品牌故事。当消费者看到故事后，就好奇品牌能不能做到。比如一个本土女装设计师立志成为影响世界的服装设计师，梦想推出带有中国文化元素的服装风格，打造出世界性女装品牌，她说：“你愿意和一个普通中国女孩一起打造出中国版的 ZARA 吗？”这句话激发了人们的好奇心，唤起了助人为乐的精神，并增强了参与感。看到这个品牌故事的消费者，会有强烈的冲动去进一步关注并支持这个品牌。

2. 品牌增强消费者信任感

品牌能够增强消费者对企业的信任感，让消费者觉得企业、产品或服务是可靠的、专业的。一个有品牌的产品会比没有品牌的产品更容易获得消费者信任。为了增强消费者的信任感，可以采取以下举措：

（1）品牌背书。品牌背书是指在营销活动中，通过使用名人、专家、权威人士、关键意见消费者、专利、资质证书等具有影响力的人或物，来为产品或服务背书，增强消费者对品牌的信任感和认可度。这种方式利用了他人的声誉和权威性来支持品牌，使消费者更倾向于相信并购买该品牌的产品或服务。

（2）敢于承诺和兑现承诺，例如产品和服务的质量与宣传的一致。

（3）要积极应对问题与消费者反馈，及时处理投诉和改进不足之处，体现品牌对消费者的尊重。这不仅体现出品牌负责任的态度，也是能够取得消费者信任的关键。

（4）通过建立紧密关系来增强信任感，例如通过品牌人设的经营来拉近和消费者的关系或者通过私域运营来提高消费者黏性。当品牌成为消费者的“自己人”，就更容易获得消费者的认可。

以女装品牌创始人的人设塑造为例，可以讲述创始人在生活和工作中如何为年轻女性提供支持，帮助她们改变了自己，从而改变了人生的故事。这种内容可以向目标消费者群体表明立场，即创始人是理解她们、为她们利益着想的“自己人”，这种内容策略能够让创始人快速获得目标消费者的认可。

3. 品牌成为消费者的情感寄托

当消费者的人生追求、价值观与品牌理念相符，消费者对品牌的支持相当于支持他们自己，这种情况下，他们还会乐意与其他人分享相关产品，因为这是在展示他们自己的人生追求。

例如，一家致力于环保的品牌，它的理念可能是减少浪费、使用可再生资源，其产品和服务旨在满足人们对绿色生活的需求。这与消费者对健康、环保和可持续发展的重视不谋而合。对于这些消费者来说，购买这个品牌的产品不只是在消费产品，更是在支持他们的人生价值观。

这里的关键点是找出目标消费者群体的人生追求、面临的主要问题，以及哪些东西能影响目标消费者群体的情感，然后规划出对应的品牌理念或价值观。

翻转一下

小组讨论：组成4～5人小组，帮助李卿找出年轻女性群体的“人生追求是什么”“面临的主要问题有哪些”“哪些东西能打动她们”这三个问题的答案。无标准答案，以小组结论为主。

4. 品牌影响消费者的价值判断

品牌对消费者价值判断的影响主要体现在品牌溢价上，例如在购买汽车时，一些品牌的汽车价格比较高，这是因为公众对这些品牌的评价高，认为这些汽车品牌能够彰显社会地位和成就。品牌溢价让产品或服务能卖出更高价格，企业能获取更多利润，这是很多企业开展品牌营销的目的。

为了获得更高的品牌附加值，需要对品牌价值对应的心理账户进行研究。企业通常会针对低端品牌、中端品牌或高端品牌进行定位。不同的定位下，消费者的心理账户会有很大不同。企业可以从心理账户的角度出发，研究如何满足消费者的心理账户要求，从而获得他们对品牌价值的认可。

知识视窗

心理账户

心理账户的概念是由诺贝尔经济学奖获得者理查德·塞勒（Richard Thaler）于20世纪80年代提出的，他认为人们在进行经济决策时，会将不同的消费归入不同的心理账户，并对每个心理账户进行单独的评估和决策。

例如，当个体计划购买一件新衣服时，他可能会将其归入“服饰”心理账户，并考虑其款式、质量和价格是否符合期望。但如果购买新衣服是为了出席重要社交场合，可能会增加“社交”心理账户和“形象”心理账户，如果“形象”这个心理账户的额度比较高，此时他会愿意付出更多的金钱购买新衣服。

总体上，品牌想要影响消费者对品牌价值的判断，有以下几个要点：

（1）需求层次越高，心理账户对应的价格越高。

需求层次越高，消费者心理账户的上限越高，也就愿意为更高层次的需求付出更多的钱。所以在宣传品牌价值理念时，尽量将品牌的价值和更高层次的需求关联，这样消费者会认为品牌更有价值。就像蛋糕和亲情挂钩，玫瑰和爱情挂钩，从而提升了它们在消费者心中的价值。

职场案例

一百多元的笔记本

某知名读书博主推出一百多元的笔记本，令人意外的是，这么高的价格并没有吓退他的粉丝，反而销售火爆。因为他在宣传产品时，不是强调纸质、规格、书写，而是强调“改变从记录开始”。这句话成功激活了粉丝更高层次的心理账户，从而让粉丝愿意购买这个价格比较高的笔记本。

翻转一下

自主探索：小米手机冲击高端品牌之路，走得比较艰辛。从上述知识点角度，分析为什么会这样。

（2）品牌的社会认可度影响消费者的价值判断。

社会对品牌及其产品使用者的评价会影响消费者对该品牌价值的判断。当一个品牌在社会上享有较高的认可度和良好的声誉时，消费者往往会对该品牌赋予更高的价值。例如，如果某品牌被认为是“国货之光”，使用该品牌产品的人会被别人认为是有品位的等，那么该产品在消费者心中的价值会比较高，且消费者更愿意购买。

要想获得品牌带来的附加值，首先需要给消费者提供超出产品本身的附加值，这样消费者才愿意为产品支付溢价。其中，帮助消费者获得社会认可是非常关键的附加值，关键点如下：开展品牌营销时，可以宣传社会大众对品牌的认可，这个社会大众包含消费者、企业、媒体、专家、组织等，并且不局限于本国，来自海外的认可也可以作为宣传要点。

翻转一下

自主探索：为了给潜在客户群体留下“社会对品牌的认可度高”这一印象，请问有什么方法？（可通过使用人工智能工具获得相关知识，但需要注意辨别知识的科学性、正确性。）

（3）行业或地区的品牌形象影响消费者的价值判断。

消费者对某个行业或地区的印象会影响他们对来自该行业或地区的品牌的价值判断，如2023年现象级的文旅热点“哈尔滨小土豆”。事实上，哈尔滨的民众、企业和政府都在精心维护哈尔滨的整体形象。这种整体形象通过网络传播，形成了“品牌人设化”现象，使大众焦点和话题集中到这个品牌人设上。

然而，如果行业或地区内某个企业或品牌出现破坏整体形象的问题，如酒店恶意涨价、虚假宣传、劣质产品等，互联网会放大这些问题，导致一个品牌的问题被认为是整个行业的问题。因此，行业内或地区内的品牌和从业者都应该注意共同形象的维护。

翻转一下

情境代入：假设你是一名服装带货主播，现在要去服装批发市场拿货，有两个城市货源作为候选，一个是广州货，一个是义乌货。请你搜索资料，分析消费者对这两个服装货源的印象分别是什么。

（4）国家形象影响海外消费者的价值判断。

国家形象可以对该国的企业品牌形象产生积极或消极的影响。如果一个国家在国际上被视为具有创新能力、科技发达，那么该国的品牌在海外市场上更容易获得认可和信任。

消费者通常会根据他们对某个国家的印象来推断该国产品的价值。如果一个国家在科技、创新或制造业方面享有良好的声誉，那么海外消费者可能会更倾向于认为该国的产品具有高质量和高可靠性。

小贴士

从业者语录：数智营销时代其实是一个全民营销时代，在互联网上，每个个体的行为和形象，都有机会代表一个国家的形象、一个地区的形象或一个行业的形象。维护整体的形象，自身也将获益。也就是说，营销应该成为全体国民的意识，会营销，自身、企业、行业和国家都将受益。

兴趣探索

个体、企业、公众人物、组织和政府分别可以在国家形象塑造上做哪些努力？

翻转一下

小组讨论：中国年轻女性消费者会认为哪些女装品牌能给自己带来高价值？

二、数字品牌策略类型

（一）品牌心智策略

1. 心智策略的概念

心理学上，心智是指人类的思维、意识和理解能力。它包括感知、注意、记忆、思考、判断、决策等认知过程，以及情感、意志和个性等方面。

在营销和商业领域，心智常用来描述消费者对品牌、产品或服务的认知、态度和观念。心智模型是指消费者在心中形成的关于某个品牌或产品的印象、信念和期望。通常说的企业品牌心智策略其实就是搭建出一个有效的心智模型。

心智策略的核心思想是认识到人们的决策和行为往往受到心智的影响，而心智是可以被塑造和影响的。通过运用适当的信息、情感和认知触发，心智策略可以改变人们对某个品牌、产品、服务或概念的看法和认知。

2. 心智策略内容

心智策略主要是解决“品牌给用户留下什么印象”的问题，这也是解决品牌定位的问题。

在营销领域，和心智策略有关的工作包括但不限于品牌故事讲述、品牌 logo 设计、品牌 slogan 设计、内容策略制定、品牌 IP 塑造等。

以教材情境为例，李卿希望穿本品牌服装的年轻女性会被认为是有品位、懂时尚、自信、支持本土设计师品牌和热爱华夏文化的群体。表 2-1 是李卿设计的“女武神”品牌心智策略。

表 2-1 “女武神”品牌心智策略设计

策略内容	成果	设计思路
品牌名	女武神	● “女武神”是一部世界知名漫画和动画的名称，该名称本身有一定知名度，将极大降低品牌传播成本。 ● “女武神”一词充满力量感，体现出女性群体的自信自尊自爱，符合新时代女性个性、张扬、自信与勇气等特质。 ● “女武神”一词容易拟人化、人设化，适合数智营销领域，且更容易创建内容
品牌故事	你愿意和一个普通中国女孩一起打造出中国版的 ZARA 吗?	● 利用潜在消费者的好奇心和探索欲来获取大众对品牌的关注。所以故事的主题比较有吸引力，容易让人好奇：这个普通女孩为什么要打造中国版的 ZARA? 为什么敢说能打造出一个世界性女装品牌? ● 数智营销时代，消费者重视与品牌的互动，重视自己的主动地位。所以故事让潜在消费者有代入感和参与感非常重要。 ● 用品牌故事圈定一个大范围消费者群体。这里面应用了“我群理论”，作为中国人，我们也希望能出现一个世界性女装品牌，当其他国家消费者喜爱这个品牌时，我们每个人也会因此感到骄傲。所以，为了实现这个目标，潜在消费者群体就会更关注和支持该品牌

续表

策略内容	成果	设计思路
品牌 logo		● 以圆盾这一防御性武器为创意点，表示不屈服于偏见、压迫，活出真实的自己；中间为天鹅，代表美好的品质。寓意坚守本心，希望消费者能从品牌 logo 中获得力量。 ● 它像一枚徽章，可以看作立志成为“Z 世代”女性群体的标志
账号视觉设计	账号头像、账号内容场景	● 新媒体账号是对外展示的窗口，李卿十分重视对账号的包装。 ● 账号头像采用自己的“多巴胺妆容”“朋克妆容”，展示年轻、个性、时尚和张扬的一面。 ● 内容场景上，李卿打造了一间“女武神”线下体验店，作为直播基地和短视频拍摄基地，同时作为线下办公场地和线下活动举办地
品牌 IP 塑造	立志打造出世界级女装品牌的中国本土设计师	略
社会认可	例子： 在新媒体平台播放海外短视频平台相关视频的播放量和海外网友的积极评价。 举办本土设计师服装设计大赛，通过媒体报道，向潜在客户表示品牌获得社会的认可。 讲述李卿帮助女生通过服装穿搭改变自己人生的故事，重点介绍这些女生的朋友、家长对她们改变的赞赏	重视社会认可对品牌形象塑造的价值，需要为此进行专门的工作。例如制作变装视频、展示传统服装视频，并投放到海外平台，当有较好播放数据时，就剪辑这些视频，附上海外网友的积极评价，给人以品牌在海外有很多人关注和认可的感觉，以及品牌为提高中国女装和年轻女性在世界的美誉度做出贡献的感觉。将这些视频发布到国内新媒体平台，就可以塑造品牌形象或人设形象

3. 心智策略原理

心智策略本质上是通过影响个体的认知来影响个体的判断和决策。它涉及的基本原理包括但不限于情境行为模型、位置排序理论、参与感、神经元突触增强机制、说服性沟通等。

（1）情境行为模型。

人类兼具生物属性和社会属性，因此，人类的行为分为本能行为和社会行为。本能行为是由人的生物属性决定的，如饥饿时想吃饭，受到惊吓会发抖等。而受社会因素影响的行为都可以称为社会行为。社会因素有文化背景、法律法规、社交关系、科学技术等。以科学技术为例，如果在古代，个体就无法做出“刷短视频”这一行为，因为没有这个技术。

通常，个体付诸一个社会行为的基本过程如图 2－5 所示。

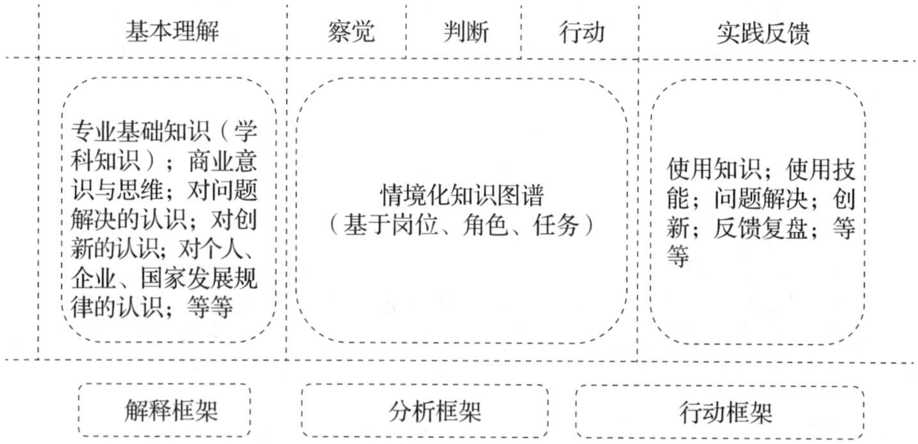

图 2－5　情境行为模型

在图 2－5 中，解释框架是指个体在面对某个情境之前，已经对这个情境有所解释，当原有的解释框架没有内容可以解释当前情境时，个体缺少认知进行判断，一般个体会选择学习、搜索信息或通过其他人来补全认知不足的情况。分析框架是指个体在面对某情境时，根据情境的现状，再结合原来的解释框架，对情境做出判断。行动框架是指个体根据判断付诸的具体行为。

也就是说，个体原来的解释框架对行为有关键影响，心智策略第一个原理就是想办法让品牌或品牌理念加入消费者的解释框架中，然后才有机会参与个体后面的分析和行动环节。

知识视窗

近因效应

近因效应是指当人们识记一系列事物时对末尾部分项目的记忆效果优于中间部分项目的现象。换句话说，解释框架中的内容是可以被替换或遮盖的，这就是一些品牌频繁打广告的原因。在某个情境下，消费者做出购买行为前，需要分析买哪个品牌。如果消费者不久前刚看过一个品牌的广告，他就可能买这个广告的产品。假设他没看到广告，那么就可能购买原来解释框架中意向品牌的产品。

（2）位置排序理论。

位置排序是指“排第几名”，世界各国大部分文化语境都重视位置排序。存在位置偏见现象，认为第一比第二、第三好。

在品牌宣传中，强调企业在市场中的地位，如“龙头企业”“世界第二，亚洲第一”这类表述。它们会比单纯宣传品牌好、产品好更有效果。

如果实际市场地位较低，可以选择一个细分领域或创造一个细分领域，在这个领域里，企业是龙头企业。

如果连细分领域里的第一名都做不到，还可以使用“领域+小创新”来塑造一个创新者、技术最先进者或理念最先进者形象。这种也符合位置排序理论。这种方法是大部分营销者需要掌握的技巧，因为服务的企业可能较为一般，需要通过这种方法帮助品牌打入消费者心智中。

应用该方法时要注意《中华人民共和国广告法》的要求，不能出现“国家级”“最高级”“最佳”等用语。对于第一、第二这种排序词，必须是对事实的一种表述。

翻转一下

科技产品发布会经常使用位置排序理论，请查找国内手机厂家和新能源汽车厂家发布会资料，收集体现位置排序理论的宣传文案。

翻转一下

情境代入：李卿想使用位置排序理论来宣传品牌，她的目标客户群体是 18 岁到 30 岁的年轻女性。请你帮她从制衣工艺、材质、风格、品牌理念规划出一个细分领域第一，并设计出对应的宣传文案。

（3）参与感。

新时代年轻群体是互联网原住民，在互联网上表达自己、重视社交互动是这个群体的重要特征。

他们会比其他群体更重视参与感和社交互动，如果创建的数字品牌的目标客户群体是新时代年轻人，那么在心智策略中，要重视用户的参与感，需要在品牌定位、品牌宣传上体现出品牌的互动社交属性。

（4）神经元突触增强机制。

神经元是组成神经系统的基本单位，突触是神经元之间传递信息的重要结构。大脑的复杂网络结构是由神经元和突触组成的，我们想要通过心智策略影响消费者的认知，就需要了解神经元和神经突触。

为了容易理解，这里将神经元简单设定为承载某个记忆的载体，这个记忆可以是品牌名、产品使用方法、产品使用场景等。神经突触连接了不同神经元，就可以理解成把不同记忆串起来，对外输出一段较完整、较有意义的记忆。但是大脑的功率有限，为了让大脑正常运行，大脑会弱化或“剪断”不必要的神经细胞和神经突触。这也是为什么个体会忘记很多事情。

对应的品牌心智策略就是想办法让消费者记忆深刻，要时常唤醒消费者对品牌的记忆。有以下要点：

1）重复性的刺激能够唤醒和强化对应的神经元和神经突触。这就是很多品牌频繁打广告的原因。另外，一些“洗脑广告”重复某些词汇和口号，也是应用这个原理。在数智营销时代，需要思考如何频繁地曝光品牌。

2）强度大的刺激能强化神经元和神经突触，例如，一些重大的事件虽然只是在短时间内发生，但由于该刺激强度大，导致我们的神经元和神经突触变得更“粗壮”，不容易被弱化，因此记忆深刻。对于心智策略而言，需要思考可以通过哪些方式或活动来实现这种效果。

3）神经元之间的突触越多，对应的神经元越有可能被唤醒。在一个神经突触很多的神经网络中，一个神经元被唤醒，就可以通过神经突触去唤醒其他的神经元。例如“记忆宫殿法”，将单词放置在某个空间中，这个空间有物品、色彩、位置等元素。那么“单词神经元”就会和“物品神经元”“色彩神经元”“位置神经元”关联起来。当我们想要唤醒某个单词时，如果一时想不起来，可以通过唤醒“物品神经元”“色彩神经元”“位置神经元”来唤醒“单词神经元”。

对于心智策略来说，我们需要找到消费者大脑里会被经常唤起的神经元，然后想办法将品牌和这些神经元关联起来。等消费者唤醒这些神经元时，就能顺便唤醒对品牌的记忆。例如，一名女生喜欢穿时尚服装，日常穿搭和购买服装时都会提醒自己要买时尚的衣服，心智策略就是想办法让这名女生的“时尚服装神经元”和“品牌名神经元”连接起来。“时尚服装神经元”容易被唤醒，意味着“品牌名神经元”也容易被唤醒。

（5）说服性沟通。

说服性沟通是指以说服个体，让其认同企业的理念、指引、命令为目的的沟通方式。

人类社会演化至今，“被说服”的基因已经刻在人类基因里。人类为了生存和竞争，会重视经验传承，会重视他人的意见、指引或命令。想在品牌营销中提高说服效果，有以下三个要点：

第一，有些词汇脱颖而出，具备较高的说服效果。例如国货、高科技、性价比、免费、限时优惠等。在品牌心智策略中，需要挖掘和验证哪些词汇拥有较好的说服效果，以便在日后的品牌宣传中使用。

翻转一下

小组实践：组成学习小组，帮助李卿梳理女装行业具有较高说服效果的关键词。

第二，强烈的行动感召文案具备较强的说服效果，例如“和我们一起……”“今天就买……”“现在就……”。这种带有行为指引的文案，起到暗示或明示的作用，因为人有“被说服”的倾向，所以可能会付诸具体行动。

第三，针对消费者的需求、愿望或欲望进行说服，说服效果会更好。

翻转一下

课后实践：你真的了解人吗？你认真梳理过个体有哪些需求吗？请利用课余时间，认真梳理个体有哪些需求，每种需求的信息尽可能详细。对个体需求的了解程度能反映一名营销者的专业水平，请认真对待，并提交相关成果。

（6）我群与他群。

社会上存在各种各样的群体，例如大学生群体、年轻女性群体、打篮球群体、职场中年男性等。个体一般带有几个群体身份标签。

个体所处的群体，会被个体认为是“我群”，这个“我群”就是一个可能有共同兴趣、类似处境、类似年龄、类似价值观的群体。当品牌或人设被目标客户群体认作“自己人”，那人设所代表的品牌就能快速获得目标客户群体的认可。

社会上其他群体对某一群体的评价会影响到该群体中的个体。在这种情况下，会形成“群体利益”概念。“我群”中的个体会不自觉地维护“我群”的利益，因为这也是在维护自己的利益。当我们的品牌或 IP 形象被目标客户群体视为“我群”中的一员时，“我群”成员就会认可我们。如果我们的品牌或 IP 形象是“我群”的优秀代表或群体利益代言人，那么“我群”成员就会拥护我们并对我们保持忠诚。因为我们成了他们这个群体的利益和形象代言人，外界对我们的评价和称赞，会被群体成员认为也是在评价和称赞他们。

对于营销者而言，品牌价值理念覆盖的群体越大越好，即“我群”的规模越大越好。最理想的情况是将全世界的消费者都变成潜在客户群体，这是我们中国营销人员需要努力的方向。当前较为成功的案例是美国太空探索技术公司（SpaceX）创始人马斯克的营销策略。他声称自己不搞营销，但实际上他非常懂得营销。他说他要代表全人类探索宇宙，这使得他的潜在粉丝就是地球上的所有人。购买他的产品与支持人类未来挂钩，这是世界上最出色的营销案例之一。

在快手平台和抖音平台上，也有大量关于 IP 人设快速获得目标客户群体信任的成功案例，案例主人公大多是草根型达人。即使他们没有系统学习过营销知识，但他们都在不经意间应用了“我群与他群”理论。

小贴士

“我群与他群”属于社会学和社会心理学概念，由于在数智营销时代，用户被分割成一个个粉丝团、饭圈、社群。“我群与他群”理论在营销策略中的重要性被提高，限于篇幅，这里只简单介绍相关概念，建议感兴趣的同学仔细研究“群体心理学”相关内容。

（7）文化背景。

想在某个市场实施心智策略，一定要研究该市场的文化背景。个体或群体对事物的看法受到当地文化背景的影响，文化因素包含价值观、理念、习俗、法律法规等。

例如，在我国开展品牌营销，就要思考我国文化背景下，哪些话题或价值观更容易被认可、被推崇，从而实现品牌形象的塑造。

翻转一下

课堂互动：请问在我国，消费者认为什么样的品牌是好品牌？

除某个市场的文化背景外，还有一些跨文化跨意识形态的人类共同愿景，也能影响人们对事物的看法。例如 2004 年，联合国全球契约组织（UNGC）在其报告“Who Cares Wins”中提出了 ESG 概念。ESG 是将环境（Environmental）、社会（Social）、治理（Governance）因素纳入企业投资决策与经营的理念和实践。ESG 强调企业不仅要关注财务绩效，还要从环境、社会和治理的角度衡量企业价值，使企业履行社会责任的实践和表现可量化、可比较并可持续改善。ESG 指标如表 2－2 所示。

表 2－2　ESG 指标

环境（Environmental）	社会（Social）	治理（Governance）
企业对气候的影响 企业对自然资源的保护 废物与消耗防治 环境治理 绿色技术 环保投入 绿色办公 员工环境意识 发掘可再生能源的可能性 建造更环保建筑的可能性 …………	员工福利与健康 产品质量安全 隐私数据保护 公司税收贡献 精准扶贫 产业扶贫 乡村振兴 性别及性别平衡政策 人权政策及违反情况 反强迫劳动 反歧视 供应链责任管理 社区沟通 …………	股权结构 反不公平竞争 董事会独立性 会计政策 风险管理 董事会多样性 薪酬体系 信息披露 道德行为准则 公平的劳动实践 …………

如今越来越多的国家、企业和消费者认可该理念，把它作为衡量品牌形象和品牌价值的重要依据。对于参与国际市场竞争的企业，需要额外重视自身 ESG 事业的发展情况，同时，营销者也需要关注 ESG，并帮助企业从 ESG 角度开展对应的营销宣传。国内的 ESG 生态和 ESG 事业也在逐步推进中，如图 2－6 所示。

图 2－6　国务院国有资产监督管理委员会网站截图

小贴士

品牌策略不是文案而是行动，为了达到诚信宣传的目的，需要及早开始行动，在行动取得初步成果后，再进行相关品牌宣传，将更有利于品牌形象塑造。虚假宣传是对品牌信誉的致命打击。

职场案例

千禧服装 ESG 方案

千禧服装公司有制服产品线，由于国内市场竞争过于激烈，营收连年下降，千禧创始人李华让女儿李卿规划海外业务。同时，由于企业生产线的数智化改造和业绩的降低，李华想要裁掉部分员工。而李卿极力劝阻，她希望父亲不要用老思想对待员工，“企业如何对待员工”也是品牌形象的一部分，企业的收益应该来自品牌价值的提升和市场份额的扩大。想要做品牌，就不能用“代工思维”“人口红利思维”，而是要用营销思维和品牌思维，“企业如何对待员工”“员工幸不幸福”将是品牌重要的宣传角度。

李卿知道海外企业和消费者重视企业的 ESG 分数，所以从 ESG 角度策划了相关行动和营销策略，如表 2-3 所示。

表 2-3　基于 ESG 的营销方案

维度	措施	营销/宣传
环境 (Environmental)	办公室进行无纸化办公改革； 使用竹制办公用品替代塑料制品； 使用可降解包装材料； 废料再利用； 电动叉车替代燃油叉车	企业官网新闻； 产品包装、产品介绍中宣传可持续发展理念
社会 (Social)	重视员工福利，如生日礼物、节日礼物； 保障劳工权益，让劳工共享技术发展、制度先进性带来的福利，践行共同富裕诺言； 向国内经济落后地区以及亚非贫困地区学校捐赠校服、运动服； 聘用残疾人	企业官网新闻； 传统媒体报道； 自媒体报道
治理 (Governance)	成立 ESG 工作小组，规划、执行和监督 ESG 工作的落地； 主动发布企业 ESG 信息； 部分高管薪酬与 ESG 绩效挂钩	企业官网公司介绍； ESG 事业报道

（二）品牌 IP 人设概念与作用

1. 品牌 IP 人设的概念

品牌 IP 人设是指品牌在市场营销中，通过赋予品牌一个独特的人物形象，用来吸引消费者的关注和喜爱，并增强品牌与消费者之间的情感联系。品牌 IP 人设通常具有鲜明的个性、独特的价值观和特定的身份背景，能够与消费者产生共鸣，并在消费者心中留下深刻的印象。

翻转一下

实际案例收集：品牌 IP 人设案例不胜枚举，请通过网络查找自己感兴趣行业的品牌 IP 人设案例。

2. 品牌 IP 人设的作用

考虑到数智营销时代的特征，在策划品牌时，需要考虑品牌是不是更易于和消费者互动、更容易产出相关内容。

（1）快速获取消费者群体的认可。

信任是商业交易的前提，品牌想要取得消费者群体的信任，有时需要付出高昂的营销费用和服务费用。品牌 IP 人设就能够帮助企业快速获取目标消费者群体的信任。

例如，李卿作为“女武神”女装品牌创始人，同时作为一名优秀的服装设计师，给自己策划了一个“Z 世代服装设计师”的人设。她采用了上文提到的心智策略来塑造 IP 人设，例如通过“我群与他群”理论策划内容，如表 2-4 所示。

表 2-4 人设塑造策略的应用

内容模块	内容示例（李卿视角）
快速表明立场	阐述针对某年轻女性遭遇不公平而发声的例子，例如职场中遇到老员工的打压或因为颜值、着装等外在因素而失去某个机会； 通过为目标消费者群体成员的遭遇发声，可以向潜在消费者群体快速表明立场，向她们表明自己的态度，表达对她们的努力、价值观等方面的认可，从而快速获得目标消费者群体的认可和信赖
展示影响力	阐述生活、工作中为“Z 世代”女性提供服装穿搭支持，帮助她们改变自己，从而改变人生的大量例子，这可以向目标消费者群体进一步表明立场，并展示自己的专业性、实力，可告知潜在消费者，“我是一个能影响她们，给她们带来正向价值的人”“一个值得她们信任的人”
打造消费者群体利益代言人身份	将年轻女性对美好生活的向往和努力展示出来，体现出年轻女性群体积极、阳光和正能量的一面。这能够进一步强化“我是消费者群体利益代言人”的身份，告诉目标消费者群体，“我正在为了消费者群体在社会中获得更多的正面评价而努力”
社会认可	展示社会其他群体对我所做的努力、对我的观念、对我塑造出的“我群”形象的认可，这种来自社会的认可为品牌的粉丝赋能，让粉丝也能获得社会认可是获得目标消费者群体认可和实现品牌溢价的关键

翻转一下

头脑风暴：快速获得目标消费者群体认可是营销的关键工作，请组成5～7人小组，从“母婴产品”“大学生职业技能培训产品”“农产品”中选择一种产品，策划一个对应的品牌IP人设，并根据上文的内容模块规划一些内容主题来实现人设塑造和消费者群体认可的目标，完成下表。

人设内容规划表

所选行业/产品		品牌IP人设	
内容模块	内容主题/标题		
快速表明立场			
展示影响力			
打造消费者群体利益代言人身份			
社会认可			

（2）方便创建社交角色。

当前的数字化营销是双向互动的营销，受众可以通过评论、点赞、发弹幕、私信等方式与品牌方互动。这是一种社交场景，而IP化的品牌形象可以提高用户的体验感，让用户感觉是和人在沟通，而不是和没有生命的品牌名沟通。

翻转一下

创意设计：请为“女武神”品牌设计一个卡通IP形象，并说明创意；或者为学校所在城市的产业设计一个品牌IP形象。可借助人工智能工具完成相关作品。

（3）方便内容的策划与创作。

人格化的品牌形象能够创作更多类型的内容，例如发表观点、想法或心情状态。因为有具体的形象，所以品牌能更方便参与短视频和直播等内容的策划与创作中。

（4）支持更多营销创意。

品牌IP人设能够支持更多营销创意，例如IP联名营销、快闪活动、周边产品生产与赠送等。

（5）更容易被传播。

一个IP人设化的品牌更容易被传播，因为是人设化的品牌，它不再只是一个logo或品牌名，而是涵盖各种内容类型的品牌形象，更容易将品牌形象呈现到消费者面前，更容易被消费者记住。

（三）品牌传播策略

1. 品牌传播策略的概念

品牌传播策略是企业在品牌建设和推广过程中所采用的一系列方法和手段，旨在向目标受众传达品牌的价值、形象和信息，以提高品牌知名度、认可度和忠诚度。

品牌传播策略的目标是通过各种渠道和媒介，与消费者建立有效的沟通和互动，塑造积极的品牌形象，并促进产品或服务的销售。它涵盖多个方面，包括广告、公关、促销、数智营销、事件营销、口碑营销等。

2. 数字品牌传播策略

前文提到过的“企业营销内容最优解”能满足企业对品牌传播效果的要求。在数智营销时代，对品牌传播效果的设计还需要考虑平台流量机制因素。

为了使品牌能够快速传播，可以采取以下策略：

（1）借势传播。

借势传播是一种营销策略，指的是企业或个人借助当前的热点事件、社会名人或行业龙头企业，将自己的品牌、产品或服务与之关联起来，以获得更多的关注和传播。

1）蹭热点：关注当前热门话题、事件或趋势，将品牌与之关联起来。这样可以借助热点的热度和流量，提升品牌的曝光度和传播效果。例如李卿就计划让旗下的“女武神”女装带货主播成立一个“女武神”女团，当短视频平台出现热门舞蹈视频时，就马上出一个“女武神”版本，在吸引受众关注度的同时，进行 IP 人设塑造。

2）蹭名人：借助名人的知名度或影响力来提高自己品牌的曝光度和关注度。这个名人可以是演艺人士、专家或虚拟角色。例如李卿计划打造一个变装达人账号，主要模仿热门的游戏角色和动漫角色。

小贴士

使用“蹭名人”策略时，注意尊重他人的名誉权、肖像权、隐私权等。不能为了博关注，故意辱骂或造谣。必须遵纪守法，在合法合规的前提下使用该策略。

3）蹭行业龙头：借助行业内领先企业的品牌影响力、知名度或市场地位来提高自己的曝光度和关注度，可以就龙头企业的产品、宣传、观点进行评论、对比或反驳。

小贴士

数智营销时代，“马太效应”更加明显。在社会注意力有限的情况下，大众更愿意关注热点内容、热门话题。如果行业头部企业互相蹭对方热点，就有可能出现马太效应，它们长期“霸占”行业热点，从而让行业内其余品牌失去社会的关注。通俗地说，行业第一和第二“吵架”，可能把行业第三和第四给“干没了”。如果所服务的不是行业头部企业，应该尽早采取应对措施，而不是看热闹，如建立私域流量池巩固利基市场，或差异化竞争避开头部企业擅长领域，或加入“争吵”。

（2）造势传播。

造势传播是一种营销策略，旨在通过制造话题、引起关注和热议来推广品牌、产品或服务。它的核心思想是利用社交媒体、公关活动、事件营销等手段，吸引目标受众的注意力，引发讨论和传播，从而提高品牌知名度。常用方法如下：

1）设计一个高大上的品牌故事：通过一个有吸引力的品牌故事来传达品牌的价值观和使命，引起受众的好奇心和情感共鸣。这里以“女武神”品牌故事为例，介绍如何借助品牌故事为品牌造势。

职场案例

如何设计品牌故事？

李卿自述：当我在思考如何通过品牌故事提高品牌的传播效果时，我先想到，我要的传播效果是什么，我认为有两点，一是我的品牌内涵足够高级且能够获得客户的充分认同，这样她们才愿意看品牌故事；二是我的客户是乐意去分享品牌的，当客户分享的时候，她们是兴奋、愉悦的，好像不是在推荐一个品牌，而是在传播一种非常棒的价值理念。基于这两点，我就想，我的品牌故事要怎么设计才能支撑这两点效果的实现。

首先我给品牌故事定了一个主题：“你愿意和一个普通中国女孩一起打造中国版的ZARA吗？”同时这句文案也是我新媒体账号的账号简介，里面应用了比较多的技巧，如强烈反差引起好奇、“我群”理论、参与感、封闭式提问等。然后围绕主题，展开“我为什么有这个追求”“我为了这个追求做了哪些事”。

这些我都通过短视频打造出对应内容，并在后续的新媒体平台上发布。大概内容如表2－5所示。

表2－5　品牌故事设计示例

故事内涵	故事内容	设计理由
为什么有这个追求	《我胆小的父亲》主要讲述李卿父亲李华的事迹，千禧服装创始人李华在20世纪90年代来到广东，从一个普通的服装厂质检员开始打拼，积累了丰富的行业经验和人脉资源，最终创立了服装代工厂。在李卿孩童时期，爸爸的朋友找到李华，希望一起创办服装品牌。但由于李华不懂服装设计和市场营销，拒绝了朋友。结果被朋友骂“胆小”。那天李华窘迫的样子，让年幼的李卿感到难受。直到长大后，才慢慢理解父亲为了养育家庭选择了保守。其实李华心里也有品牌梦，但是不敢创建品牌。所以李卿就立志成为一名服装设计师，创建自己的女装品牌，某种意义上，也是在弥补父亲的遗憾	亲情在中国文化语境里占有非常重要的地位，能够引起更多人的情感共鸣和认可。 对外透露出身背景，可以让潜在受众相信创始人的专业性

续表

故事内涵	故事内容	设计理由
为了这个追求做了哪些事	《我们的服装故事》主要讲述李卿走遍中国各个省份，拍摄中国传统服装工艺，拍摄不同民族服饰的制作工艺与服饰文化，重点收集精神图腾、纹饰纹理	李卿想对外表达自己的“文化传承人”身份，所以拍摄了系列视频。同时，这个操作，也向潜在客户暗示，这个新品牌有充足的文化底蕴，创始人是懂服装文化的。 这个选题覆盖面很广，且涵盖不同省份内容，这会让不同地区的人格外关注自己省份的宣传，也能起到传播的作用
	《海外华夏纹理》主要讲述李卿到东亚国家、东南亚国家追寻中国传统服饰文化在海外的影响	李卿想让客户从“女武神”品牌获得自信和力量感。品牌的内涵要具备带给客户力量的元素。 李卿到日本、韩国等国家，向潜在受众介绍中国服饰文化至今还在影响其他国家，强调先辈能做到的事情，现在我们也能做到
品牌理念是怎么来的	主要表达对中华文化的热爱，以及对中国女孩追求时尚、气质、个性等方面的支持	想办法让受众认可理念，再让这些理念和品牌挂钩，最佳效果是品牌成为这项理念的精神图腾

2）搭建账号矩阵，刷存在感。通过创建多个账号，在不同的平台上发布内容，以增加品牌或个人的曝光率和存在感。这可以帮助覆盖更广泛的受众，并提高品牌或个人在社交媒体上的可见性。

3）投放广告。在社交媒体平台或其他网站上投放广告是一种常见的营销手段。广告可以根据目标受众的特征和兴趣进行定向投放，以提高广告的精准度和效果。广告投放可以增加品牌或产品的曝光率，并吸引潜在客户的注意。

4）与领域达人合作。与在特定领域或行业中有影响力的达人合作，可以借助他们的声誉和粉丝基础来推广品牌或产品。这种合作可以包括赞助内容、合作推广活动或产品代言等形式，以提高品牌的知名度和可信度。

3. 品牌传播渠道搭建

（1）品牌传播渠道的概念与类型。

品牌传播渠道是指品牌或企业为了将品牌信息、产品信息或服务信息传达给目标受众所利用的各种途径和媒介。常见渠道如表 2 - 6 所示。

表 2-6 品牌传播渠道类型

品牌传播渠道	说明
广告	通过电视、广播、报纸、杂志、户外广告、互联网广告等形式进行宣传
公关活动	利用新闻发布会、媒体采访、赞助活动、社会责任项目等方式来提高品牌知名度，塑造品牌形象
新媒体平台	通过抖音、小红书、TikTok 等新媒体平台进行内容传播和互动
SCRM	利用 SCRM 系统向潜在客户和现有客户发送促销信息、资讯等
搜索引擎优化（SEO）	通过优化网站结构和内容，提高在搜索引擎中的排名，增加品牌曝光度
推荐引擎营销	利用推荐算法向用户推荐相关的品牌内容，提高品牌曝光度和用户参与度
合作伙伴	与其他公司、品牌或个人合作，共同推广产品或服务
线下活动	举办展会、研讨会、促销活动等面对面的活动来与目标受众互动

（2）自建传播渠道。

自建传播渠道是指企业或个人自己创建和运营的传播渠道，用于与目标受众进行直接的沟通和互动。通常这些自建的传播渠道也被称为私域流量池，例如官方网站、App、社群等。自建传播渠道中的用户统称为该品牌的私域用户。

它的优点有以下几点：

1）掌控品牌形象和信息：通过自建传播渠道，企业可以完全掌控品牌形象的展示和信息的传递。可以根据自己的品牌定位和目标受众，制定精准的传播策略，确保传递的信息与品牌价值观一致。

2）建立直接的客户关系：自建传播渠道为企业提供了与受众直接互动的机会。通过社交媒体、电子邮件、网站等渠道，企业可以与潜在客户和现有客户建立更紧密的联系，根据他们的需求和反馈，提供个性化的内容和服务。

3）提高品牌可信度和专业性：拥有自己的传播渠道可以展示企业的专业性和实力。通过发布有价值的内容、行业见解和专业知识，企业可以树立起在特定领域的专业形象，增强受众对品牌的信任度。

4）数据分析和精准营销：自建传播渠道可以收集和分析受众的行为数据，包括访问页面、点击行为、互动情况等。这些数据可以帮助企业进行精准营销，根据受众的兴趣和行为定向推送内容和产品信息，提高营销效果和转化率。

5）增强品牌忠诚度：通过自建传播渠道与受众建立紧密的联系，企业可以培养受众的品牌忠诚度。提供独家内容、优惠活动、会员制度等福利，能够吸引受众并促使他们成为品牌的忠实支持者。

6）灵活性和可持续性：自建传播渠道具有更大的灵活性和可持续性。企业可以根据市场变化和业务需求随时调整传播策略，而不受第三方平台的限制，降低企业经营风险。

（3）搭建第三方传播渠道。

搭建第三方传播渠道是指利用第三方平台或渠道来传播品牌信息和内容，如流量广告投放、与达人合作等。与第三方传播渠道建立良好的合作关系可以带来许多好处，如扩大品牌影响力、增加曝光度和获取新的用户。

要注意，传播渠道并不单一，可以多渠道形成一个有效的传播渠道组合，但不能将精力均分给各渠道，应该有所侧重。以教材情境为例，李卿选择小红书平台和抖音平台作为重点传播渠道进行账号运营。

职场案例

李卿对数字品牌传播的思考

李卿自述：搭建第三方传播渠道前，我的疑虑是品牌能不能承接住合作后带来的流量，如果承接不住流量，那就是无效合作。所以，我计划自建传播渠道，有了一定粉丝基础、运营经验和流量承接能力后，再搭建第三方传播渠道。

在自建传播渠道方面，我选择了小红书、抖音和微信平台。小红书拥有大量精准优质用户，且小红书的定位非常符合“女武神”的品牌理念。抖音用户多，流量大，有助于品牌进行“热点追踪”“造势”等营销策略的实施。微信方便品牌进行私域运营，提高用户的黏性和复购率。

在品牌传播内容的选择上，我初步计划主打三类内容，即品牌故事系列、“女武神”女团和校园达人系列。例如，“女武神”女团主要是舞蹈、歌唱、变装和走秀等内容，将娱乐和营销结合，降低内容营销性质，可进一步提高品牌传播效果，因为平台和用户都不喜欢营销性质明显的内容。娱乐休闲放松这一需求又有海量的潜在客户，这就是前文说的，通过文化产品衔接客户，是营销的较优解。

业务操作

业务名称：制定数字品牌策略

工作要求：

1. 选择当地产业或自己感兴趣的领域，创建一个数字品牌，并制定对应的品牌策略。

2. 可组成 2～3 人小组，共同完成小组作品，作品以 PPT 形式提交。

操作步骤：

1. 选择一个领域，创建数字品牌，包括品牌名称、logo 设计，可借助人工智能工具完成。

2. 设计品牌 IP 人设，设计一个具有较好营销效果的品牌故事。

3. 为数字品牌搭建传播渠道。

4. 规划不同传播渠道上的传播内容，并说明规划的内容对品牌传播的影响。

任务三 制定数智营销方案

任务引例

数智营销业务的实施需要依托于强大的数据分析技术和人工智能技术，脱离技术的支撑，就无法制定数智营销方案。国内主要的科技公司提供了相关的解决方案，如华为云、阿里云、京东和火山引擎，如图 2-7 所示。

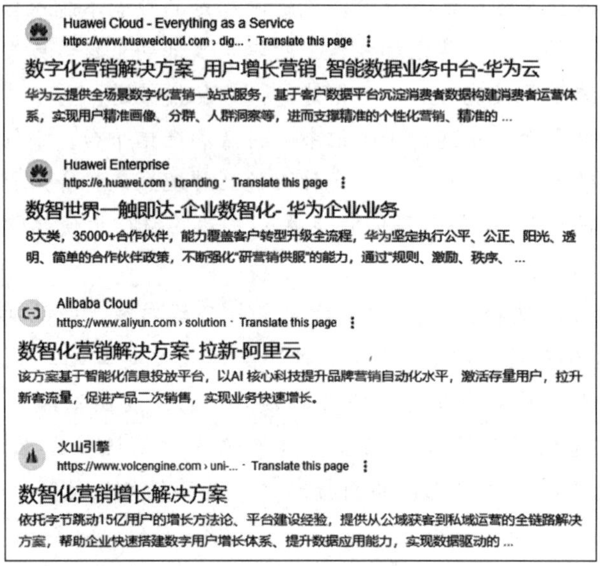

图 2-7　国内科技企业数智营销方案广告

随着技术的发展、企业数智营销业务需求的爆发、政府数字基建的推动，数智营销产业链逐渐形成，数智营销成为大趋势，越来越多的企业需要一个适合自己的数智营销方案。

任务描述

李卿是一个有洞察力、有想法、有执行力的新时代女性，对人、对社会的认识比较深刻。她的父亲李华也比较信任她，给予她充分的支持，这让李卿在制定数智营销方案时能够更从容。

她让数智营销经理制定一份基于抖音平台的数智营销方案，计划一年投入 300 万元打造“女武神”女团账号。要求一到两年之内能够做到一年直接或间接收益 2 000 万元以上。

任务要求

1. 掌握数智营销方案的概念与作用，了解营销方案的类型。

2. 能够收集整理市场上成功的数智营销方案，懂得通过借鉴优秀案例来制定合理有效的方案。

3. 具备“投入产出”思维，有大局观，能够根据企业要求制定合理有效的数智营销方案。

知识准备

一、数智营销方案概述

（一）数智营销方案的概念

营销方案是企业根据市场环境和自身资源，制定的一系列营销策略和行动计划，旨在实现企业的营销目标。营销方案通常包括市场调研、目标市场选择、产品定位、品牌策略、促销策略、渠道策略、定价策略等内容。

数智营销方案是一种基于数据和智能技术的营销策略和行动计划，旨在通过数据分析和智能算法，实现营销目标的最优化。它的亮点在于大数据技术和人工智能技术的应用，从而做到客户数据收集、处理、分析；实现需求预测、个性化内容生产与推荐、营销流程自动化等。在部分大型企业中，数智营销正在被当作未来重要营销战略而被试验或正式实施。

数智营销方案的制定需要综合考虑企业的内部和外部环境，以及消费者的需求和行为偏好等因素，以确保方案的可行性和有效性。一个好的营销方案应该具有明确的目标、清晰的策略、具体的行动计划和可衡量的效果指标，并且能够根据市场变化和企业战略进行调整和优化。

小贴士

开展数智营销业务前，企业需要具备用户数据分析能力，能够对用户的数据进行集成和处理，能够进行客户画像搭建与用户分群。用户数据主要来源于公域流量池和私域流量池，将不同来源的数据整合到一个数据平台，将减少大量数据整合工作，提高数据处理效率。

除了能够分析用户数据，还需要具备渠道、内容、销售等数据的分析能力，以便了解不同渠道、不同内容、不同活动的效果。

通过上面的操作，企业更加了解用户，更清楚哪些内容、哪些产品对用户有效，然后就可以思考如何进行数智营销。

（二）制定数智营销方案的意义

1. 对营销者的意义

数智营销方案的制定是营销者综合能力的体现，能够制定一个较为完整的营销方案，表明该营销者对营销有系统的认知，知道如何根据企业业务现状和营销趋势设置适当的营销目标和策略，并对营销的大概流程、成本与回报有一定了解。所以，数智营销方案的制定对营销者相当重要。

2. 对企业的意义

（1）提高营销效率。

数智营销方案可以通过数据分析和人工智能技术，精准地了解消费者的需求和行为偏好，从而制定更加有效的营销策略，提高营销效率。

不同需求之间可能是有关联的。对需求进行预测，对需求之间的关联性进行洞察，是数智营销方案的重要内容。当我们提供的价值符合消费者需求时，营销将变得更加容易。

（2）降低营销成本。

数智营销方案可以通过精准的营销投放，避免资源的浪费，降低营销成本。在制定数智营销方案时，要确保方案能够“懂消费者”，了解他们的需求和喜好，精准定位目标客户，避免将资源浪费在不感兴趣的人群上。

数智营销方案通过数据分析，能够优化营销渠道，选择最有效的渠道进行营销投放。另外，数智营销方案一般会采用一些自动化技术，实现营销流程的自动化，提高营销效率，减少人工成本，进一步降低营销成本。

（3）提升消费者体验。

数智营销方案通常支持个性化内容、个性化服务，这将提升消费者的体验和满意度，从而提高消费者的忠诚度。

（4）推动企业数智化转型。

数智营销方案的制定需要企业具备数智化的能力和技术，因此它可以促进企业的数智化转型，从而提高企业在数字经济时代的竞争力。

（5）推动营销创新。

数智营销方案还可以推动营销创新，随着数智营销方案被越来越多的企业接受和采用，不断涌现出来的数智营销方案正在推动营销上的创新。

（三）数智营销方案的类型

营销方案，简单理解就是在一定的时代背景、区域市场环境和特定消费者群体特征下，为达到某种目的而制定的系列指导理念和行动。

1. 按业务智能程度划分

业务智能程度是指当前企业营销业务的数智化水平，一般产业或业务要经历集约化、电商化、数字化、智能化和自动化等阶段。不同阶段的数智营销方案，对产品、人才、技术、流程等要求不一样，需要根据具体业务发展需要，制定对应的数智营销方案。

2. 按平台划分

主流的数智营销平台并不多，可以按照数智营销平台来制定该平台的数智营销方案。例如某企业制定适合自己的抖音数智营销方案。

小贴士

各主流新媒体平台为了吸引商家在其平台上开展营销活动，每年会发布平台用户调研、平台企业营销调研等行业报告。根据平台制定企业的数智营销方案时，可先找到对应行业报告，仔细研读，这将极大地提高方案的有效性。

3. 按区域市场划分

区域带有区域文化特征，有其独特的区域特点，导致其有独特的内容偏好、新媒体平台使用偏好等。常见的区域市场有：

（1）国内大区市场。

国内市场通常按华北市场、华南市场、华东市场、西南市场等大区来划分。在企业里，大区经理负责整个大区的营销或销售。企业的区域总部一般选择大区核心城市，例如武汉、广州、上海等。

（2）国家市场。

不同国家有不同的文化和市场特点。企业在进入不同国家市场时需要考虑文化差异、法规要求以及消费者行为的不同。对于跨国企业而言，一般会为大型国家如中国、美国、印度等单独设置驻点，统筹在该国的业务。

（3）文化圈市场。

按文化圈划分市场是一种基于文化差异和相似性的市场分割方法。不同文化圈之间存在着语言、价值观、习惯等方面的差异，因此在制定营销策略时需要考虑这些因素。例如以东亚文化圈为代表的东亚市场，涉及中国、日本、韩国等国家。跨国企业一般会选择上海、香港、东京或首尔作为东亚市场的驻点城市，所以，这些城市会有比较多的跨国企业分公司或办事处。

每一个文化圈都有其骄傲的地方和敏感的话题，想要获得文化圈里的人们的认可，就需要把这些内容梳理清楚，并尊重和理解不同文化圈的文化。

（4）区域性经济组织市场。

某个区域的国家和地区基于相似的文化、发展需求、安全需求等，可能会形成区域性市场。区域内的国家遵守共同制定的制度或政策，以共同体的形式活跃在世界舞台。

翻转一下

小组探索：东盟是我国重要贸易伙伴，如果李卿想开发东盟市场，你有什么建议？

兴趣探索

“他山之石，可以攻玉。”韩国文化产业在世界主要市场逐渐建立了影响力，它们用了哪些策略？如果你感兴趣，可以深度了解，并思考对我国有哪些借鉴价值。

二、数智营销方案的制定

不同行业、不同技术条件、不同发展阶段、不同营销平台对应的数智营销方案有区别，但有共同规律可循。在制定整体数智营销方案前，一般经过目标制定和目标实现路径设计，确定目标是可操作、可实现的，然后再去设计整体方案。

（一）数智营销目标的类型

数智营销的业务目标可能因企业的具体情况和市场需求而有所不同，通常有表2-7所列的几种类型。

表2-7　数智营销目标的类型

业务目标	描述
提升营销效果	通过数据分析和人工智能技术，提高营销活动的效果和投资回报率
增强客户体验	利用数智营销手段，为消费者提供更个性化、便捷和愉悦的体验
优化营销决策	基于数据和分析，为企业提供更准确的市场洞察和预测，支持营销决策的制定和优化
拓展市场覆盖	通过数字化渠道和人工智能技术，扩大企业的市场覆盖范围，触达更多潜在消费者
实现营销自动化	利用自动化技术，提高营销流程的效率和准确性，减少人力成本和时间消耗
促进品牌建设	借助数智营销手段，提升品牌知名度、形象和声誉，增强品牌竞争力
增强数据分析能力	通过数据收集和分析，深入了解消费者行为和市场趋势，为企业提供决策支持
推动业务增长	数智营销的最终目标是推动企业业务的增长，提高市场份额和盈利水平

（二）目标实现路径的设计

可实现的目标才有意义，所以，要先弄清楚目标的实现路径。目标实现路径是指为了达成特定目标，所采取的具体步骤和策略。在数智营销领域中，制定目标是一回事，但实际上达成这些目标需要有一个详细的计划，即实现路径，以指导决策和行动。这个概念强调在达成目标之前，需有一个清晰的路线图，明确说明应该采取哪些措施，使用哪些资源，以及在何时采取这些措施。实现路径可以包括一系列的阶段与时间表，以及这些阶段所对应的任务与关键指标，只有规划出了清晰的路径才能够确保目标的实现是有条不紊的。

完成这个任务，一般有三个步骤。

第一步：先分析企业现状，包含企业的业务情况、品牌情况、产品情况，以及统筹对数智营销业务开展有帮助的资源。

第二步：分析消费者，统计他们的人口统计学特征、兴趣偏好、产品偏好、新媒体平台偏好等。

第三步：经过前两步，分析出企业的优势和消费者的需求，然后制定数智营销业务目标，梳理出实现目标所需资源，如果当前资源不足，则需要制定资源采购方案或商务合作方案。具体内容本书前面几个学习项目有涉及，这里不再赘述。

（三）数智营销方案的制定步骤

这项工作的重点在于设计出方案的结构，一般的方案涉及市场背景、用户分析、竞争对手分析、数智营销目标制定、营销策略组合、工作计划、人员安排、预算等。这些表示方案要呈现哪些内容。优秀的方案具备目标明确、策略精准、分工明细、可执行性强的特点。

1. 收集整合数智营销方案相关资料

可以通过搜索引擎、数智营销学习网站、技术方案供应商等渠道去收集，如图 2－8 所示。

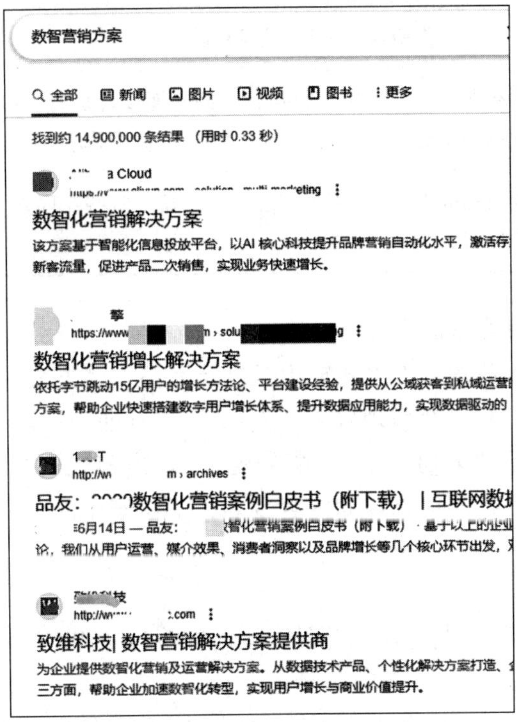

图 2－8　搜索引擎结果页

2. 设计符合企业实际情况的方案结构

设计符合企业实际情况的方案结构至关重要，因为每个企业都有独特的定位、资源、竞争环境和目标受众。一个通用的方案可能无法充分满足特定企业的需求，因此根据企业的实际情况来制定方案结构是确保成功的关键因素之一。

如果只需要一个简单的方案，就不需要市场分析、平台分析、消费者分析等。表 2－8 是一个常用的数智营销方案结构。

表 2-8　数智营销方案结构

方案内容结构	解释
策划背景	主要交代企业的业务规划、市场发展趋势和潜在市场机会、消费者特点和需求等内容
营销目标	主要交代在哪些平台运营，并制定具体的消费者目标、品牌营销目标、产品销售目标等，如果是偏向其中某个方向，可以重点提及，如主要是为了做品牌推广，可以详细描述该目标
营销策略	根据企业现状和规划，以及对消费者的了解，为实现数智营销目标而制定的各种策略，比如平台选择、品牌 IP 形象塑造、数智营销技术方案等
账号定位	主要交代清楚新媒体账号的定位，明确要塑造什么形象，要给平台什么标签
内容规划	这部分内容比较多，主要交代清楚两件事：一是内容方向，如常规内容方向有哪些，哪些方向的热点事件可以追踪；二是内容创作问题，谁创作者、创作时间与质量要求、创作所需的工具与资源等
工作安排（人员分工）	可根据企业的组织结构进行设计，如平面设计负责哪些工作、文案负责哪些工作、数据分析负责哪些工作、运营负责哪些工作
预算与回报	拆解项目的成本，拆解项目的回报，明确有哪些变现方式，每种变现方式预计能有多少回报

3. 编写方案并选择合适的文件格式输出

编写方案并选择合适的文件格式输出是制定完整营销方案的最后一步，文件格式的选择会影响方案的内容以及呈现效果。例如 PPT 有助于展示丰富的信息，如图片、视频，能够更好地介绍“策划背景”“账号定位”“内容规划”等内容。Excel 表格有助于展示流程性、结构化的信息，如内容规划、工作安排以及预算拆解等。参考步骤如下：

第一步：编写方案。

（1）根据前面的步骤，将每个部分的详细内容填写完整，确保方案逻辑清晰、内容完整。

（2）使用清晰的语言，避免过度使用专业术语，以使团队内外的人员都能理解。

（3）提供具体的数据、图表、案例等，以支持自己的观点和策略。

第二步：选择文件格式。

（1）考虑目标读者：选择合适的文件格式。如果方案需要在团队内部共享，可以使用常见的文件格式，如 Word 文档或 PDF。如果需要在演示中使用，可以考虑使用 PowerPoint 或 Keynote。

（2）考虑可编辑性：如果希望其他人能够编辑和修改方案，选择可编辑的文件格式，如 Word 文档。如果希望内容不被轻易修改，可以选择 PDF 格式或者将文档设置成“只读”，如图 2-9 所示。

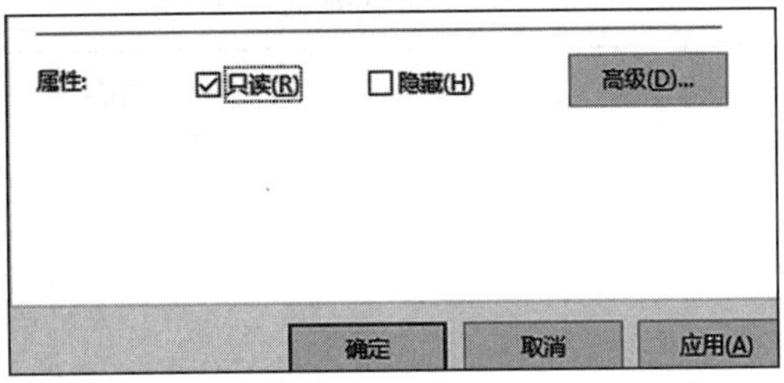

图 2-9 文档“只读”属性设置

(3) 考虑多媒体元素：如果方案包含图片、图表、视频等多媒体元素，确保所选的文件格式支持嵌入和展示这些元素。

4. 整理格式

确保文档的格式整洁、一致，使用合适的字体、字号、标题样式等，以提升可读性。确保所有的链接、图表、图片等都正常显示。检查拼写和语法错误，确保文档的专业性和准确性。

5. 备份和存储

在导出或保存文件之后，要做好备份，例如网盘或在线文档，以防止文件丢失或损坏。将文件存储在适当的位置，确保团队成员能够轻松访问。

6. 分享和传播

如果需要与团队或其他相关人员共享方案，选择适当的通信渠道，如电子邮件、社交软件或在线协作平台等。另外要确保收件人能够正常打开和查看文件。

业务操作

业务名称：制定一份数智营销方案

工作要求：

1. 假设你是数智营销经理，李卿要求你制定一份基于抖音平台的数智营销方案。李卿给的预算和要求如下：

(1)“女武神”抖音数智营销业务年度预算为 300 万元，要求以年薪 16 万元招聘三名唱跳俱佳的应届女大学生成立“女武神”女团，签订经纪合约，为防止跳槽，后续根据业务情况给予女团分成奖励。以年薪 20 万元招聘一名账号运营，要求懂得“借势”和“造势”来保持账号内容的热度和品牌曝光度。再以年薪 20 万元招聘一名编舞老师来培训女团和支持内容的创作，并配置化妆师、视频剪辑师等人员。剩余资金可灵活用于营销推广、视频拍摄。场地搭建、设备采购、服装成本不计入该业务预算。

(2) 内容上以唱跳视频为主，可借助 AI 音乐创作平台创作歌曲。

(3) 主要目标是提高品牌曝光度，塑造品牌形象，积累粉丝。

2. 可组成 2～3 人小组，按照表 2-9 进行数智营销方案设计，最终结果可以使用 Excel 表格或 PPT 文件呈现。

表 2-9 数智营销方案

	内容
策划背景	
营销目标	
营销策略	
账号定位	
内容规划	
工作安排（人员分工）	
预算与回报	

操作步骤：

1. 组成实践小组，根据本任务要求，讨论数智营销方案的结构和创意。

2. 按照李卿确定的 300 万元年度预算，尽可能地将预算花完。要将对应的回报梳理出来，这样数智营销方案才有可能被采纳。

3. 允许调整数智营销方案的结构，允许按照自己感兴趣的领域或方向，重新选定一个行业方向进行数智营销方案策划，但需要限定预算金额、营销目标和人员安排，不能脱离实际，夸夸其谈。

进阶任务

任务名称：大型数智营销方案的制定

任务背景：

李卿公司所在地政府在积极探索数字经济转型，该地区的产业经历了家庭作坊式、集约化、规模化、电商化，到现在的数智化这几个发展阶段。

政府找到当地几家大型服装生产厂家，研讨如何帮助当地服装产业进行数智化升级。

李卿建议规划一个服装产业特色小镇。数智营销时代，产业形象需要升级，原来的厂房、产业园等建筑，不足以支撑数字品牌形象的塑造，至少需要打造一个产业客厅，用于展示产业形象。产业客厅建筑方案可向中国年轻建筑设计师征集，该活动以及活动的宣传推广由李卿公司执行。另外，每年可举办“本土设计师服装设计大赛”，规划“中国设计师故事”“走秀”“街拍”等内容，并通过平台合作和投流广告投放等策略，确保新媒体平台上有话题和一定的内容曝光度。

市场化运行交由以李卿公司为主的企业来执行，政府承担产业规划、领导出席、官方宣传等工作。由政府统筹项目，企业和相关新媒体达人通力协作，避免特色小镇项目变成地产项目。长期愿景是打造成中国版的“米兰时尚周”，推动本地旅游产业、服装产业和饮食产业共同发展。

任务内容：

1. 假设李卿的提议获得当地政府认可，现在需要你帮助策划“服装产业特色小镇”

数智营销方案，从特色小镇取名、营销平台选择、营销活动策划到预算安排，全部由你做主。但要注意，“有效投资”和“回报大于投入”是项目能正常运行下去的关键。

2. 允许更换任务背景，可选择家乡或学校所在城市的产业背景，为当地政府和产业策划一个数智营销方案。

练一练

一、单选题

1.（　　）不是企业营销的困境。

A. 业务性质限制导致无法产出高效营销内容

B. 缺乏有效触客渠道

C. 公域流量获取成本越来越高

D. 整体需求层级上升

2. 消费者在选择产品时对其外观、设计、风格等方面的偏好和倾向指的是（　　）。

A. 平台使用偏好　　B. 产品款式或风格的偏好

C. 内容兴趣偏好　　D. 营销促销方式偏好

3. 品牌文案风格、色彩搭配、品牌标识、员工形象等保持一致性指的是（　　）。

A. 品牌提高辨识度　　B. 品牌增强消费者信任感

C. 品牌成为消费者情感寄托　　D. 品牌影响消费者价值判断

4. 受众可以通过评论、点赞、发弹幕、私信等方式与品牌方互动指的是品牌 IP 人设的（　　）作用。

A. 快速获取客户群体的认可　　B. 方便创建社交角色

C. 方便内容的策划与创作　　D. 支持更多营销创意

5. 不同文化圈之间存在着语言、价值观、习惯等方面的差异，因此在制定营销策略时需要考虑（　　）。

A. 国内大区市场　　B. 国家市场

C. 文化圈市场　　D. 区域性经济组织市场

二、判断题

1. 长尾市场通常指那些小众的、非主流的市场，这些市场的产品种类繁多、个性化特征明显，它们组合在一起，形成了一条像尾巴的曲线。（　　）

2. SWOT 分析法指的是从优势、劣势、机会、威胁等角度分析。（　　）

3. 品牌对消费者的影响是多方面的，不仅体现在产品或服务的外在特征，更体现在与消费者情感、认知和价值观等的深层次联系上。（　　）

4. 新时代年轻群体是互联网原住民，在互联网上表达自己，重视社交互动是这个群体的重要特征。（　　）

5. 数智营销提高营销效率的意义指的是数智营销方案可以通过精准的营销投放，避免资源的浪费，降低营销成本。（　　）

三、思考题

如今，可口可乐公司已不再是单纯意义的饮料制造工厂，而是“乐趣＋梦想”的制造者。有人说：它成功地从一个软饮提供商转型为一个“娱乐公司”“内容提供商”。可口可乐通过在世界各地进行各种各样、数不胜数的营销活动，赞助各种节目等，释放它的“快乐与梦想”情怀。例如，国内最被津津乐道的“昵称瓶”，就是给消费者提供了一种“连接的乐趣”。

请你谈谈当前时代背景下，企业打造品牌 IP 的必要性。

实训任务评价二

项目三 触达客户

学思浅悟

国产微短剧在海外“乘风破浪”

近几年，中国微短剧迎来出海热潮，在海外市场频频出圈，这充分展示了“文化产品”这一触客媒介在推动文化交流和市场营销中的巨大潜力。

文化作品作为连接国内外观众的重要桥梁，其重要性不言而喻。通过国际版App、TikTok等多元化渠道，国产微短剧得以迅速传播到世界各地，让更多海外观众了解并喜爱中华文化。这种跨文化的传播方式，不仅拓宽了国产影视作品的受众范围，也增强了中华文化在国际舞台上的影响力和竞争力。部分微短剧中展现了我国现代城市建设、科技水平、政府效率、人民精神面貌和创意水平，塑造出良好的国家形象，提高我国在国际社会上的美誉度。在全球化的今天，我们需要通过新媒体渠道讲好中国故事、传播好中国声音，向世界展现真实、立体、全面的中国。

教学目标

知识目标：

1. 熟悉触客的概念与触客渠道的类型，对触客渠道的影响有深刻的认识。
2. 熟悉数据挖掘的概念与作用，清楚有哪些客户数据来源。
3. 掌握客户标签的概念，熟悉客户标签的基本类型与作用。
4. 了解客户行为路径的概念，清楚典型的客户行为模型，掌握客户行为路径的设计原则。
5. 了解个性化内容的概念，熟悉个性化内容的创作思路。
6. 清楚智能推荐的概念，掌握智能推荐的工作原理。

技能目标：

1. 能够根据实际情况规划触客渠道和触客渠道组合。
2. 在没有第一手客户数据的情况下，能够借助第三方数据平台或行业报告，挖掘出所需的客户数据。
3. 能根据业务、目标客户群体的特征，设计出客户标签库。

4. 能够根据目标客户标签，策划个性化的内容以满足客户的个性化需求；掌握智能推荐的原理，所策划的内容能够被智能推荐引擎接受与推送。

素养目标：

1. 增强数据伦理意识，数智营销涉及数据的收集与使用，数据伦理的重要性日益凸显，要重视数据隐私和数据安全，遵守相关法律法规。

2. 提高问题解决能力，通过翻转任务和实践任务，提高将理论应用于实际问题的能力。

引导案例

“出海四小龙”，挑战亚马逊？

拼多多跨境电商平台 Temu 自 2022 年 9 月在美国上线不久后便在购物应用排行榜上霸榜数月，超越电商巨头亚马逊和老牌快时尚品牌希音（Shein）。至今，Temu 已经成为美国第二受欢迎的电商 App，仅次于亚马逊。实际上，不只是 Temu，从 2023 年第一至第三季度，全球多个区域市场都有中国电商品牌的身影，下载量增长最快的 10 个购物应用中，就包括 Temu、Shein、TikTok、AliExpress 等四家中国电商平台。如今，它们被称为“出海四小龙”。

当“出海四小龙”等国内跨境电商平台主打极致性价比的时候，亚马逊似乎也坐不住了，主动降低费率。可以想象的是，在这场全球电商的竞赛风暴中，“出海四小龙”将会持续挑战亚马逊，走出一条属于中国平台的路。

中国跨境电商发展历史起源于 2000 年中国加入 WTO，第一个十年期间出海贸易以面向企业为主，承接海外品牌商与渠道商的大额订单。在这个阶段，中国企业大多是以 OEM（代加工）为主，按照海外客户的要求来生产，并不涉及选品和运营。第二个十年则开始了面向消费者的生意，尤其是在 2012 年，亚马逊搭建了中国卖家与海外消费者的桥梁。一批中国大卖家选品上架并发货到亚马逊的仓库，并在亚马逊上投广告，最后由亚马逊完成仓库到消费者这一端的交付。

现在不少平台瞄准了全球线上购物的红利期，以 Temu 为代表的中国跨境电商平台新势力在全世界范围内“攻城略地”。2023 年，Temu 加快了扩张的步伐，2 月在加拿大开设站点，3 月进入澳大利亚和英国，随后进入欧洲各个国家，7 月则进入日本和韩国，随后落地东南亚。

为何扩张如此迅速？据国内某电商平台内部人士介绍，业务的发展目标不以开拓国家的数量或 GMV 为指标，而是希望深入了解各个市场的消费者偏好，真正实现供需匹配。

新势力的另一代表 Shein 实际上诞生在 2012 年，是快时尚品牌代表。目前 Shein 的业务已经覆盖北美、欧洲、中东、南美、东南亚等 150 多个国家和地区。2023 年，Shein 开启平台模式，在巴西、美国和墨西哥上线。

电商出海集中式爆发，客观而言，也与国内流量红利见顶分不开。截至 2022 年 12

月，中国移动互联网月活跃用户规模达到12.03亿，渗透率已经非常高。2023年国内双十一略显平淡，国内面临“红海”，电商出海承担起了国内电商平台的第二增长曲线。

中国跨境电商平台在全球范围内的竞争愈发激烈，尤其是在新兴市场和欧美市场表现强劲，以Temu为代表的新型电商平台，凭借强大的供应链整合能力、丰富的产品种类以及高效的物流体系，给全球电商行业带来了显著变化。

资料来源：孟倩．“出海四小龙”，挑战亚马逊？．中国新闻周刊，2024-01-16.

案例思考

从触达客户的角度思考，中国平台参与世界性竞争，对国内品牌、产品有什么意义？

任务一 搭建触客渠道

任务引例

国内某咖啡品牌侧重私域运营，主要通过微信平台搭建触客渠道，包括微信公众号、微信小程序、微信社群、微信企业号和微信朋友圈。这些渠道虽然都能实现企业营销信息触达客户，但它们的功能各不相同。

微信公众号类似企业官网，主要功能是企业介绍、品牌宣传、活动推广等。

微信小程序类似网店，主要功能是商品展示、客户下单、订单支付等。

微信社群方便企业进行私域运营，促进客户的活跃度和忠诚度。

微信企业号通常和客户是好友关系，能够直接推送优惠信息给客户，起到唤醒客户的作用。

微信朋友圈对企业而言，是获得品牌曝光的另一个重要平台。

任务描述

李卿给自己的女装品牌取名“女武神”，该品牌目标客户群体为高校女生和职场新女性；主打产品为“快时尚女装”和“平价设计师款女装”。适合该品牌的触客渠道有哪些？为什么？

作为数智营销经理的你，请为该品牌规划合适的触客渠道并给出充分理由。

任务要求

1. 掌握触客的概念，了解触客渠道对企业经营的作用。
2. 熟悉公域触客渠道和私域触客渠道的概念及作用。
3. 能够根据业务要求，搭建合适的公域触客渠道、私域触客渠道和线下触客渠道。

知识准备

一、触客渠道概述

（一）触客的概念与触客渠道的作用

1. 触客的概念

触客是指企业与潜在客户或现有客户进行互动和沟通的接触点或机会。这些接触点可以是各种形式的交流，包括面对面沟通、电话沟通、电子邮件、社交媒体、网站、广告、活动、包裹卡等。

传统营销与传统销售时代，生产商与品牌商不一定重视触客渠道的搭建，广告宣传由电视报纸作为传播媒介，销售由分销商和渠道代理负责。

到了数智营销时代，信息传播的特点和客户的行为习惯发生变化。品牌需要将自己作为媒介，将自己作为销售终端，将自己作为品牌形象代言人。客户渴望从品牌中获得信息，直接购买产品，与品牌直接互动。

2. 触客渠道的作用

俗话说“酒香不怕巷子深”，意思是说如果酒酿得好，哪怕在很深的巷子里，也会有人闻到香味，慕名前来品尝。数字时代还秉持这种观念就不妥了。产品好不一定能被客户所知，即使产品再好，客户不知道、不了解，也产生不了价值。

有客户，才有市场；客户在谁那，谁就拥有话语权。即使他没有产品，也没关系，如一些带货达人，不研发产品、不生产产品，同样也能把营销和销售做得风生水起，而且他们在与厂商的合作中还占据话语权。这足见搭建触客渠道的重要性。

职场经验

品牌只依靠第三方渠道营销和销售，在数智营销时代，可能是一种存在隐患的策略。例如只依靠大众媒体进行营销，只借助商超、带货达人等销售产品，这种营销策略忽视了触客渠道的搭建。也许该品牌在行业地位非常高、市场份额非常大，但随着时间的推移，其地位有可能会被侵蚀，在日后的商务合作中，面对拥有触客渠道的一方时，其话语权就会下降。

企业通过一定的营销渠道或销售渠道，将商品或服务卖给客户，由此产生营收支付员工工资，员工再进行销售工作。如此就能确保一家企业正常运行，即盈利和可持续。这一循环关键点就在于销售和客户的通道是否顺畅，企业能否接触到客户。

以新媒体渠道为例，很多企业布局新媒体，甚至推出“线上数字品牌”。就是因为现在的客户都活跃在新媒体平台，如果不在新媒体平台搭建账号或账号矩阵，就可能存在逐渐被客户忘记的风险。触客渠道就是指让自己的产品、服务、内容、品牌能够接触客户的一些渠道。

（二）触客渠道的类型

1. 公域触客渠道

第一大类是公域触客渠道，即面向公域流量池的触客渠道，同时，它也能服务于自己的私域粉丝。

常见的渠道有短视频平台，如抖音、快手、微信视频号等；视频平台，如B站、西瓜视频等；资讯类平台，如今日头条、百家号、搜索引擎等；社交与生活分享类平台，如微博、小红书等；问答平台，如知乎、百度知道等。

翻转一下

企业总会有衰败的一天，上文所列的一些平台也许已经退出历史舞台，请梳理当前背景下，主要的公域触客渠道有哪些。

公域触客渠道的作用：

（1）提高品牌曝光量和品牌美誉度。

这里的核心逻辑是公域流量池面对的用户群体多，且能源源不断地接触到新客户。所以需要在公域流量池搭建触客渠道，达到“广而告之”的效果。不要小看这个动作，举个例子，假设同样的产品，如果没有在抖音平台上搭建相关账号并提供相关内容，那就存在用户无法在抖音平台上看到品牌信息的情况。也许我们的产品优质，服务好，但是账号名无法出现在客户的搜索结果页，那就不存在品牌曝光。

（2）作为内容呈现与传播的平台。

数字时代，一个品牌想要体现自身价值和调性，有很多方式可以实现，如服务质量、产品定位、价值理念、广告宣传、持续提供价值、提供用户情绪价值、参与用户成长、提供社交价值等。前半部分的运作偏向传统营销，后半部分偏向数智营销，而这些刚好需要一个内容输出、内容呈现和内容传播的平台。公域流量池的触客渠道刚好能承担起这个责任。

（3）引流拉新。

业务的成败，获客是关键环节。当前很多企业开展私域流量运营业务，但需要解决私域用户从哪里来的问题。其中公域流量池是非常好的引流渠道。

小贴士

企业在公域流量池搭建触客渠道时会面临一些限制，包括平台对带有明显营销推广意图的企业性质账号进行限流的情况。以下是一些可能导致平台限流的原因：

- 平台政策和规定：一些平台可能对企业账号的营销推广行为有明确的限制或规定。这些规定旨在维护平台的用户体验和内容质量，防止过度的广告干扰。
- 用户反感：如果企业账号过于频繁地发布营销推广内容，可能会引起客户的反感，导致被客户屏蔽或投诉。平台为了保护客户体验，可能会对这些账号进行限流甚至封杀。

● 竞争和广告资源分配：平台希望维持一个相对公平的竞争环境，限制某些企业账号过度占据广告资源，以给其他账号提供展示机会。

所以，在公域流量池搭建触客渠道，不一定局限于企业账号，个人账号反而会更有效果，企业账号容易被客户当作营销号，个人账号反而更容易获得客户的信任，当然这个得看具体行业。

翻转一下

收集一些大众消费品牌的新媒体账号矩阵，了解这些大品牌的触客渠道搭建情况。

2. 私域触客渠道

（1）私域触客渠道的主要类型。

第二大类触客渠道为私域触客渠道，即面向私域流量池的触客渠道，主要包括社群、CRM/SCRM 系统、私信、微信朋友圈、小程序、企业 App 等。

1）社群就是微信社群、抖音社群、百度贴吧等，通过社群将有共同兴趣或产品需求的用户，整合到一个圈子里，通过运营社群来达到营销或销售的目的。

2）CRM 全称是 Customer Relationship Management，即客户关系管理，在 CRM 系统里，一般会有客户的基本信息和联系方式，如手机号、邮箱等，可以基于手机号或邮箱开展对应的营销活动，所以，它也是一个触客渠道。

3）SCRM 全称是 Social Customer Relationship Management，即社交客户关系管理，是一种基于社交媒体平台的新型客户关系管理系统。SCRM 在传统 CRM 的基础之上整合了社交媒体渠道，结合了传统 CRM 与社交媒体的功能，是 CRM 的升级版。

4）私信是指平台账号之间的通信过程，一般需要通信双方成为“好友”之后才可以通信，具体看平台功能的限制。私信这一渠道也可以称为“社交平台好友通讯录”，为了方便对社交平台好友进行管理，可以给好友贴标签和分组。

5）微信朋友圈是微信社交平台的一个功能，它类似于一个客户个人的社交圈子和社交动态展示空间。客户可以在朋友圈中发布文字、图片、视频这些内容，并分享给自己的微信好友。朋友圈中的内容可以被好友评论、点赞或转发，同时也可以看到好友发布的动态。这种强社交属性让朋友圈内容更容易被看到，所以它的营销价值非常高，也是优质的触客渠道。

知识视窗

CRM 与 SCRM 的区别

CRM 是以企业为中心。企业联系消费者是为了挖掘客户的需求，然后推荐产品给客户，以实现销售为目的。客户与企业的关系是产品提供者和消费者的关系。

SCRM 是以客户为中心。注重客户关系的经营，重视客户的长期价值，以为客户提供价值为核心，这个价值不仅包括产品，还可能涵盖内容、情绪、归属感等。

（2）私域触客渠道的作用。

私域触客渠道对于企业来说具有重要的作用，可以帮助企业与受众建立更紧密的联系，提升品牌忠诚度，增加销售业绩，并实现可持续的业务增长。

1）私域内容更容易被客户接纳和信任。

在私域触客渠道中，企业可以更加精准地针对目标受众进行内容推送，与受众建立更紧密的联系。通过定期推送有价值的内容，企业能够赢得客户的信任和认可。

2）更有利于运营与客户的关系。

私域触客渠道提供了一个直接与客户互动的平台，企业可以更加便捷地与客户进行沟通，了解他们的需求和反馈。这种互动有助于建立良好的客户关系，提高客户满意度和忠诚度。

3）有助于提升品牌忠诚度。

通过私域触客渠道，企业可以更加深入地传递品牌价值和理念，与受众建立情感共鸣。长期的品牌沟通和互动能够培养客户对品牌的忠诚度，使他们更愿意成为品牌的长期支持者。

4）有助于提升客户的终身价值。

在私域触客渠道中，企业可以通过个性化的营销策略和服务，提高客户的满意度和购买频率。这样不仅能够增加单次交易的价值，还能够提升客户的终身价值，为企业带来更长久的收益。

职场案例

某饼干食品厂开发出一种有助于改善人体消化系统的饼干。饼干和有助于消化这个卖点的关联，对于一般消费者来说是比较抽象的概念，需要花很大的成本与时间来引导消费者，让消费者接受这个概念。

这家食品厂老板按照传统的营销思维，“在各渠道打广告”，结果没有什么销量。但是这家企业有一个有60万粉丝的微信公众号，业务小组通过这个微信公众号、微信群和朋友圈进行运作，结果基于私域的业绩是所有渠道里面最高的，而且几乎没有广告成本。这家企业一开始就没有给私域业务广告的预算，但不妨碍它达到企业营销和销售的目标。

（三）触客渠道组合

基于不同的业务、产品、客户和平台，有不同的触客渠道可以选择、搭配。我们需要为数智营销业务设计合适的触客渠道组合，注意，触客渠道不能只有一种，而应该有多种，因为不同的触客渠道，其功能定位不一样，灵活搭配使用才能更好地实现业务目标。

以本书的情境为例，李卿规划了以“女装种草视频”为主的短视频带货业务，合适的触客渠道有小红书、微信公众号和朋友圈。

（1）小红书提供内容呈现、私信、私域引流等服务。

（2）微信公众号提供私域客户运营、产品变现、客服等服务。

（3）微信朋友圈承担进一步提高品牌曝光的作用。

这些触客渠道的配合，形成了适合该业务的触客渠道组合。

二、触客渠道的关键问题

（一）提供新平台是触客渠道最优解

向社会提供新平台，特别是世界级平台，对营销而言非常重要，这是一项关乎个人、企业、国家发展的战略。

它的基本逻辑是新平台的诞生，如社交媒体平台、短视频平台、人工智能平台，会出现客户从旧平台搬迁到新平台的过程。作为新平台的拥有者，拥有大量新用户、拥有平台的管理权限，能够制定规则，能够引导平台内容走向，能够帮助相关企业开展营销活动，能够树立起有影响力的个人、品牌、组织或国家形象。能否向世界提供新平台，就非常关键。

翻转一下

自主探索：世界范围内主流的新媒体平台有哪些？其中有哪些来自我国？

小贴士

世界级平台不仅仅是一个产品，还是市场和话语权的问题，特别是新媒体平台的诞生，总是伴随着话语权的调整。例如纸媒时代，出现了具有世界性影响力的报纸和期刊；电视广播时代，出现了具有世界性影响力的电视台；互联网时代，出现了具有世界性影响力的个人领袖、全球网红等。

但这些具有世界性影响力的报纸、电视台、个人领袖等，大都来自平台拥有国，因为拥有国对平台有巨大影响力和掌控力。

（二）存在触客黄金窗口期

对于新平台，用户搬迁过程意味着用户数量的增长，这就是所谓的平台流量红利，这时需要大量的内容提供者。平台为了提供大量内容，甚至会向作者补贴资金和流量。这个时候就存在触客黄金窗口期，当平台用户数量不再增长，平台有大量内容提供者以及出现拥有大量粉丝的KOL，这个时候再搭建触客渠道，成长机会就很小。

将视野转化成全球视野，可以发现，这种用户迁移现象正在不同国家中持续发生。某种意义上，触客黄金窗口期同时也是国家发展的战略机遇期，如果不尽早建立触客渠道，就可能被其他国家占领，从而失去影响海外用户的机会。不能直接向海外消费者施加影响，企业品牌营销、国家形象宣传将处处被限制。

翻转一下

课堂互动：当前时空背景下，如果我国企业想做世界性品牌，你觉得海外市场的触客黄金窗口期还在吗？为什么？

（三）需要重视触客媒介

营销不等于“广告”，营销是想办法在目标客户心里塑造出一个良好印象，这个良好印象能够提高忠诚度、好感度和品牌价值。

数智营销时代，广告并不是触客的优质媒介，文化产品才是优质触客媒介。媒介是指传播信息、思想或文化的载体。广告的营销性质过于明显，对于消费者来说，接受度不高，反而是一些文化产品更容易被接纳，例如音乐、舞蹈、小说、电视剧、电影等。可以通过这些文化产品来塑造良好印象，从而反哺品牌自身。例如通过输出时尚的音乐、舞蹈、电子游戏，让目标客户群体觉得“这个国家非常时尚”，那么这个国家的娱乐、服装、美妆等与时尚有关的产品将更容易被目标客户群体认可。

业务操作

业务名称：触客渠道规划

工作要求：

1. 假设你是数智营销经理，请帮助李卿规划“女武神”女装品牌的触客渠道，并说明渠道搭建理由，也可以针对学校所在城市产业或自己感兴趣的行业进行触客渠道规划。

2. 触客渠道规划要求：仅针对国内市场，目标客户群体为高校女生和职场新女性；主打产品为“快时尚女装”“平价设计师款女装”。

3. 成果汇总到 Excel 表格，并提交。

操作步骤：

按照表 3－1 完成操作。

表 3－1　传播渠道规划表

渠道类型	“女武神”渠道规划	你感兴趣的领域
公域渠道		
私域渠道		
线下渠道		

任务二 挖掘客户数据

任务引例

淘宝的千人千面算法是客户数据挖掘的一个典型案例。淘宝的千人千面算法于2013年提出，该算法也被称为推荐算法，其本质是个性化精准营销，利用有限的流量创造出最大的价值。

淘宝通过对客户数据的挖掘，给每个客户和店铺打上精准的标签。这些标签基于客户的注册信息、购买历史、浏览记录等数据生成，可以帮助淘宝更好地理解客户的需求和兴趣。然后，通过算法匹配这些标签，淘宝能够实现在页面为每个人提供个性化的产品展示，即每个人看到的商品都是基于个人兴趣和需求推荐的。

任务描述

李卿选择搭建两个公域触客渠道——抖音与小红书。现在她想更进一步了解抖音平台女装受众和小红书女装受众的特征，因为是新账号，并没有积累多少客户数据，所以选择从第三方数据来源获取目标客户群体的数据。

前面的实践任务已经获取了目标客户群体的需求偏好信息，但对数智营销业务的开展来说，数据还不够丰富，需要补充客户人口统计学数据、交易数据、客户反馈数据等。通过本任务，帮助李卿完成“Z世代”女性客户数据的挖掘工作。

任务要求

1. 掌握客户数据挖掘的概念，理解数据挖掘在数智营销中的作用。
2. 了解不同客户数据来源的特点，能够使用第三方数据源获取想要的客户数据。

知识准备

一、客户数据挖掘的概念与作用

（一）客户数据挖掘的概念

客户数据挖掘是指从企业或组织拥有的大量客户数据中提取有价值的信息和洞察的过程。它涉及使用数据分析和统计技术、机器学习和数据挖掘算法，以发现数据中的模式、趋势、关联。

要进行数据挖掘，首先需要一个用于存储数据的数据集，然后根据数据挖掘的目的和任务制定相应的数据挖掘策略，并选择合适的数据挖掘算法。接着，对数据进行预处理，包括数据清洗、数据转换、特征选择等步骤。此外，我们还需要了解数据挖掘的任务和技术，如关联分析、聚类分析、分类分析、异常分析、特异群组分析和演变分析等，从而提高数据挖掘的效率和准确性。同时，统计学和数学知识、编程技能、数据处理和清洗等都对数据挖掘有重要的影响。最终，根据数据挖掘结果，可以生成数据报告，展示数据挖掘结果，并根据需要进行决策。

小贴士

数智营销成为大趋势，主要体现在对客户数据的重视程度不断提高。随着技术的发展，用户行为逐渐线上化和数据化，使得系统平台能够获取和利用客户数据。通过对这些数据的挖掘、分析与应用，越来越多的业务决策变为由数据驱动。此外，人工智能技术的进步进一步推动了数智营销的发展，巩固了其大趋势的地位。

（二）数据挖掘在数智营销中的作用

1. 信息提取

通过数据挖掘可以从海量的数据中提取出有效的信息，如内容数据、用户互动数据、用户画像、产品销售情况等。例如，有个服装工厂，主要产品是制服，主要目标客户是工厂、私立幼儿园。那么，如何通过数据挖掘快速获取目标客户的联系方式和其他基础信息？

传统方法，可能是登录官网查询等，这种方式效率低；如果应用数据挖掘技术，它将在极短时间内从各个渠道筛选整合出“目标客户清单”。例如从地图平台中获取厂家和幼儿园的联系方式，从而快速整合出大量目标客户的联系方式。

当前有很多相关数据采集软件可以协助我们开展这类工作，可以去应用商城搜索相关拓客软件，了解相关技术产品。

2. 预测需求或趋势

通过数据挖掘，企业可以进行预测分析，预测可能出现的需求或趋势。例如抖音平台通过对历史往期数据、客户观看数据、评论数据的挖掘，预测服装品类可能的流行趋势。图 3－1 所示是对牛仔裤产品的流行趋势进行的预测。

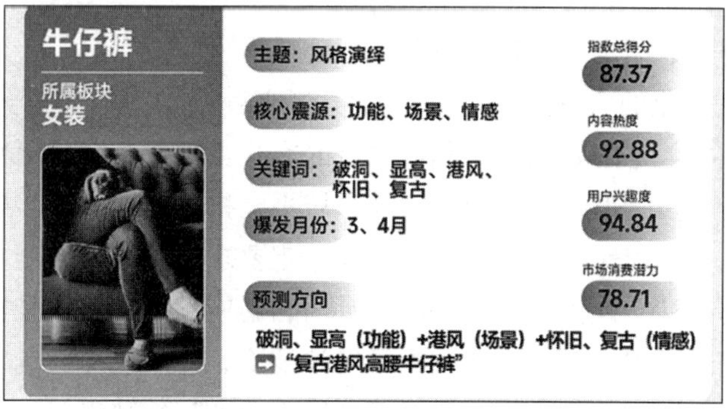

图 3－1　对牛仔裤产品的流行趋势预测

3. 异常检测

通过数据挖掘技术，企业可以检测出数据中的异常情况，及时发现和解决问题。例如某个营销内容涉及敏感话题，得到大量负面评价，可能会导致公关危机，这种负面的数据需要被重点关注，及时挖掘、反馈与处理。当前市面上的很多舆情监测系统正是出于这个需求。

但这个“异常”并非都是坏处，事实上还蕴藏着机会。很多企业开展营销业务，会事先设想哪些营销方式效果更好，哪些产品销售会更高，这种情况下，某些计划外的产品反而销售高，那么对该企业来说，这个产品销售数据就是异常数据。这在数智营销领域是比较常见的事情。例如原计划将 A 款产品打造成爆款，但实际上 C 款的销售和评价数据反而更好，所以就需要调整产品策略；还有存在精心打造的内容得不到受众喜欢，一些自认为平常的内容反而数据更好，这也需要账号调整内容策略。

4. 关联分析

通过数据挖掘技术，企业可以发现数据之间的关联，例如地区与内容偏好、性别与评论词云图、商品搭配关系等。

5. 实现对客户的深度分析

通过数据挖掘，企业可以了解客户的需求、行为和偏好，并根据这些信息为客户提供个性化的服务。例如淘宝的千人千面、抖音的智能推荐和一些平台的“猜你喜欢”。

小贴士

哪些客户数据比较重要?

这里需要根据数智营销业务目标反推“哪些客户数据比较重要”，例如业务目标侧重品牌推广，客户的品牌偏好、内容兴趣偏好、价值理念、粉丝地域分布、年龄分布等数据就较为重要。如果业务偏向产品销售，客户的产品款式偏好、品牌偏好、价格偏好、营销方式偏好等信息就较为重要。

二、客户数据来源

（一）第一手客户数据

企业第一手客户数据主要来自私域平台和公域平台。

私域平台包括企业的官网、App、公众号、网店、社交媒体账号、CRM 或 SCRM 等。从私域平台挖掘数据的好处是，私域平台的客户数据更真实、更精准，不像第三方平台会对数据有所保留。但缺点也明显，即私域平台搭建成本高，需要专业人员从事数据的挖掘与分析。另外，对私域用户的数量有一定要求，更适合大型企业。

公域平台主要有社交媒体平台、电商平台、各类网站等。优点是数据种类丰富，数据庞大。但也伴随着数据庞杂，有些数据可能涉及隐私和版权等问题。另外，部分网站或平台不允许网络抓取它们的内容，这可能造成重要数据的缺失。

（二）第三方数据源

数据挖掘与数据分析的成本是比较高的，需要专业人才、专业的数据平台，这对于中小企业或自由职业者而言，成本太高。这个时候，可以考虑借助第三方渠道来进行数据挖掘和数据分析的工作。例如第三方数据平台，如蝉妈妈、飞瓜数据等，这类平台不仅可以监控和分析自己账号的数据，也能监控竞争对手的数据，还能从平台上了解行业大盘数据。这类平台的使用成本远低于招聘一名数据分析师。

另外一个方法是使用行业报告，部分行业报告除了引用平台数据，还会进行客户访谈、客户问卷调研等，这会弥补数据平台依赖“量性研究”，缺乏对客户“质性研究”的缺点。行业报告也有很多类型，我们可重点查看客户调研报告和行业趋势报告。前者会介绍目标群体的人口统计学特征和某品类产品消费者的具体特征，如内容偏好、品牌偏好、产品款式偏好、平台使用偏好等；后者会告诉我们数智营销行业正在发生哪些变化以及未来的趋势有哪些，对行业趋势的判断，往往意味着机会。这是对需求和市场机会的判断，是所有数据里面最应该获取的信息。做有前景的事情，付出有结果的努力，它将帮助我们提高决策的科学性、正确性。

业务操作

业务名称：从行业报告中获取客户信息

工作要求：

1. 根据本书的情境，挖掘与梳理“Z 世代”女装消费者的特征。

2. 通过一些提供行业报告的网站来获取相关行业报告，截至 2024 年，“洞见研报”“发现报告”这两个网站依然提供免费阅读服务，但一天内的阅读次数有限制。可登录网站查找，如果当前时空有变化，请另寻网站或者由班级统一购买一个付费会员来下载相关报告。行业报告是优质学习材料，应予以重视。

3. 组成 3～4 人学习小组，完成此项任务。

操作步骤：

1. 通过搜索引擎，找到“发现报告”官网，如图 3－2 所示。

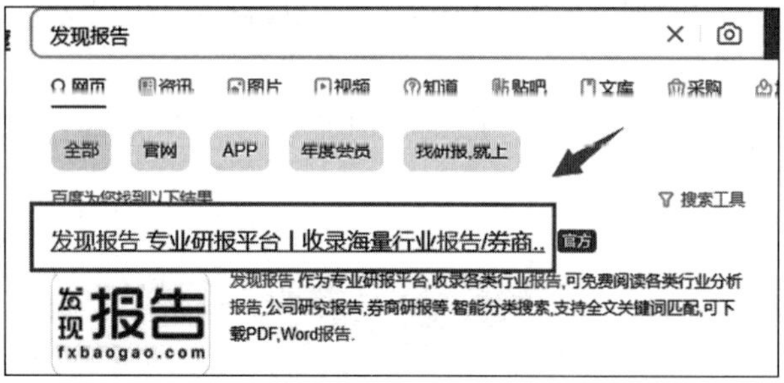

图 3－2　百度搜索引擎“发现报告”搜索结果页

2. 查找女装趋势报告和“Z 世代”消费者洞察报告。如：《2023 抖音趋势赛道风向标｜服饰专刊》（由巨量算数出品），《2023 秋冬女装服饰白皮书》（由知衣科技出品），以及系列“Z 世代人群消费洞察报告”。这些报告仅作为参考，根据当前时空背景，查找最新的行业报告。

3. 仔细阅读并记录你认为关键的信息，如“Z 世代”人群画像、“Z 世代”兴趣、“Z 世代”消费行为特征、“Z 世代”女装偏好等。

4. 将成果汇总到 Excel 表格中或制作成 PPT，并提交。

任务三 确定客户标签与客户路径

任务引例

某国际知名母婴品牌于2019年开始实施数字化运营战略，打通线下实体店数据与线上店铺数据，完成客户数据的清洗、整合。该品牌根据客户的浏览轨迹、购买记录、下单时间、复购频率等信息，准确分析宝妈群体地域、年龄、孩子所处阶段等数据，形成不同目标客户群体的标签，构建出客户群体的精准画像，从而实现精准营销，提高营销效果和销售业绩。

任务描述

通过前两个任务，李卿对抖音平台和小红书平台时尚女装的消费群体有了系统的了解，现在她想勾画目标客户群体的精准画像，这需要确定客户标签，并根据标签对客户群体再次进行细分。另外，还需要设计一个理想的客户行为路径，包括客户看到内容、关注账号、互动、下单购买，再到持续复购等路径节点，每个路径节点如何设置、如何设计才能给客户更好的体验和满意度，这些都是关乎营销效果的重要工作。

任务要求

1. 掌握客户标签的概念和基本类型，清楚客户标签在营销领域中的作用。
2. 能够从客户资料中归纳总结出客户标签，并根据实际业务需求设计出客户标签库。
3. 掌握客户行为路径的概念，了解经典的客户行为模型。
4. 掌握和应用客户行为路径设计原则，清楚数智营销领域客户常见行为，能够完成行为路径设计。

知识准备

一、认识客户标签

（一）客户标签的概念

“标签”这一概念可追溯到19世纪后半叶，当时美国经常有食源性疾病暴发，也就是因食物遭受污染或食物掺假，导致很多食物中毒案例的出现。当时正值第二次工业革命，食品行业快速发展，食品加工过程和食品成分变得复杂，人们逐渐失去对食品质量的辨别能力，食品急需详细的成分、重量、尺寸、厂家等信息，从而催生出了食品标签。随后“标签”从食品行业蔓延到各行各业。

标签是指贴在容器或产品上的纸、塑料薄膜、布、金属或其他材料，上面写有或印刷有关产品或物品的信息或符号，如服装上的吊牌。在客户标签中，标签指的是用来描述客户特征或行为的关键词或短语，这些标签可以帮助企业和平台更好地了解客户的需求、偏好、行为等信息，从而提供更加个性化的服务和营销策略。

（二）客户标签的基本类型

1. 客户基本信息标签

客户基本信息标签包括客户的姓名、性别、年龄、地址、职业、收入水平、生日、家庭成员等基础信息，这些信息通常通过数据库或 CRM 系统进行存储和管理。这些标签数据一般来自客户对账号信息的填写，可能存在账号信息不全的问题。例如，社交媒体账号的粉丝，他们的账号信息比较少，为了进一步获得粉丝的基本信息标签，可以推出会员制度，邀请粉丝加入会员，而成为会员需要填写更详尽的资料，如职业、收入水平、年龄等。

2. 客户行为标签

客户行为标签是指根据客户的行为数据所打上的标签，这些标签可以帮助企业或组织更好地了解客户的行为和偏好，如浏览行为、搜索行为、互动行为、设备使用、地理位置等。例如某知识付费产品的运营方发现，客户浏览相关内容的时间集中在上午 7 点到 9 点，而这正是上班族通勤的时间段。在这个时间段，客户较为活跃，那么对运营方来说，这是制定对应的运营或营销方案的重要信息。

3. 客户兴趣标签

客户兴趣标签是指给客户的兴趣打上标签，这在新媒体内容营销领域是关键工作，甚至还演变出“兴趣电商”这一商业模式。

兴趣电商是一种基于客户兴趣和喜好的电子商务模式，通过分析客户的行为和数据，为客户推荐和提供与其兴趣相关的内容或产品。在兴趣电商模式下，商家可以通过社交媒体、短视频平台、直播等渠道，向客户展示和推广与其兴趣相关的内容或产品。客户可以通过关注、点赞、评论等方式表达自己的兴趣和喜好，商家则可以根据客户的反馈和行为数据，进行精准的营销推广。

兴趣电商的核心是以客户为中心，通过满足客户的兴趣和需求，提高客户的满意度和忠诚度，从而实现商家和客户的双赢。

4. 客户消费标签

客户消费标签是指给客户的消费情况贴上标签，如消费频率、消费金额、购买渠道、品牌偏好、产品偏好等。有些企业会通过客户的消费标签，对客户进行分类分层，如高频复购客户、未消费客户、首次消费客户、沉睡客户、重要客户、核心客户、VIP 客户等。

5. 客户痛点或需求标签

用标签标识客户存在哪些痛点或需求，当挖掘出客户痛点或需求后，及时贴上该标签，意味着一个潜在营销或销售机会。

（三）客户标签的作用

1. 提高匹配度

在数智营销领域，客户标签能帮助企业实现精准营销。当企业获得客户标签，围绕标签展开内容策划、促销活动策划，对应的内容和活动能够更贴合客户需求或兴趣，客户体验感更好，企业的营销效果也就更好。

2. 方便运营方对客户进行科学分类

通常按客户类型进行分类，一般的营销计划、销售计划、客户维护方案是针对客户类型开发的。例如如何将潜在客户变成意向客户，如何将意向客户变成成交客户，如何将成交客户变成重点客户等。

一般企业会先设置一个合适业务的客户标签库，里面已经设置好大概的标签类型和具体标签。但标签可能存在不能覆盖所有客户的情况，这时允许工作人员灵活添加标签。某企业的客户标签库如图 3－3 所示。

客户类型
潜在客户　意向客户　重点客户　成交客户　无效客户
客户来源
百度　阿里巴巴　360　抖音　官网咨询　400电话　销售独立开发
沟通阶段
初次联系　添加企微　已拜访　已报价　已成交　已招标
客户兴趣
喜欢唱歌　喜欢喝酒　美容　旅游　重视孩子教育　有决策权　有建议权
职务
董事长　总经理　股东　总监　经理　员工　企业负责人　具体执行人
购买产品
早教机　AI学习机　智慧教育平板　识字课程　科学启蒙课　家庭夏令营

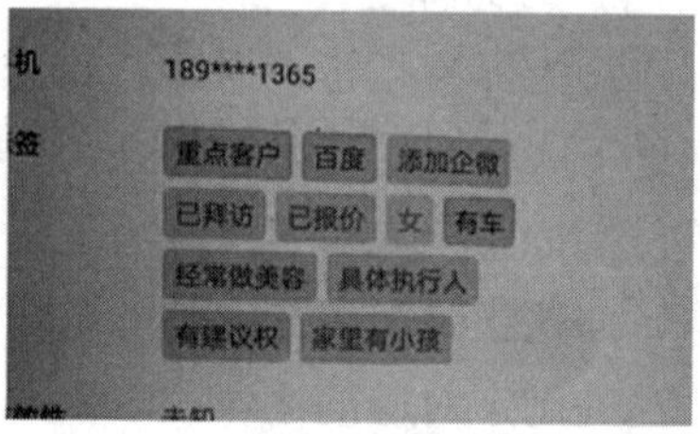

图 3－3　某企业的客户标签库

3. 提高业务决策的科学性

当个例数据多了之后，就会形成整个客户群体的标签数据，这个标签数据将有助于企业的科学决策，也能够为客户提供更个性化的产品或服务。

例如，发现客户群体的兴趣标签中，最热门的兴趣依次为户外运动、线下聚餐、电子游戏，这将帮助内容策划工作的开展。

二、认识客户行为路径

（一）客户行为路径的概念

客户行为路径是指客户在使用应用程序、网站或其他数字平台时所采取的特定步骤和行动序列，这包括客户与系统交互的所有活动，例如点击链接、填写表单、浏览页面或执行特定操作。客户行为路径分析旨在深入了解客户在数字环境中的行为模式，以便优化客户体验、提高参与度和实现特定目标。通过追踪和分析客户行为路径，企业可以更好地了解客户需求，改进产品设计，并制定更有效的营销策略。

客户路径的设计对于产品的客户体验至关重要。一个良好的客户路径应该是简单、直观、流畅的，能够引导客户顺利完成任务，并且尽可能减少客户的思考和操作成本。

（二）经典客户行为模型

营销界出现过很多表述客户行为路径的模型，以下是几个比较经典且重要的模型。

1. AIDMA 模型

AIDMA 模型由美国广告学家 E. S. 刘易斯于 1898 年提出，它介绍了一种消费者从看到广告到采取购物行动的心理过程，其过程是：消费者注意（Attention）到广告，然后对广告感兴趣（Interest）继而阅读下去，产生了一种想要购买的欲望（Desire），最后记住（Memory）广告并发生购买行为（Action）。

2. AISAS 模型

AISAS 模型是由传统 AIDMA 模型演变而来的。在互联网 2.0 时代，搜索和分享行为逐渐普及，客户的行为由被动变为主动，AISAS 模型通过“搜索”与“分享”实现客户之间信息的传递与渗透。其主要过程为：Attention（注意）、Interest（兴趣）、Search（搜索）、Action（行动）、Share（分享）。

3. AARRR 模型

AARRR 模型是美国企业家戴夫·麦克卢尔提出的，用于描述客户生命周期中 5 个重要环节。其组成如下：

（1）客户获取（Acquisition）：客户从不同渠道来到你的产品。

（2）客户激活（Activation）：客户在你的产品上完成了一个核心任务，并有良好体验。

（3）客户留存（Retention）：客户回来继续使用你的产品。

（4）获得收益（Revenue）：客户在你的产品上发生了可使你获得收益的行为。

（5）推荐传播（Referral）：客户推荐引导他人来使用你的产品。

该模型多用于运营效果指标和营销效果指标的搭建，形成了一个转化漏斗，如图 3－4 所示。例如一家企业微信公众号策划了一个营销活动，获得 1 000 个新客户，其中有 800 人参与活动，有 700 人持续留在了微信公众号，又有 500 人付费购买服务或产品。如此，便形成了一个行为转化率漏斗。原则上，转化率越高，说明营销或运营策略越有效。运用此模型要有投入产出比的意识，参与活动送一部手机和参与活动送一包纸，转化效果肯定不一样。

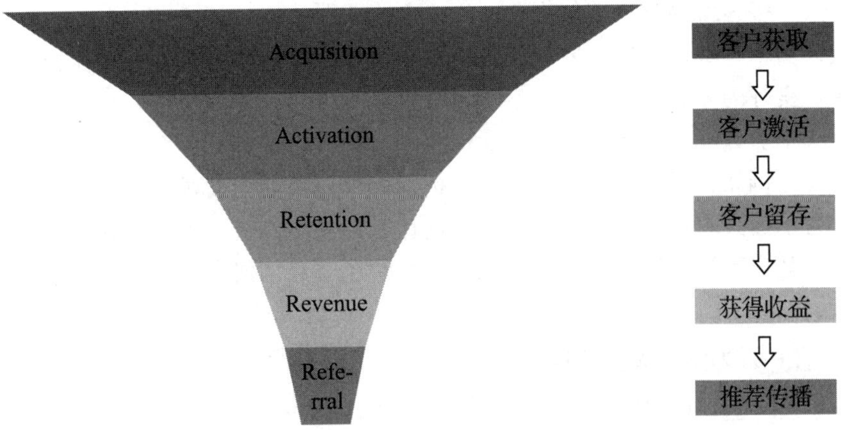

图 3－4 AARRR 模型转化漏斗

4. 5A 模型

这是由抖音公司于 2019 年提出的模型，它反映了 KOL 或 KOC 的重要性，即当消费者对某个产品或品牌感兴趣时，会去了解这个领域关键意见领袖或关键意见消费者的看法。5A 模型所代表的客户行为路径依次为：Aware（感知）、Appeal（好奇）、Ask（询问）、Act（行动）、Advocate（拥护）。

以上各个模型其实从侧面反映了不同技术时代下客户消费行为路径的变化，AIDMA 是传统媒体、传统广告时代客户的行为路径；AISAS 是搜索引擎时代客户的行为路径；AARRR 是移动互联网时代客户的行为路径；5A 是大数据人工智能推荐时代的客户行为路径。这些模型不存在谁先进谁落后的问题，根据业务实际情况，选择对应的客户行为路径模型，才是科学的。

（三）分析客户行为路径的意义

通过分析客户行为路径，营销者可以了解客户的行为习惯和偏好，发现客户在使用过程中的痛点和瓶颈，优化客户体验，提高客户对产品或服务的体验感和满意度。这里用一个案例加以说明。

美国休斯敦机场曾经常被乘客投诉等候取行李的时间太长，于是机场增加人手搬运行李，将乘客等待时间降到 8 分钟，这在当时，已经低于行业的平均等待时长，但是依然有乘客投诉。

原来这个机场当时设计的行李转盘离到达门太近，乘客只需行走 1 分钟就能到达行李转盘，但行李从飞机搬运到转盘需要 8 分钟左右，相当于乘客需要在转盘处等候 7 分钟才能拿到行李。等候的过程乘客觉得是在浪费时间，付出和回报不成正比，乘客觉得“亏了”自然想投诉。

后来该机场更改了飞机到达门的位置，乘客要走六七分钟才能到达行李转盘处，投诉率几乎降到了零。

同样是 8 分钟，前者一直被投诉，后者几乎零投诉。这就是对客户路径进行思考与优化的作用。不同的客户路径或不同的路径节点设置，客户体验感和满意度有很大差别。

“走 1 分钟，等候 7 分钟”和“走 7 分钟，等候 1 分钟”，两者的行为路径不同带来的客户体验感有很大差别。走的过程，乘客是在为拿到行李而付出，拿到行李是对行走行为的回报，乘客就会觉得“值得”。

在数智营销领域，同样需要关注每个路径节点客户的体验如何，要梳理出不好的体验有哪些，良好的体验有哪些。

大到整个业务环节、平台页面设计，小到一个接待服务、一篇文章，都涉及客户行为路径问题。例如先考虑如何让客户点击标题，再思考如何通过内容开头吸引客户继续往下看；为了提高内容互动数据，思考如何让客户做出点赞、评论、转发等行为。需要把理想中的客户行为路径设计出来，思考每个路径节点如何设置或优化从而让客户有更好的体验。

（四）客户行为路径设计原则

在路径设计上，可以遵循以下原则，它们能够提升客户的体验感和满意度：

（1）重视客户的参与感。如果成果的获得是客户参与的结果，客户会更珍惜、更容易满足，如行走7分拿行李，就是一个参与行为。特别是数智营销领域，受众年轻化明显，年轻群体更重视参与感。所以不管是营销活动设计、互联网产品功能设计还是内容表达，都需要重视客户的参与感。

（2）重视客户的获得感。让客户觉得他的行为是“赚了”而不是“亏了”，如乘客等候7分钟才拿到行李，他会觉得浪费了7分钟。“亏了”这种感受对客户来说，体验感非常差，往往会导致投诉。

（3）重视客户的掌控感。每个人都喜欢掌控的感觉，这会让对方感到被尊重、被赏识，从而提升客户体验感和满意度。例如同样两个功能页面，一个加载没有显示加载时间，另一个加载显示进度条甚至还有预计完成时间，后者就能给予客户掌控感，进度条就好像在汇报实时情况，客户可以根据进度条安排自己的时间。

（4）重视便捷性。便捷性意味着客户能够方便、快捷地完成他们的目标，而不需要花费过多的时间和努力，如内容容易阅读、有引导性标识、功能操作逻辑合理等。

小贴士

对于营销来说，重要的个体行为偏好（宏观视角）主要有以下三种：

- 利益最大化原则，即个体在实施一个行动后，渴望获得尽可能多的好处。
- 最小努力原则，即个体在解决一个问题时，倾向于寻求一个最小化成本或最小化能量的方式来实现某种目标。
- 自我保护原则，即个体在进行判断分析时，倾向于先保护自己或自己的利益，然后再做出对应行动。当然，个体也有应激性自我保护机制，会跳过个体的理性分析判断环节直接做出对应的行动。

我们需要理解人类个体的行为偏好，但也要注意还有社会，个体组成社会，为了社会的发展，形成了社会共识，达成了社会契约，形成了道德、法律、文化和共同愿景，它们会使个体行为受到约束或指引。设计客户行为路径时，也要考虑社会因素，做到合法合规，符合职业道德。

（五）客户理想行为路径设计

1. 数智营销领域客户常见行为

在数智营销领域，客户常见的行为如表3-2所示。

表3-2 数智营销客户常见的行为

行为	描述	让客户体验好/让客户满意	如何实现	关键数据指标	评估指标设定
搜索行为	客户通过搜索行为获取内容、产品、服务的信息	搜索结果的前几个结果就有客户想要的内容； 登录页质量高，网页内容与搜索关键词高度相关	确保搜索结果出现在靠前位置； 保证登录页的质量	点击率/咨询率/转化率	根据行业设定，如点击率80%、咨询率50%、转化率30%

续表

行为	描述	让客户体验好/让客户满意	如何实现	关键数据指标	评估指标设定
查看内容	客户观看或阅读内容的行为	/	/	/	/
互动行为	客户在社交媒体平台上发布、分享、点赞、评论或转发内容，与品牌或其他客户直接互动	/	/	/	/
订阅/关注	客户订阅频道和会员服务或关注账号、加入社群等	/	/	/	/
留存行为	客户愿意继续使用产品、设备、应用、服务等	/	/	/	/
参与行为	客户参与线上或线下的营销活动，如竞赛、抽奖、促销活动等	/	/	/	/
转化行为	客户线上购买产品或服务	/	/	/	/
在线评价	客户对品牌、产品或服务进行评价和反馈	/	/	/	/

2. 客户行为路径设计

客户行为路径设计是指对客户某一行为从开始到结束这一个过程的各个环节进行思考与设计。客户行为路径设计分为两种情况，一种是单一行为路径设计，另一种是基于特定活动的行为路径设计，它可能同时包含多种行为。

（1）单一行为路径设计。单一行为路径设计是指针对客户的单一行为进行行为路径设计。例如客户查看内容这一行为，其基本路径可以是：

1）看到一个令他感兴趣的标题；

2）点击标题后，发现内容形式合理或场面符合他的喜好；

3）内容开头吸引人，没有废话，有让人想继续看的动力；

4）到内容结尾，让客户有收获，客户愿意点赞或转发内容表达支持。

路径节点是环环相扣的，上个节点到下个节点都存在一个行为转化数据，形成了一个行为转化漏斗。每个节点，可以设置关键的效果评估指标，用于衡量路径设计的好坏。

对于行为路径设计者而言，可以按照实际条件或要求进行路径节点的设计。例如，为了增加微信公众号的粉丝数，客户点击标题后，可以要求对方扫描微信公众号二维码，关注微信公众号后，才可以查看全文，那么就在原来的路径节点上新增了一个“扫描二维码关注公众号”的节点。

（2）基于特定活动的行为路径设计。基于特定活动的行为路径设计是指针对特定活动中的多种行为进行设计，以引导客户完成系列行为。例如直播间带货活动，消费者的行为包括：

1）点击进直播间；

2）停留在直播间并观看直播内容；

3）参与互动；

4）下单购买商品。

每个路径节点都要思考如何让消费者有更好的体验感和满意度。

业务操作

业务名称：设计客户标签库

工作要求：

1. 李卿采购了一个 SCRM 系统，现在需要设置一个客户标签库，假设你是数智营销经理，请为“女武神”品牌设计一个客户标签库。某 SCRM 软件客户标签设置功能如图 3－5 所示。

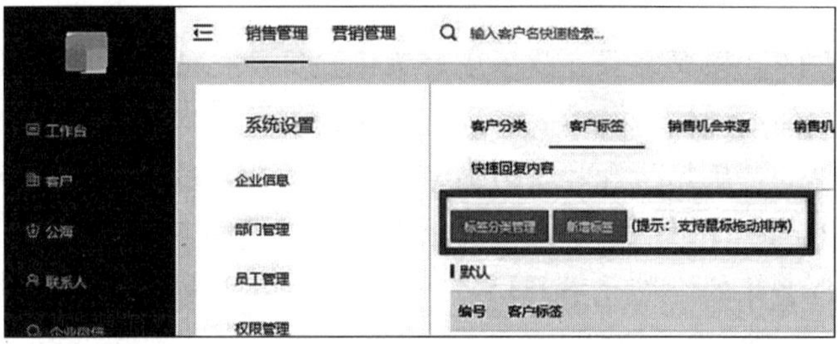

图 3－5 某 SCRM 软件客户标签设置功能

2. 按照之前任务以及本任务所学内容，合理规划标签类型和具体标签。

3. 根据两位客户的现状，为她们贴上合适的标签。

操作步骤：

1. 按照表 3－3 完成标签库的设计。

表 3－3 客户标签库设计表

	标签类型	具体标签
“女武神”品牌客户标签库		

2. 根据两位客户的现状，为她们贴上标签。

客户一：林珑是一名高校女生，20 岁，她关注社交媒体上的时尚博主和潮流资讯。

购物时，她喜欢经济实惠的时尚单品，注重在有限预算下打造个性化的穿搭。她在小红书平台关注了“女武神”账号，是账号运营前期就关注的忠实粉丝，经常转发账号相关内容，但消费行为较少。

客户二：林雅是一名文艺女性，28 岁，从事艺术类工作。对于时尚，她更注重穿搭中的独特设计和创意元素，追求那些能够讲述故事的服装。在购物时，她热衷于在小众设计师品牌和独立时装店中寻找独特的时尚单品。参与各类文艺活动时，愿意分享自己的穿搭心得，她是对时尚充满热情并愿意表达个性的新时代文艺女性。她经常购买“女武神”品牌服装，但也会对品牌的服装设计、服装搭配会提出不同的见解。

任务四 个性化内容与智能推荐

任务引例

QQ 音乐是一款流行的音乐播放器，它提供了个性化推荐功能，以帮助用户发现自己喜欢的音乐。以下是个性化推荐的一些特点：

（1）根据用户的音乐喜好和播放历史，为用户推荐相似的歌曲和歌手。

（2）根据用户的地理位置和时间节点，为用户推荐当地或当时的热门歌曲和活动。

（3）根据用户的音乐品位和收听习惯，为用户推荐新的歌曲和歌手。

（4）为用户提供个性化的歌单和电台，以满足用户的不同需求。

通过使用 QQ 音乐的个性化推荐功能，用户可以更轻松地发现自己喜欢的音乐，从而提高用户的使用体验。

任务描述

前几个任务中，李卿成功获得目标客户群体的兴趣标签，接着她开展了一项重要工作，即给自己的账号贴上标签。当账号标签和客户兴趣标签一致时，平台的智能推荐系统将更乐意把账号内容推荐给精准客户。

本任务里，你作为数智营销经理，需要根据目标客户群体的兴趣标签规划个性化内容。

任务要求

1. 了解个性化内容的概念与作用，清楚个性化内容的典型应用场景。
2. 能够根据实际情况设计个性化内容的实施方案，掌握个性化内容创作思路。
3. 能够根据客户的兴趣标签策划个性化内容。
4. 掌握智能推荐的概念及工作原理，并能应用到个性化内容策划与创作上。

知识准备

一、认识个性化内容

（一）个性化内容的概念

个性化内容是根据个人的兴趣、喜好、行为模式等个体特征，为客户量身定制的内容。这种内容定制是通过分析和利用客户的数据来实现的，比如浏览历史、搜索记录、交互行为等。通过深入了解客户的喜好和行为，系统能够为其推荐个性化的信息、产品或服务，从而提升客户体验感和满意度。个性化内容的目的是使客户感觉到所获取的信息更贴近其需求和兴趣，从而提高内容的吸引力和实用性。这种定制化的内容不仅能够提高客户的参与度，还有助于增强客户与平台或品牌之间的关联。

（二）应用实例

1. 资讯推荐

资讯平台根据客户的阅读历史和兴趣标签推送相关资讯，由此会诞生社会热点、热榜，因为对某个话题关注的人多了，搜索的人多了，就会产生数据，系统会综合相关数据，给出热点排行榜。能使内容“上热点”“上热搜”也是很多营销者追求的目标之一。

2. 信息流广告

社交媒体与短视频平台的信息流广告是根据客户需求而推送的个性化内容。这类平台根据客户的标签，推送相关产品或直播间给客户，因为内容与客户需求匹配度较高，因此，客户对内容接受度也相对较高，不会对内容产生很大的抵触情绪。

3. “猜你喜欢”页面和“为你推荐”页面

电商平台的“猜你喜欢”页面和“为你推荐”页面，是平台根据客户的基础画像、购物记录、搜索历史向客户推荐相关商品的页面。

“为你推荐”页面的商品组成是极具个性化的，很多消费者会从这些页面购买商品。图 3 - 6 所示是某生鲜电商平台“为你推荐”页面，它的商品清单是平台推荐算法根据某客户历史订单数据自动生成的。

图 3 - 6　某生鲜电商平台“为你推荐”页面

越来越多的人喜欢刷“为你推荐”页面中的商品有几种可能的原因：

首先，个性化推荐页面通常是根据客户的偏好和历史行为生成，因此展示的商品更符合客户的兴趣和需求，能更精准地匹配客户的购买倾向，这使得客户更容易找到他们可能感兴趣的商品，提高了购物的效率和满意度。

其次，个性化推荐页面往往呈现的是多样化、个性化的商品，这种新颖性和独特性吸引了客户的注意力。相比之下，传统的货架式陈列页面可能显得比较普通和缺乏特色，无法针对性地满足客户的需求，因此客户更倾向于在个性化推荐页面中寻找所需的商品。

最后，个性化推荐页面往往会针对客户的购买行为进行实时更新和调整，不断优化推荐结果，使客户能够看到更符合当前兴趣的商品。这种即时更新的特性也增加了客户对个性化推荐页面的依赖和喜欢。

（三）个性化内容实施方案

个性化内容实施方案分两种情况：没有客户标签数据和有客户标签数据。

1. 没有客户标签数据

有客户标签数据才知道客户的具体个性化内容需求，但是，新平台、新品牌或新产品刚推出市场时，的确会遇到没有客户标签数据的情况。当没有客户标签数据时，一般从两个方面入手：

（1）客户首次登录时，让客户选择兴趣标签。例如，微博平台在新客户注册时，会让客户选择感兴趣的话题，以便推荐相关博主和内容。

（2）可先从共性需求、热门需求出发，在客户使用过程中，逐步筛选出有个人特征的标签，然后推送更个性化的内容。它的逻辑也很简单，共性需求、热门需求大部分人都喜欢，新客户很大概率也喜欢，这样可以先留住客户，然后在客户的长期使用过程中，筛选出更个性化的客户标签。采取这种策略的有购物平台、资讯平台和短视频平台。

2. 有客户标签数据

这种情况下，可以根据标签对客户进行分类，按照类别生产个性化内容，这样可以降低内容生产成本，提高内容生产效率。这种方法在营销领域被称为“圈层营销”，因为一些业务场景中，客户数量非常多，绝对的个性化营销难以实现。为了降低成本和保障营销的可操作性，可对目标客户群体进行进一步细分，然后针对各个圈层进行个性化内容的开发与推送。

（四）个性化内容创作思路

1. 尽可能覆盖更多的人群

个性化内容，要尽可能覆盖更多的人群。如果内容是针对一个小镇的居民，这样的内容的影响力就很难覆盖一个市、一个省或一个国家。

面对 C 端市场，应该策划出覆盖整个 C 端客户群体的个性化需求。面对 B 端客户或者单个具体客户时，才需要个性化的内容。这要求内容策划者具备客户思维，思考客户喜欢什么、认同什么，不能给客户强加“我们认为好的东西”。这个的前提是，客户的需求是合规合法的。

例如，贵州人对服装风格的喜好和浙江人对服装的偏好是不一样的。尊重和理解客户群体的不同偏好，对生产个性化内容非常重要。尽可能找到客户群体都认可的“共情点”，这会让内容快速获得客户群体的认可。经过这一阶段后，再植入营销内容。

2. 借助客户标签来策划内容

在内容创作领域，很容易遇到内容创意枯竭的情况，因为创作的内容多了之后，就发现没东西可写了，好像选题都写过了。这个现象同样也会出现在其他新媒体平台上。这个时候可以将客户标签作为内容策划的依据，将客户标签随机打乱和组合，这样能随机组成“内容要素”，这种方法可以为内容策划者提供很多意想不到的内容创意。

3. 直接参考对标账号热门内容

取得营销效果，降低成本，是营销人员首先要考虑的。在人才不足、经验不足、资源不足的情况下，我们可选择参考热门内容的思路、选题来开展内容的创作。关键点在于，选择的对标对象所服务的对象，要和自己的客户群体高度相似。

二、认识智能推荐

（一）智能推荐的概念

智能推荐是一种利用算法和数据分析技术，根据客户的兴趣、行为和喜好，为客户提供个性化推荐的技术或服务。智能推荐的核心是通过对客户数据的分析和挖掘，了解客户的喜好和需求，然后将符合客户兴趣的内容、产品或服务推荐给他们。这种推荐是基于算法和模型的自动推荐，而不是传统的人工推荐或浏览历史推荐。

智能推荐的应用非常广泛，常见的包括电子商务网站的商品推荐、视频网站的视频推荐、新闻网站的新闻推荐、音乐网站的音乐推荐等。智能推荐的目的是提升客户体验感和满意度，同时也可以帮助企业提高销售额、增加客户黏性和达到品牌营销目的。

（二）出现智能推荐的原因

技术的发展是智能推荐出现的根本原因，但技术的诞生，也是因为市场或社会需要这个“技术”。综合来看，出现智能推荐且智能推荐越来越被重视的原因有下述两点。

1. 信息过载

互联网上每天都在产生海量的信息，客户想要迅速和准确地找到他们感兴趣的内容或商品越来越困难。如果客户的目标明确，则可以使用搜索的方法，但很多时候客户是没有明确目标的。这时候如果我们能够高效匹配客户感兴趣的内容或商品，就能提高客户体验和客户黏性，从而实现营销目的。

2. 长尾效应

大数据和人工智能等技术的发展，已经能够满足人们越来越个性化的需求，形成了非常庞大的“长尾市场”或者叫作一个个“粉丝群”，如何满足客户的个性化需求，是营销者重点研究内容。

满足客户需求，客户才会认为我们提供的内容、服务或产品有价值。但个性化需求又比较分散，个性化内容不容易生产、触达客户的成本高，这时就需要借助智能推荐系统。

（三）智能推荐的工作原理

1. 基于标签的方法

系统可根据客户的账号信息、搜索行为、观看或阅读行为、互动数据、地理位置来给客户贴标签。例如，同样是推送服装穿搭的内容，面向山东客户和面向广东客户，推送的内容是不一样的，因为两个地区的地理环境、习俗、居民身材条件等有差异，有不同的标签，系统平台就会推送不同的服装穿搭内容给两个地区的客户。

2. 协同过滤的方法

协同过滤包含两种类型，一种是基于客户的协同过滤，另一种是基于内容的协同过滤。基于客户的协同过滤，就是在人群中找到和你相似的人，他们喜欢的内容或许你也喜欢，系统就把这些内容推荐给你。同理，基于内容的协同过滤，就是你喜欢什么内容，再找出与这个内容相似的其他内容推荐给你。

3. 基于社交网络的方法

“物以类聚，人以群分”。有共同兴趣、志向的人容易聚到一起成为朋友。朋友喜欢的内容，你也可能喜欢，这是基于社交网络推荐内容的逻辑之一。另外一个逻辑是，“每个人都有社交的需求”，需要了解朋友的动态，且朋友发的内容对于客户来说可信度更高，因为他相信朋友。

4. 基于位置的方法

基于地理位置的营销模式，也被称为 LBS。很多新媒体平台有同城板块，另外，推荐的内容中也有很多是同城内容。这是因为客户会更关注同城的资讯，例如国庆长假城市出城高速是否堵车、该城市吃喝玩乐信息等。同城内容与客户的生活和工作息息相关，自然会更受关注。

5. 基于时间的方法

不同的时间点，客户关注的内容不同，例如一天之中的早、中、晚，一年之中的节日、购物节；又比如通勤时间推送交通信息，临近午餐时间推荐餐厅信息。另外还有一些日期较固定的品牌“新品发布会”“开发者大会”等，这些时间点的到来，预示着客户将有大量的相关内容需求。

6. 基于热点的方法

所谓的热点，就是大家都关注的内容和话题。热点内容具有被关注和讨论的需求。对于大型平台而言，可以通过分析平台内容数据，提供平台热点排行榜，并直接推送热点内容给客户。

7. 基于客户的选择

对于一些平台或者中小企业来说，它们没有大量客户和创作者，也没有新客户的历史行为数据，从而无法实现个性化推荐。这时可以考虑冷启动，要求新注册客户在首次登录时选择一些兴趣标签，根据这些兴趣标签来推送内容或商品给客户。还有一种情况，客户可以要求系统平台减少推荐他不喜欢的内容类型，这也会影响系统的内容推荐。

业务操作

业务名称：策划个性化内容

工作要求：

1. “女武神”在小红书平台运营了一段时间，成功积累了一些高校女生客户，如今遇上毕业季，请你根据这个情境，策划一些个性化内容。

2. 要求内容合理，不浮夸；整理出大概内容方向或主题，最好能设计出内容标题。

操作步骤：

1. 通过网络了解企业对应聘者、对员工的着装要求。

2. 通过网络了解服装对个体形象塑造、自信心塑造、气场气质的影响。

3. 结合前面的任务，梳理高校女生的特征，再根据本任务情境要求，规划合理的内容主题。

练一练

一、单选题

1. 公域流量池是非常好的引流渠道，这指的是公域触客渠道的（　　）作用。

A. 提高品牌曝光量和品牌美誉度　　B. 作为内容呈现与传播的平台

C. 引流拉新　　D. 提高效率

2. 通过数据挖掘，企业可以进行预测分析，提前预测可能出现的需求或趋势。这指的是数据挖掘在数智营销中的（　　）作用。

A. 信息提取　　B. 预测需求或趋势

C. 异常检测　　D. 关联分析

3. 客户的姓名、性别、年龄、地址、职业、收入水平、生日、家庭成员等信息属于客户标签的（　　）。

A. 基本信息标签　　B. 行为标签

C. 兴趣标签　　D. 消费标签

4.（　　）不是客户行为路径设计原则。

A. 重视客户的参与感　　B. 重视客户的获得感

C. 重视客户的掌控感　　D. 重视速度感

5. 朋友喜欢的内容，你也可能喜欢，这指的是智能推荐的（　　）。

A. 基于标签的方法　　B. 协同过滤的方法

C. 基于社交网络的方法　　D. 基于位置的方法

二、判断题

1. 公域触客渠道比私域触客渠道更加精准地针对目标受众进行内容推送，与受众建立更紧密的联系。（　　）

2. 通过数据挖掘，企业可以了解客户的需求、行为和喜好，并根据这些信息为客户提供个性化的服务。（　　）

3. 用标签标识客户存在哪些痛点或需求，当挖掘出客户需求或痛点后，及时贴上标签，意味着一个潜在营销或销售机会。（　　）

4. 通过分析客户标签，营销者可以了解客户的行为习惯和喜好，发现客户在使用过程中的痛点和瓶颈，优化客户体验，提高产品或服务的体验感和满意度。（　　）

5. 触达客户成本高，是指如果想将个性化内容推送给目标客户，在没有智能推荐系统的帮助下，企业可能需要逐个手动推荐给目标客户。（　　）

三、思考题

电商平台的“猜你喜欢”页面和“为你推荐”页面，是平台根据客户的基础画像、购物记录、搜索历史向客户推荐相关商品的页面。打开你的淘宝“猜你喜欢”页面，与同学们分享一下你得到了什么启示。

实训任务评价三

项目四 新媒体内容营销

学思浅悟

在规范中创新，以责任铸就品质

在当前的新媒体环境中，内容营销成为品牌与用户之间沟通的重要手段。《网络信息内容生态治理规定》第七条对于应防范和抵制的不良信息作出了明确的界定，其中包括使用夸张标题，内容与标题严重不符，宣扬低俗、庸俗、媚俗内容，以及其他对网络生态造成不良影响的内容等。这对新媒体内容营销提出了更高的要求，不仅要追求内容的吸引力和传播力，更要负起社会责任，维护健康的网络生态。

第一，新媒体内容营销应坚持真实、准确的原则，避免出现“标题党”等误导用户的行为。内容创作应以真实性为基础，遵守法律法规，尊重事实，确保信息的准确性和可靠性。

第二，新媒体内容营销应倡导积极健康的价值观，抵制低俗、庸俗、媚俗的内容。通过传播有深度、有温度、有价值的内容，引导公众形成正确的审美和价值观。

第三，新媒体内容营销应关注社会热点，积极参与社会公益，以创新的方式表达对社会的关怀和对公众利益的支持。

总之，新媒体内容营销应秉承《网络信息内容生态治理规定》的要求，坚持真实、积极、健康的内容导向，以高质量的内容赢得用户的心，以负责任的态度维护网络环境，共同促进健康、文明的网络文化发展。

教学目标

知识目标：

1. 熟悉新媒体内容营销的概念和作用，清楚其基本流程；了解当前市场上主要的新媒体平台类型及特点。

2. 熟悉账号定位的概念和作用，掌握账号定位的方法。

3. 熟悉账号包装的意义和原则，掌握账号包装的技巧。

4. 熟悉账号内容规划的概念与原则，掌握内容规划的基本要点，掌握选题的技巧。

5. 了解新媒体商务合作的概念、作用与类型，清楚商务合作的准备事项。

技能目标：

1. 能够根据企业现状、平台要求和客户特征，选择适合的新媒体平台，并完成账号注册工作。

2. 能够根据企业现状、平台要求和客户特征，完成账号定位、账号包装等工作。

3. 能够根据内容规划要点和选题策略，规划有效的内容方案。

4. 能够根据企业现状和新媒体业务规划，制定新媒体商务合作方案，积累潜在的业务资源。

5. 能够编写项目介绍文案，提炼项目亮点；能够梳理出合作双方的利益点，项目介绍逻辑严谨、有吸引力。

6. 能够编写有效的调研议题，能够对潜在合作对象进行实际调研，从中获得关键信息用于项目的推进和项目方案优化。

7. 收集合同范本，能够在模仿合同的基础上，进行合同协议的拟定。

素养目标：

1. 培养解决问题的创新思维，包括提出新观点、新方法、新理念的能力。

2. 培养正直、诚实、守信的品质，弘扬社会主义核心价值观，规划积极、健康、正能量的新媒体内容。

3. 增强法律意识，加强法律风险防范，重视知识产权保护、用户隐私保护等工作。

引导案例

笔者亲戚家有一名高中生，因学校离家远，想买一辆电动车代步。而笔者高中时也因为这个原因买了一辆电动车。我们的购买决策和购买过程能反映不同时代消费习惯的变化。

笔者是到线下实体店，对比了两三家店铺的款式和价格后才选购了一辆电动车，事实上，笔者对产品的品牌、款式、功能都不太了解。

而亲戚家的高中生，在购买电动车前，就已经在抖音平台浏览了大量的产品测评、使用注意事项、配件购买建议、交规等内容。电动车也是从抖音平台购买回来自己组装的。

现代年轻消费者的消费习惯呈现出先“消费内容”再“消费产品”的特点，如果没有用内容接触客户，很可能就会丢失一个个潜在客户。

案例思考

新媒体内容营销在数智营销方案中的作用是什么？

任务一　选择平台与注册账号

任务引例

小米的新媒体账号矩阵

小米是我国一家知名的科技公司，它在新媒体领域有非常成功的账号矩阵，以下是它的一些主要账号及其特点。

官方微博：作为品牌的主要发声平台，发布产品资讯、活动信息、品牌动态等，与用户进行互动，解答疑问。

官方微信公众号：推送产品介绍、科技新闻、粉丝活动等内容，同时提供售后服务和产品购买引导服务。

抖音账号：发布产品演示、创意视频、用户故事等，以轻松有趣的方式展示小米产品的特点和功能。

知乎账号：主要用于分享科技知识、产品使用技巧、行业动态等内容。通过专业的回答和优质的内容，吸引大量科技爱好者的关注。

小红书账号：更侧重于产品展示和生活方式分享，会发布一些精美的产品图片和用户体验分享，以及与小米产品相关的搭配、场景等内容，吸引众多年轻消费者的关注。

B站账号：内容和风格更加年轻化，内容侧重产品展示和生活方式分享，内容互动性更强，小米也乐于回应粉丝的恶搞。

任务描述

选择合适的平台并注册账号是新媒体营销的重要一环，不同平台有不同用户群体和运营规则，选择适合企业目标和产品特点的平台可以更好地达到营销效果。

由于不同的平台有不同的定位，每个平台的账号所起的作用可能不同，例如微博号用于热点营销，微信号用于私域流量转化，抖音号用于直播带货，等等。

任务要求

1. 清楚新媒体内容营销的概念和优势，掌握新媒体内容营销的基本流程。

2. 了解新媒体平台的类型及优缺点。

3. 能够根据营销方现状与业务规划，选择合适的新媒体营销平台，并能够搭建出合理的账号矩阵。

知识准备

一、认识新媒体内容营销

（一）新媒体内容营销的概念

新媒体内容营销是指在互联网背景下，依托于新媒体平台和数字技术，通过策划、创作以及传播特定内容，来吸引受众，从而达到提升品牌知名度、培养和维护客户关系、促进产品与服务的销售等目的的一种营销方式。相对于传统的内容营销，新媒体内容营销不仅着眼于创造销售，而且还注重在内容营销过程中自身与受众关系的经营、自身品牌口碑的维护以及良好公共关系的建立。

新媒体内容营销的核心是提供对目标受众有价值的内容，而不是直接宣传产品或服务。这种内容可以是教育性的、娱乐性的、实用性的或情感性的，旨在满足受众的兴趣和需求，建立与他们的情感联系。

在数智营销领域，新媒体是营销者重要的触客渠道，内容是如今消费者重要的产品和服务，为用户持续提供他们感兴趣的内容，是数字时代关键的营销工作。

职场案例

人民热评：各地文旅局卷疯了，有没有卷到点上？

“这泼天的富贵，什么时候才能轮到我家！”据报道，随着“尔滨”爆火，各地网友“急了”，各地文旅局坐不住了。比如，有网友喊话家乡的文旅局“快来抄作业”。河北网友还建议河北省文化和旅游厅官方短视频账号“河北旅游”改名，“不然都搜不到”，随后，官方账号火速申请改名为@河北文旅，并“疯狂输出”了一波内容。

各地文旅局有多卷？让人大开眼界。有局长直接上线、“下沉”，在官方账号评论区里留言，与网友互动。有文旅部门为揽客，亮出国家级非遗项目打铁花，“总要亲眼看次打铁花吧！”还有文旅部门面向社会征集旅游痛点，查实后对投诉人给予奖励……真是“八仙过海，各显神通”。

如何看待各地文旅部门的“卷”潮？

卷，总比躺平好。哈尔滨接住了泼天富贵，说其他地方不艳羡那是假的。谁不愿意宣传家乡好？谁不渴望游客如织的盛况也出现在本地？在这种背景中，很多地方的文旅部门没有作壁上观，更不甘于“吃瓜”，这是好事。一定程度上说，卷也是履职，既是分内事，也回应了当地民众的关切。想方设法让当地文旅火起来，总胜过碌碌无为。

卷，也要讲究方法。应该说，游客是见过世面的，是不容易被“忽悠”的。不能认为说几句俏皮话，卖卖萌就能把流量引过来，就能让外地游客“唰”的一声赶过来。因此，要引流，关键是卷到位，善于创新，敢放大招，出一些让游客眼前一亮的实招，让游客由“要我来”变为“我要来”。能不能让游客买账，关键看招见不见效。

卷，更要找对落脚点。发展文旅业，“蹭”热点、追流量都无可厚非，但是热点毕竟是暂时的，热度终究会降温。基于此，要引起长久关注，最根本的是优化制度环境，改善营商环境，让游客很受用，有宾至如归的感觉。当他们感觉到这里有美景美食，更有相当愉悦的文旅体验，自然会前去旅游的，并由头回客变为回头客。

报道中提到一个生动案例。有网友说，某地文旅部门有奖征集旅游痛点是真的，他提交问题后，没想到真的会有回应，“的确做到了他们当时说的‘绝不护短’”。这个细节很生动，也很耐人寻味。优化文旅环境不玩虚的，铲除旅游痛点是动真格的，提升游客体验感是实实在在的，游客当然会“用脚投票”，而当地民众也能更有获得感。

新年伊始，文旅业呈现万千气象，值得欣喜。而各地铆劲发力，你追我赶，同样值得点赞。把握新趋势、引领新消费，不断改善环境，推出新业态、新模式，文旅新动能就能展现出更澎湃的活力。

资料来源：秦川．人民热评：各地文旅局卷疯了，有没有卷到点上？．人民网，2024－01－15.

（二）新媒体内容营销的特点

1. 新媒体平台具有强势地位

用户在新媒体平台学习、娱乐、购物、社交等，新媒体占据用户越来越多的时间。越来越多的用户，特别是年轻用户，越来越依赖新媒体平台。这就导致新媒体在与传统媒体的竞争中占据强势地位。这种变化的根本原因有两点：一是新媒体比传统媒体能满足用户更多的需求；二是新媒体能够更便捷地满足用户需求。

（1）各类新媒体满足了用户非常多的需求，比如学习需求、社交需求、娱乐需求、审美需求、消费需求。当然，也有越来越多的用户，自己生产内容，然后获得粉丝认可和收益，这样还能满足自我实现的需求。

（2）新媒体具有便捷性、即时性、互动性和选择性的特点，它赋予了用户“高话语权”。“高话语权”体现为新媒体内容或产品选项丰富，用户占据主动地位，能够选择自己喜欢的内容进行观看、互动、点赞、购买以表达支持，对不喜欢的内容或账号，选择不理睬或拉黑。这种“高话语权”给用户的体验感远高于传统媒体。

综合来看，新媒体平台比传统媒体或者其他渠道更便捷地满足用户的各类需求，用户自然选择使用新媒体平台。

例如，通过社交平台互动、直播间弹幕互动、粉丝团交友等方式实现社交需求，那么必然会降低线下聚会需求；通过短视频了解时事、看电影解说等，同样会降低看电视和去电影院的需求；通过“种草”文章购买、通过直播间下单等，会降低上街购物时间。

新媒体能够便捷地满足用户多类需求，这是新媒体越来越火的根本原因。同时其他的媒体或渠道，关注度会下降，流量变少，意味着机会变少。所以越来越多的企业投入新媒体营销阵营中。

2. 新媒体内容营销的优势

（1）解决企业品牌曝光不足的问题。

用户对内容的接受度远高于广告，企业通过新媒体内容营销可以让用户更乐意接受内容，从而实现品牌曝光、品牌推广的目的。

基于此，需要思考选择哪些合适的内容平台、哪些内容是目标客户感兴趣的、如何借助热点来扩大品牌知名度等，前提是要符合法律法规和职业道德。

翻转一下

自主探索：听说过“广告内容化”这个趋势吗？请谈谈这个趋势出现的原因以及它对营销的影响。

（2）解决企业与用户互动不够的问题。

当前，大部分新媒体平台都具有用户运营功能，如社群、私信、评论等。它们能够满足品牌与客户双向互动的需求。良好的互动，能让双方关系进一步提升。

翻转一下

自主探索：为什么现在开展营销业务要重视与用户的互动？请搜索相关资料，回答此问题，并借助问答式AI工具（如文心一言）完善你的答案，如向AI输入以下提问：

【现在有一道问题：为什么现在开展营销业务要重视与用户的互动？

我的回答是：×××××××××。

请你给我的回答评分，满分是10分，如有扣分，解析被扣分的原因。】

（3）解决企业传统营销效果不佳的问题。

当前有很多在传统媒体时代耳熟能详的品牌，在新媒体时代没有了“声音”。这里面的问题很复杂，例如一些企业存在路径依赖问题，通过传统媒体营销模式获得了成功，相关的思维模型、人力资源、业务模式就以传统营销为主，忽视了时代潮流的变化。而时代潮流的变化正是传统营销效果下降的主要原因之一。

通过新媒体内容营销可以解决这个问题。很多企业招聘新媒体内容营销人才，就是为了解决传统营销效果不佳的问题。或者说，因为传统营销模式出现问题，导致很多企业不得不改革、不得不尝试。

翻转一下

课堂实践：请登录招聘网站查找“新媒体内容营销”相关岗位招聘信息，了解当前企业对新媒体内容营销者的要求。

（4）解决用户洞察不足的问题。

传统企业或传统营销业务对用户的洞察能力不足，无法系统获得用户数据、用户反馈、内容数据、产品数据等。

例如，某空调厂商在一个省级卫视打广告。请问，它能知道有多少消费者是因为电视广告而来购买的吗？它能知道通过电视广告而来的消费者的画像吗？

而基于新媒体展开的营销，能够获取内容数据、用户账号资料、用户反馈信息、订单信息等。当拥有大量这类数据之后，营销者对用户的洞察将越来越科学和精准。

（5）解决品牌认知和品牌形象塑造的问题。

新媒体平台支持丰富的内容形式和题材，对内容发布、内容管理的限制比较少。营销者通过严谨的新媒体内容规划，可以给目标客户群体留下想要的品牌印象。

针对这个问题，营销者需要思考如何通过内容塑造品牌形象，例如对于性价比高的品牌形象，内容应该如何规划；对于专业性强且品质有保障的品牌形象，内容应该如何规划。

不同的企业有不同的业务需求，对新媒体内容营销的需求不同，对人才的要求自然也不一样。当前有非常多新媒体内容营销成功案例，可以去专门的营销案例网站查看和学习。

小贴士

要养成查看行业最新资讯的习惯，建议每周或每月专门花点时间查看行业最新动态。视野很重要，你知道的比别人全、比别人新，那你的分析判断就更容易获得别人的认可和支持。记住并实践这句话，它将帮助你在日后的竞争中获得胜利。

3. 新媒体内容营销的劣势

新媒体内容营销能够解决营销者很多问题，但也存在一些劣势，包括以下几方面：

（1）内容竞争激烈。

信息传播存在马太效应。马太效应是指在某个领域或社会中，已经具有优势的人或事物会获得更多的资源和机会，进一步增强其优势，而相对劣势的人或事物会越来越被边缘化。

在信息传播中，马太效应表现为一些具有较大影响力、知名度或资源优势的信息源（如知名媒体、意见领袖、著名演艺人士等）能够更容易地吸引大量的关注和传播，从而进一步扩大其影响力。而一些相对较小、不知名或缺乏资源的信息源很难获得关注和传播，导致信息传播的不平衡。

主要原因有：

1）资源和机会的不均衡分配：在某些领域中，资源和机会往往集中在少数人或事物上。这些人或事物已经具有优势，因此更容易获得更多的资源和机会，进一步增强其优势。例如新媒体平台和平台上的达人合作，为他们推送更多流量。

2）社交网络和传播渠道的影响：具有较大影响力、知名度或资源优势的新媒体往往拥有更广泛的社交网络和传播渠道。他们的信息更容易被传播和推广，从而吸引更多的关注和资源。例如已经积累大量粉丝和大量合作方的新媒体账号更容易传播内容。

3）羊群效应和跟风心理：人们往往倾向于追随和关注已经具有知名度的新媒体或

热点。这种羊群效应和跟风心理导致资源和机会进一步向优势者集中，而相对劣势的新媒体更难获得关注。例如，人们在平时社交中需要互动话题，而社会热点是重要话题，所以人们会倾向于关注社会当前的热点。

4）人类认知和注意力的局限：人们的认知和注意力是有限的，往往只能关注到一小部分信息。因此，那些已经具有知名度或突出特点的人或热点话题更容易吸引人们的注意力，进一步加剧了马太效应。

翻转一下

课堂互动：我国新媒体平台上存在马太效应吗？有没有一两个品牌长期占据行业话题榜，导致其他品牌得不到关注？说说你的见解。

（2）法律和道德问题。

在新媒体内容营销中，可能会涉及法律和道德问题。例如，虚假宣传、侵犯知识产权、隐私泄露等问题可能会损害企业的声誉，并引发法律纠纷。

（3）创作成本高。

平台和用户对“内容的价值”要求较高，高质量的内容创作需要时间、人力和资源的投入，且大部分用户还希望新媒体运营方能持续提供内容，一旦运营方不能持续提供有价值的内容，就可能失去关注。另外，运营方推广内容也需要一定的推广成本。

（三）新媒体内容营销的基本流程

1. 明确营销目标与受众

在制定新媒体内容营销策略之前，企业需要明确营销目标和受众群体。例如，企业的营销目标是提高品牌知名度还是提高销售额？受众群体是年轻人还是中老年人？只有明确了目标和受众，才能更好地制定营销策略。

2. 创作优质内容

创作优质的内容是新媒体内容营销的核心。企业需要关注受众的需求和兴趣点，从用户视角出发，创作出有价值、有趣、有深度的内容。

3. 选择合适的新媒体平台

不同的新媒体平台有着不同的受众群体和传播特点，企业需要根据自身情况和目标受众选择合适的新媒体平台进行传播。

4. 制订营销计划与时间表

制订详细的营销计划和时间表可以帮助企业更好地执行和监控新媒体内容营销活动。计划应包括目标、策略、预算、时间安排、人员分工等。

5. 评估与调整策略

在新媒体内容营销过程中，企业需要进行实时监控和评估，以便及时发现问题并进行调整。评估指标包括阅读量、点赞数、评论数、转化率等。

二、新媒体平台的类型与特点

新媒体平台是通过互联网、人工智能等新兴数字技术传播信息和内容的平台。它包括资讯类平台、社交媒体平台、视频平台、直播平台和问答类平台等形式。新媒体平台具有实时性、互动性强、传播范围广等特点，是人们获取信息、分享观点、互动交流的重要渠道。

平台是进行新媒体内容营销最主要的渠道，相比于传统的以广告、宣传为主的营销渠道，基于新媒体平台的营销不仅具有更大的营销空间，而且能够大幅度降低营销成本。国内的知名平台有：微信、微博、抖音、快手、小红书以及知乎等。

（一）资讯类平台

资讯类平台是通过互联网向用户提供新闻、时事、娱乐、科技、财经等各类资讯信息的平台，它们通常是互联网公司创建的网站或移动应用程序。国内经典的资讯类平台有：今日头条、百家号、微信公众号等。

1. 资讯类平台的主要特点

不同的资讯平台可能会有不同的特色，但总体上来说，有以下几点共性：

（1）内容的多样性：资讯类平台提供来自不同领域的内容，涵盖社会、教育、政治、娱乐等行业。

（2）信息的实时性：为了满足用户对最新资讯的迫切需求，资讯类平台内容提供者通常会及时更新内容，并尽可能提供实时资讯。例如，在重大事件发生时，资讯类平台会第一时间发布和推送相关新闻报道。

（3）个性化推荐：一些资讯类平台会根据用户的浏览历史和兴趣进行个性化推荐，以呈现更符合用户喜好的内容。如今日头条，就会根据用户情况进行个性化推荐，让用户更快地找到自己感兴趣的资讯。

（4）多终端覆盖：资讯类平台一般同时有网页版和移动版，能够满足不同用户在不同设备上的需求。

2. 资讯类平台在数智营销领域的优缺点

（1）优点。

由于信息需求是用户基础需求，以及资讯类平台具有多终端覆盖的特点，资讯类平台往往有较大的流量。接触资讯类平台的用户几乎都是为了获取或接收信息，因此他们往往对各类信息拥有较高的包容度，营销型信息在资讯类平台较大概率能够实现对用户的触达。

（2）缺点。

由于资讯类平台内容以图文为主，因此资讯类平台的受众需要具备一定的阅读能力，这在一定程度上排除了一部分低文化水平受众。另外由于信息的发布速度快和信息数量庞大，资讯类平台往往难以确保所有信息的真实性。虚假新闻、谣言和不准确的信息可能被广泛传播。因此，资讯类平台用户可能对信息的信任度相对较低，这不利于营销的进行。

（二）社交媒体平台

社交媒体平台是一类通过互联网提供社交功能的在线平台。其最基本的目的是在互联网上建立社交网络，使用户可以相互交流与分享信息，满足他们的社交与联络需求。

1. 社交媒体平台主要特点

(1) 信息传播的社交化：社交媒体平台以用户生产内容为主，信息传播的出发点是社交与分享。相对于官方渠道，社交媒体的内容更加轻松。

(2) 信息传播的去中心化：社交媒体平台的所有用户在信息传播网络中是平等的，不存在绝对中心。在社交媒体上，没有明确的中心控制点，每个用户都有发表内容的权利和机会，例如用户可以自由发表意见、分享见解。

(3) 互动性：社交媒体平台的社交属性决定了其必然具备强大的互动功能，这为营销活动提供了丰富的机会。

(4) 信息流动的网络化：基于社交平台的用户成了一个又一个的网络节点，基于用户节点，在微观层面能够实现不同圈子的连通，在宏观层面能实现私域流量与公域流量的连通。以微信为例，用户可以通过建立不同的群聊、公众号、朋友圈等，将自己的社交网络与不同群体进行连接，实现信息的传递与分享。

2. 社交媒体平台在数智营销领域的优缺点

(1) 优点。

1) 传播力较强：在社交媒体上，特定的传播内容往往能够基于既存的社交网络而形成强大的传播力，有利于营销信息的扩散。例如一个拥有上百万粉丝的账号，可以在第一时间将内容推送给粉丝。

2) 互动性较强：社交媒体平台用户拥有较强烈的互动意愿，平台也拥有丰富的旨在推动用户互动的相关功能，这有利于营销者进行用户关系维护。

3) 内容形式轻松散漫：相对于其他形式的营销，社交媒体内容相对轻松散漫，不需要过于专业的内容编辑技巧。因此，其内容生产成本以及账号经营成本相对较低。

(2) 缺点。

由于社交媒体平台是当下互联网用户最主流的应用平台之一，因此社交媒体平台上充斥着繁杂的内容信息，在用户注意力难以集中的情况下，营销内容在社交媒体平台实现“出圈”“破圈”并不容易。

(三) 视频平台

视频平台是指专门用于上传、分享和观看视频内容的在线内容聚合平台，包括传统的视频客户端、综合视频平台与短视频平台。

1. 视频平台的主要特点

(1) 多感官体验。

视频内容平台与以图文为主的资讯类平台以及社交媒体平台相比最大的不同就是信息呈现形式的不同。视频能够给受众带来更多的感官刺激，从而使受众能够更好地接收信息。

(2) 低门槛。

相对于图文，视频信息对使用者要求门槛低。图文需要一定的文化素养来进行理解，而视频以更加具象和通俗易懂的形式表达信息。

(3) 娱乐性。

由于视频信息拥有较强的感官刺激，因此，视频信息具有天然的娱乐属性倾向。当然，当下也存在着诸如新闻、课程、会议直播等严肃内容，但不可否认的是，绝大多数的视频内容都以精神放松为主要目的。

2. 视频平台在数智营销领域的优缺点

（1）优点。

1）内容接触门槛低：不同于资讯类平台，视频内容的接受门槛相对较低，对用户的阅读能力没有什么要求，这能够保证营销内容为更多的用户所接受。这也让视频平台，特别是短视频平台拥有庞大的用户基础，能够触达广泛的受众群体，为广告主提供更多的曝光机会。

2）内容具有视听刺激：视频内容对感官刺激性相对较强，相对于图文更容易引起用户的注意，以及更容易从情绪、情感等角度对用户产生影响。

3）内容的情感属性更强烈：视频能够将情感具象化，在情感表达效果上略优于图文内容，这个属性对营销而言，有利于影响用户并与用户建立起关系。例如在一些情感类短视频中，通过音乐、画面和文字的结合，能够更直观地表达情感，引起用户共鸣。

（2）缺点。

1）内容制作成本较高：不同于文本类内容，视频内容的制作需要有一定的设备，对拍摄技巧也有一定要求，因此制作视频内容的门槛与成本都相对较高。

2）创作难度高：相对于图文内容，视频内容的制作需要包含合适的脚本与合理的剪辑，这样才能清晰地表达视频内容，这对创作者要求较高。

（四）直播平台

直播平台是一种通过网络实时传输音频、视频内容的在线平台。在直播平台上，用户可以利用摄像头和麦克风等设备，通过互联网将自己的实时活动、表演、讲述等内容呈现在观众面前，观众可以实时观看、互动和评论。

根据直播内容主题的不同，可以将直播划分为游戏直播、泛娱乐直播和电商直播等。

国内经典的互联网直播平台包括抖音直播、B站直播和虎牙直播等。

1. 直播平台的特征

不同的直播平台有不同的特征，一些常见的直播平台的主要特征如表4－1所示。

表4－1　直播平台的主要特征

特征	描述
实时性	能够实时传输视频和音频信号，观众可以即时观看和互动
互动性	提供多种互动方式，如评论、私信、点赞等，观众可以与主播和其他观众进行互动
个性化	根据观众的兴趣和偏好，智能推荐直播内容给用户
社交性	观众可以通过观看直播、互动交流等方式结交新朋友
多样性	主播来自不同的领域和地区，提供丰富多样的直播内容选择
便捷性	观众可以通过手机、电脑等设备随时随地观看直播
商业性	大部分直播平台允许广告投放、商品销售等商业活动，为主播和平台带来收益

2. 直播平台营销的优缺点

（1）优点。

直播平台为商业营销带来了巨大的潜力，它为新媒体时代的互联网营销提供了一条重要的渠道。其优点主要体现在以下几方面：

1）提供实时沟通的渠道：通过互联网直播，主播可以与受众实时互动，回答问题、提供信息、讲解产品特点等。这种直接的实时沟通可以增强品牌与消费者之间的关系，建立更紧密的联系，同时也可以增进消费者对产品的理解和信任，从而促使消费者购买。

2）提供流量转化的机遇：大部分直播平台提供打赏、电商店铺、支付、私信和社群等功能，可使用这些功能实现流量的转化，例如内容打赏、电商带货等。

3）提供关系维护的方式：在传统营销时代，决定是否购买某产品的因素是是否存在需求，以及该产品是否好用；而直播提供了一个建立以及维护关系的渠道，用户观看直播并成为主播的粉丝，就意味着二者建立起了一种关系，通过不断的直播互动来深化并维护这种关系，这种关系就可能会成为影响粉丝购物决策的因素，甚至是最关键因素。

（2）缺点。

1）前期的准备成本相对较高：直播不仅需要必要的设备，如果想要追求良好的直播效果，还需要搭建直播团队，因此优质的直播内容往往都带有较高的前期成本。

2）对主播的依赖程度较高：直播营销的核心要素包括人、货、场，其中货与场都是灵活可控的，但对主播的依赖程度相对较高。优质主播是稀缺资源，而培养主播所需要的周期十分漫长，因此，主播也成为限制直播营销的因素之一。

3）实时性要求高：直播是实时进行的，因此对于直播内容和主播的表现要求较高。任何意外情况或技术故障都可能影响直播的质量和观众的体验。

4）难以控制观众反应：直播过程中，观众的即时反馈和评论是无法完全控制的。负面的评论或不适当的言论可能会对品牌形象产生不利影响。

5）内容审核和监管挑战：由于直播的实时性，内容审核和监管变得更加严格，很多直播间因为误说敏感词、违禁词而被直播平台限流或停播。

（五）问答类平台

问答类平台是指提供用户提问、回答、评论等功能的在线平台。用户可以在问答类平台上提出自己遇到的问题，并获得其他用户的解答。问答类平台可以帮助用户解决问题、学习知识和交流经验。这些平台为用户提供了一个互动式的环境，使他们能够寻求答案、分享见解，共同构建一个知识共享社区。

国内经典问答类平台包括知乎、百度知道、搜狗问问和360问答等。

1. 问答类平台的特征

（1）知识互惠：问答类平台鼓励用户分享自己的知识和经验，从而帮助其他人解决问题。这有助于建立一个共享知识的社区，使人们能够从彼此的经验中受益。

（2）专业性：进行内容分享的用户往往是具有在某领域深耕经验或拥有关于某件事

物特殊经历的个体，其内容质量相对较高。

（3）社交性：用户可以在问题下方评论、提问、分享看法，与其他用户进行互动。

2. 问答类平台营销的优缺点

（1）优点。

1）有利于塑造账号的专业性与权威性：营销者可以在问答类平台上分享自己在特定领域的专业知识，展示自身的专业性和专长，从而树立行业领域的权威形象。

2）有利于推动品牌传播：在对问题的回答中提及品牌或公司，可以有效增加品牌的曝光度。回答者身份的专业性和经验可以引起其他用户对品牌的关注。例如，一位汽车行业专家在百度知道上回答关于汽车选购的问题时，可以提及某汽车品牌的优点，从而间接推动品牌的传播。

3）有利于进行关系维护：回答行业与产品的相关问题，为用户提供决策建议，可以提升品牌声誉以及建立用户对营销者的信任，这也有助于塑造品牌形象。同时，与用户互动，回答他们的问题，分享见解，能够增加用户参与度，加强用户与品牌之间的连接。

（2）缺点。

1）流量的有限性：问答类平台的用户流量均来自对相关问题存在特定需求的人群，因此，在特定问题下的营销往往难以实现更大范围的传播。

2）竞争的激烈性：问答类平台本身具有诸多在特定领域内深耕较长时间或具有专业背景的用户，因此问答类平台的内容竞争相对激烈，营销信息难以脱颖而出。

3）高门槛：问答类平台上内容的专业性较强，因此问答类平台的内容阅读能力门槛相对资讯类平台更高，会排除一部分文化素养相对不高的用户。

翻转一下

课余探索：利用课余时间探索我国有哪些主流新媒体平台，这些平台都有哪些特点。

三、新媒体平台的选择

选择新媒体平台开展内容营销业务时，需要考虑以下几点：

（一）根据现有资源和业务规划选择平台

明确自己的资源条件和业务目标，选择与之匹配的平台。不同的平台适合不同类型的内容，例如短视频平台适合视频内容，社交媒体平台适合图文内容。

翻转一下

情境假设：假设你是数智营销经理，请你帮助李卿根据企业现有资源和业务规划选择合适的新媒体内容营销平台，并说明理由。

翻转一下

小组讨论：李卿要创作不同类型视频需要哪些资源？

创作不同类型视频所需资源

	口播类视频	剧情类视频	音乐舞蹈视频
所需资源			

（二）根据目标受众选择平台

了解目标受众的特点和偏好，选择他们经常使用的平台。也可以根据目标受众的年龄、性别、地理位置、兴趣爱好等因素，选择相应的平台。

翻转一下

小组讨论：不同的新媒体用户群体偏好哪些新媒体平台？偏好内容是什么？如青年女性群体偏好小红书平台，主要关注旅游、女装、美妆等内容。

不同新媒体用户群体偏好的平台及内容

我国新媒体主要用户群体	偏好的新媒体平台及偏好内容
青少年群体	
青年男性群体	
青年女性群体	
中青年群体	
三四线城市群体	
一二线城市群体	
农村地区群体	
北方或东北地区群体	
南方地区群体	
……	

（三）多渠道投放

在新媒体内容营销初期，完成内容创作后，建议选择多个渠道进行投放测试，不要仅发布到某个新媒体平台上。通过多渠道投放来测试市场和平台的业务效果，找到反响好的平台，增加其业务权重。

营销者创作的内容不一定受到目标平台以及用户的喜欢，如果一开始就选定一个平台，可能会遇到“起号问题”“粉丝增长问题”。例如，一名果农平日喜欢刷抖音，自然而然地想把抖音作为内容营销平台，但存在快手平台其实是更适合他的内容营销平台的情况。所以，需要具备“数据驱动”的思维，具体看哪些平台的数据更好。

四、账号注册

账号注册是指在各个新媒体平台上创建属于自己的账号，用于发布内容。在注册账号时，需要注意的事项如表 4-2 所示。

表 4-2　账号注册的注意事项

要点	描述
账号信息	确保账号名称、头像、简介、联系方式等完整、准确，与品牌或产品相关
账号认证	在符合条件的平台上进行认证，以获得更多曝光和权限
账号设置	根据平台要求，设置合适的隐私设置、通知设置等，确保账号安全和操作便利
账号管理	定期检查账号信息，确保准确、及时，注意日常维护，避免发布违规内容
多账号运营	如有需要，可以注册多个账号分别运营，但要避免滥用
阅读条款和条件	在注册账户之前，仔细阅读平台的条款和条件，了解账户使用规则、隐私政策以及其他相关条款

业务操作一

业务名称：新媒体内容营销平台选择

工作要求：

1. 根据当前时空背景，梳理当下各新媒体平台的特点。

2. 根据表 4-3 中提供的行业领域，选择适当的新媒体平台作为内容营销平台，并说明理由。

表 4-3　不同行业新媒体营销平台的选择

领域/行业	你选择哪个/哪些平台	理由
知识付费		
母婴用品		
时尚女装		
三农产品		
文化旅游		
美食餐饮		

操作步骤：

1. 通过网络渠道了解当前时空背景下中国有哪些主流的新媒体平台，梳理它们的特点。可借助问答类平台或人工智能平台。

2. 为行业匹配合适的新媒体内容营销平台，相关内容汇总到电子表格中，并提交。

业务操作二

业务名称：海外新媒体内容营销平台选择

工作要求：

1. 根据当前时空背景，梳理当下海外各新媒体平台的特点。

2. 假设你是数智营销经理，请帮助李卿选择一个或一些合适的海外新媒体内容营销平台，并说明选择理由。

3. 可选择一个市场，如美国市场、马来西亚市场等。针对该市场思考选择哪些平台。

4. 本任务不作为课程考核任务，仅为对海外营销感兴趣的同学提供一个兴趣探索任务。

操作步骤：

1. 通过网络渠道了解不同国家的新媒体平台使用情况，拓宽自己的国际化视野。

2. 选择一个具体的市场，根据李卿所在企业的现状来选择一个合适的内容营销平台，并说明创意。

任务二 账号定位与包装

任务引例

某家洗护用品企业新推出了一款主打核心修护成分为三重酵母、帮助维稳肌肤的沐浴露品牌，该企业想在小红书上创建一个品牌号。

为了确定品牌号的定位，项目团队先查找了相关的研究报告，通过功能洗护消费趋势洞察报告了解到超七成消费者重视润肤功效，偏爱蕴含植物精油、成分柔和、亲肤无残留的洗护产品；近六成的消费者会比较关注“香味”附加功能；此外，产品的“颜值”也是消费者，尤其是女性群体及“90后”选购洗护产品的重要考量标准。

除此之外，他们还研究了消费者生活升级趋势。相关资料显示，近七成的消费者表示想要更幸福的生活，超过六成的消费者表示希望更有幸福感。另外，“成分党”对化学原料成分的追求已经从护肤逐渐延伸到美妆个护的其他品类。

最后，他们还就客户群体关心的内容，形成了客户关键词，确定了资深白领、精致妈妈、小镇青年这三大用户画像。其中，资深白领的关心点是产品的功效与体验，精致妈妈的关心点是日常活动促销与优惠，小镇青年的关心点是品牌形象。

综合以上内容，该团队得出了品牌号的账号定位，即一款能够带来丰富沐浴体验的洗护产品。

任务描述

通过前面的调研，李卿最终选择在抖音和小红书上搭建新媒体账号矩阵，开展新媒体内容营销。她准备围绕“女武神”创建三个类型的账号，分别是创始人账号、品牌账号和女团账号。账号定位和包装是搭建新媒体账号的重要环节。接下来，李卿需要完成对这三个账号的定位和包装工作。

任务要求

1. 了解账号定位的概念和作用，掌握账号定位的方法并能将所学理论知识应用于实际。

2. 了解账号包装的概念和意义，熟悉账号包装的基本原则，掌握账号名称、头像、简介、背景图这四个要素的包装方法。

知识准备

一、账号定位

（一）账号定位的概念

账号定位是指在创建新媒体账号时，确定该账号的角色设定、内容价值、风格调性、目标受众等，以便塑造独特的账号形象。

账号定位可以理解为明确账号在某个特定领域或主题中的角色和目标。就像是，一个表演者需要决定自己在舞台上要扮演什么样的角色，是专家型角色还是爱好者角色；是为了谁而表演，他们都喜欢看什么内容；演出的内容是什么，主题是哪个领域的，要以什么方式呈现；要给观众带来什么样的体验，表演风格是专业严谨的还是幽默风趣的。

（二）账号定位的作用

1. 打造差异优势

账号定位为账号塑造了一个独特的角色形象，能够帮助将账号与竞品或竞争对手区别开来，让用户快速识别和记忆，提升账号认知度。在竞争激烈的市场中，一个独特的定位更容易让账号脱颖而出，形成差异化的竞争优势。

2. 吸引精准人群

通过账号定位，运营者能够精准定位目标受众，了解目标群体的需求和偏好，制定更加精准有效的运营策略，吸引对内容、品牌、产品或服务等有需求和兴趣的精准用户群体。

3. 助力内容策划

明确了账号定位意味着明确了账号的内容方向、风格调性等内容。这样能够帮助运营者更好地规划账号输出的内容，创作出针对性强的内容，以保证账号内容的垂直度。

4. 塑造品牌形象

账号定位可以帮助运营者打造出独特的品牌形象，向用户传递特定的形象特质，如专业、亲民、幽默等，从而获取用户的好感和认同，强化品牌形象和价值主张，提升品牌的知名度和影响力。

（三）账号定位的方法

账号定位在新媒体内容营销中至关重要，因此我们需要了解和掌握账号定位的方法。当目标明确，有确定的产品或服务时，运营者可以结合具体的行业、品牌、产品或服务来确定账号的定位，以达成特定的商业目的。若是在目标尚不明确的情况下，则可以尝试参考以下的账号定位方法：

1. 确定人设定位

根据自身的天赋、兴趣、资源等，确定账号所要扮演的角色，即账号人设。天赋，如形象佳、声音甜；兴趣，如喜欢跳舞、热爱烘焙、擅长化妆；资源，如行业知识、社会人脉、优质项目等。围绕已有条件来设计账号人设，可以达到事半功倍的效果。

2. 确定内容价值

确定好账号人设之后，内容方向就很明显了。例如，美妆达人的创作方向是美妆，宠物博主的创作方向是萌宠。

在这个环节，明确内容价值至关重要，即账号产出的内容可以为他人提供什么价值，给予用户关注账号的理由和动力。例如，是能够为用户解决具体问题，还是可以为用户提供情绪价值，或是能让用户得到实际的好处？

在明确了这一点之后，就可以思考如何实现内容价值。例如，明确内容的类型和表现形式。以美妆达人为例，内容类型有图文笔记、出镜短视频或者直播带货等；表现主题可以是美妆教程，也可以是产品测评，还可以是产品推荐；表现形式方面，可以采用剧情演绎的方式植入美妆内容，或是通过模仿秀来展示美妆产品等。

3. 确定目标群体

确定内容定位后，目标用户群体呼之欲出。了解目标用户群体的相关信息，包括性别、年龄、收入、地域、性格、喜好等，对用户画像有一个比较清晰的认知。例如，宠物博主的目标人群可能是宠物爱好者、养宠人士、年轻人、高消费力人群、经济发达地区居民等。

4. 确定平台选择

不同新媒体平台的用户群体可能是不一样的，需要选择最适合目标用户群体的平台。例如，抖音平台各年龄层用户覆盖相对均衡，年轻人较为活跃；快手平台主要以三线以下城市及农村用户居多；小红书平台的用户则以年轻女性，以及一二线城市的高消费女性为主。

翻转一下

请通过网络渠道查找相关行业报告和资料，了解抖音、微博、快手、哔哩哔哩、小红书等平台的用户画像，并进行简要总结和概括。

经过对以上四个方面的分析，就能基本确定账号定位。这时，可以尝试用一句话来总结自身的账号定位。例如，一个为美食爱好者提供烹饪技巧、食谱分享和美食体验的美食博主；专注于敏感肤质研究的温和护肤品牌；等等。

综合以上内容，我们可以将账号定位的方法归纳为一张工具表，如表 4－4 所示。

表 4－4　账号定位工具表

分析角度		具体内容	分析结果
1	人设定位	外貌形象/企业形象	
		兴趣爱好	
		熟悉哪类产品/知识/行业	
		职业经历/品牌故事	
		突出能力/品牌竞争力	
2	内容价值	能解决什么问题	
		能得到什么好处	
		能提供什么内容/产品/服务	
		内容类型（图文、视频、直播、动画等）	
		表现主题（教程、测评、推荐等）	
		表现形式（剧情、模仿等）	
3	目标用户群体	受众是谁（尽可能精确）	
		年龄	
		需求	
		收入情况	
		消费能力	
		性格特征	
		兴趣爱好	
		流量池大小（潜力）	
4	平台选择	受众在哪个平台	
定位总结			

二、账号包装

（一）账号包装的概念

账号包装是指对新媒体账号的名称、头像、简介、背景图等元素进行设计和美化，以提升账号的辨识度和吸引力。图 4－1 所示是“人民日报”抖音号主页。

账号包装可以理解为给账号进行一番精心的装扮和打造，就像给一个人做妆造或是

图 4-1 "人民日报"抖音号主页

给一家店铺做装修，通过美化账号的外在形象，让人们对它有一个良好甚至深刻的印象。

（二）账号包装的意义

1. 提升账号识别度

凸显账号定位，传达角色定位、内容方向、价值主张等信息，让用户可以更容易地将自身账号与其他账号区分开来，提高账号的辨识度和认可度，有利于增强用户对账号的记忆和认知。精美、有创意的账号包装可以让用户留下深刻的印象。

2. 增强用户信任感

专业的账号包装可以增加账号的可信度和可靠性。一个精心设计的账号往往会给人留下更加专业、靠谱的印象，也让用户感受到运营者对账号的重视和用心经营，从而增加用户对账号的信任感。例如真实人像的账号头像会比与账号无关联的风景照头像更让用户信任。

3. 提升品牌形象

账号包装的精心设计将有助于塑造和强化品牌形象。特定的视觉元素设计可以传达出品牌的专业性、可信度，并且，风格独特和具有视觉吸引力的账号包装更容易吸引用户的关注，从而在众多新媒体账号中脱颖而出。

（三）账号包装的原则

1. 符合账号定位

账号包装需要体现账号定位，无论是名称、头像、简介还是背景图都应该与账号定位保持契合，以强化用户认知，提高用户信任度。比如，美妆护肤类账号不适合使用"××爱美食""××说萌宠"这种与账号定位无关的名称；专业咨询类账号不适合使用卡通动漫、日常自拍等缺乏专业性的头像。

2. 注重美观

账号包装要注重整体的美观性和质量，强化视觉吸引力，让访客感受到账号主体的认真、用心。例如，名称和简介应该使用简单好记、通俗易懂的词汇或语句，有助于用户记忆和理解；头像和背景图应该使用高清的图片，注重色彩搭配和整体风格的协调性，凸显账号特色。

3. 遵守平台规则

账号的包装需要遵守法律法规和平台规则，确保账号运营合法、合规。在进行账号包装时，确保账号的内容和行为符合国家和地区的相关法律法规，符合该平台的使用规则和社区准则，避免引发法律纠纷、账号被封禁或受到其他限制。图 4－2 所示是抖音社区自律公约中对于用户名称、头像、封面、简介、签名等账号信息的相关规则。

36. 平台账号管理规则

用户账号是用户在平台上的身份，是以用户身份使用平台服务的凭证。用户有权选择合法的字符组合作为自己的账号，并自行设置符合安全要求的密码。用户在平台注册、使用的名称、头像、封面、简介、签名、认证信息等账号信息应当符合法律法规的规定、遵循公序良俗。平台依照法律法规的规定制定账号管理规则，对用户的账号及相关行为进行管理。

（1）用户账号信息规则

平台要求用户使用个人真实信息进行注册，机构用户的账号信息应当与机构自身的名称、标识等相符合，与机构性质、经营范围和所属行业类型相匹配。用户在注册、变更名称、头像、封面、简介、签名、认证信息等账号信息时，在遵守相关法律法规要求的同时，不得使用或含有以下内容或实施以下行为：

- 假冒、仿冒、捏造政党、党政军机关、企事业单位、人民团体和社会组织以及国家（地区）、国际组织的名称、标识；
- 假冒、仿冒、捏造新闻网站、报刊社、广播电视机构、通讯社等新闻媒体的名称、标识等，或者擅自使用"新闻"、"报道"等具有新闻属性的名称、标识等；
- 假冒、仿冒、恶意关联国家行政区域、机构所在地、标志性建筑物等重要空间的地理名称、标识等；
- 假冒、仿冒、捏造其他自然人的姓名、肖像、身份信息等；
- 以损害社会公共利益、损害他人权益或者谋取不正当利益等为目的，在账号信息中故意夹带二维码、网址、邮箱、联系方式等，或者使用同音、谐音、相近的文字、数字、符号和字母等；
- 使用同音、谐音、相近文字，拼音、数字、符号、字母和无意义文字等侵犯他人合法权益、谋取非法利益或者损害公共利益；
- 含有名不副实、夸大其词等可能使公众受骗或者产生误解的内容；
- 含有法律、行政法规和国家有关规定禁止的其他内容。

图 4－2　抖音平台用户账号信息规则

另外，大部分新媒体平台不允许引流到其他平台，不允许带有明显的营销信息。

（四）账号包装的技巧

1. 账号名称

账号名称不仅是一个账号的名字，还承担着搜索词的作用，用户可以通过搜索账号名称来查看内容、访问主页、关注账号等。因此，账号名称需要遵循好记忆、好理解、好传播、定位清晰的原则。下面介绍几种命名方法：

（1）个人 IP 类。

如果账号主体是个人，可以直接使用本人的真实姓名或艺名，尤其是当个人具备的影响力足够大时，其名字也会成为一个品牌或 IP。也可以从昵称与身份、行业、地域、爱好等要素中任意选取 2～3 个要素进行搭配组合，这个方法可以非常直接地传递账号定位，让用户一看就知道这个账号主要是干什么的。账号名称示例如表 4－5 所示。

表 4-5 账号名称示例

组合示例	举例
昵称+身份	老爸测评、大白兔医生
昵称+行业	八戒说车、静静减脂塑形运动
昵称+地域	厦门阿波、TC 在深圳
昵称+爱好	阿牛爱捕鱼、吕小厨爱美食
昵称+身份+地域	一个在版纳的化妆师兔子

（2）品牌商家类。

如果账号主体是品牌、商家、团队、组织等，则可以直接使用含品牌、店铺、团队或组织的名称或简称的账号名。例如完美日记官方旗舰店、老乡鸡美食铺、观视频工作室、中国青年报、贵州文旅等，这种命名方式能够使账号被有效识别和认知，提升传播效果。

在设计账号名称时，还需要注意以下几个问题：

1）名称要简单好记，避免使用生僻字；

2）避免使用纯数字、纯字母作为名称；

3）注意重名、同质化问题，提高名称辨识度。

翻转一下

请你为李卿“女武神”新媒体矩阵账号中的女团账号取 1～3 个名称，并分别说明命名意图。注意，需在抖音和小红书平台上搜索是否存在重名、同质化等问题。

2. 账号头像

头像不仅可以帮助用户快速识别和记住某个账号，还可以传达出一些关于个人或者品牌的信息，如展示一个人的个性、兴趣、职业或展示一个品牌的风格调性等。

（1）个人 IP 类。

个人 IP 类的账号可以使用真人头像，例如写真照或形象照，以凸显专业性、增加可信度，如图 4-3 所示。也可以是动漫化的头像。

图 4-3 账号真人头像示例

（2）品牌商家类。

品牌商家类的账号头像可以使用品牌、商家、团队或组织的名称或 logo，这样有利于实现品牌曝光和传播，如图 4－4 所示。

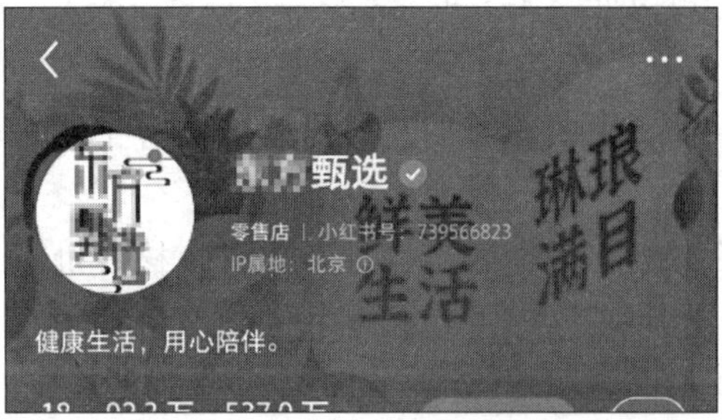

图 4－4　品牌商家类账号头像示例

（3）其他类型。

除了以上两类，像萌宠、二次元、影视作品等的账号也可以结合账号定位来设计头像，如图 4－5 所示。比如，宠物博主可以使用自家宠物的照片或者和宠物的合照做头像。

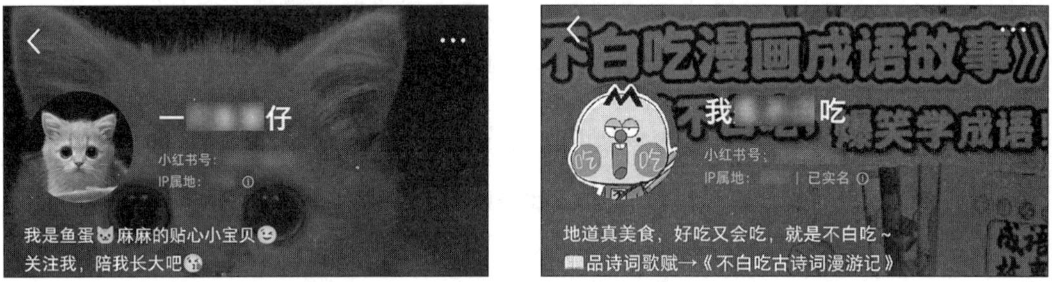

图 4－5　账号定位与头像

在设计账号头像时，还需要注意以下几个问题：

- 使用高清的图片做头像；
- 使用真人头像时，形象需得体、美观；
- 避免直接使用背景、集体大合照等做头像，缺乏亮点；
- 符合平台头像对图片尺寸和格式的要求，避免压缩变形等。

翻转一下

尝试利用稿定设计、图怪兽、创客贴、AI 绘画等设计工具，为“女武神”女团账号设计一个头像，要求简洁美观、富有创意性。

3. 账号简介

账号简介可以直接传达账号定位，简单明了地介绍账号信息，增加观众信任度。下面介绍撰写账号简介的常用方法。

（1）个人 IP 类。

在撰写个人 IP 类账号简介时，可以参考如下公式：我是谁＋我能提供什么价值＋

关注我会有什么好处。

1）我是谁：这部分可以介绍个人的身份、头衔、经历等，让用户知道你干什么的，有什么过人之处。

2）我能提供什么价值：说明账号的主要目的或内容主题，让用户知道可以从你的账号中获得什么。

3）关注我会有什么好处：强调账号的独特之处、核心价值，让用户知道为什么要关注你。

个人 IP 类账号简介示例如图 4－6 所示。

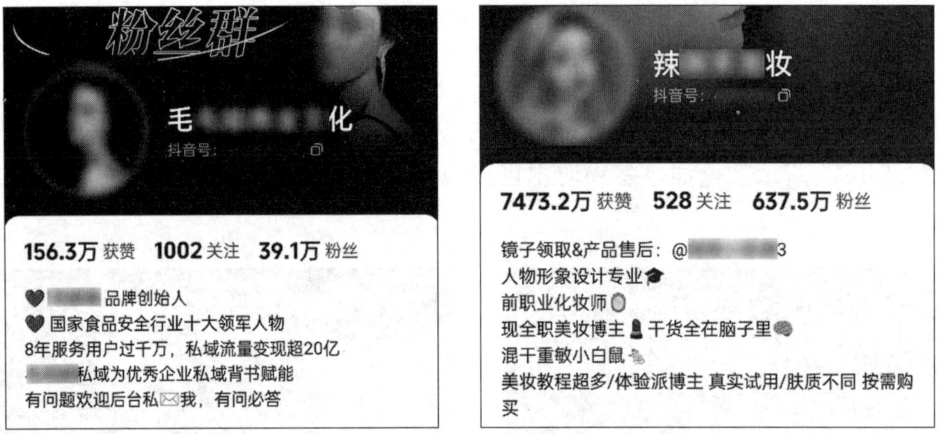

图 4－6　个人 IP 类账号简介示例

（2）品牌商家类。

撰写品牌商家类账号简介时，可以参考如下公式：我是谁＋为什么值得信赖＋能带来什么价值。

1）我是谁：可以讲述产品定位、受众人群、品牌故事等，让用户了解企业是做什么，实力如何，有什么优势。

2）为什么值得信赖：可以使用信任背书的方式来获取消费者的信任，如讲述企业历史、服务案例数量、核心成分和展示资质认证等。

小贴士

信任背书

信任背书是一种借助第三方的推荐、担保或认可，来增加自身可信度和可靠性的手段。常见的方式有：

- 利用权威专家、明星或名人等有公众影响力的人来背书，如“××权威专家研发”“××（名人）都在用”等；
- 展示相关的资质认证、专业证书或执照，如“××权威机构认证”“获得××一级证书”等；
- 使用数据背书，如“已服务了××用户”“专注某个领域××年”等。

3）能带来什么价值：点明能给用户带来的价值，如产品优惠、惊喜好礼、新人福利等。这里还可以进一步引导用户转化，如引导用户关注，接收新品推送，鼓励用户入会，解锁惊喜福利，领取下单优惠等。

品牌商家类账号简介示例如图 4－7 所示。

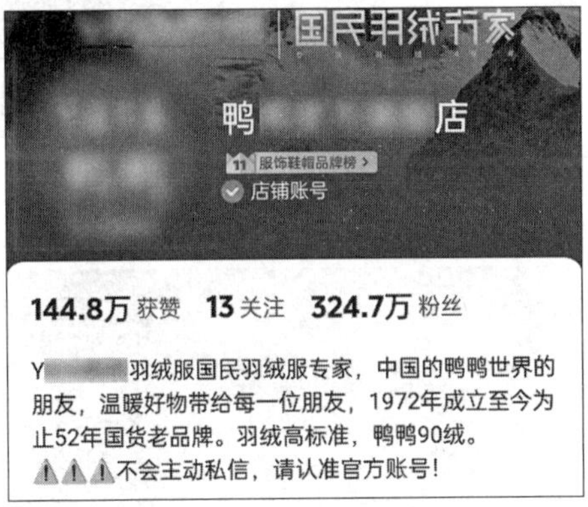

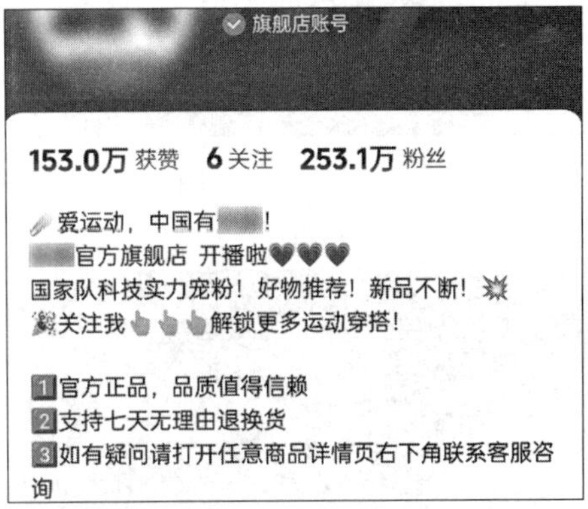

图 4－7　品牌商家类账号简介示例

在撰写账号简介时，需要注意以下几个问题：

- 逻辑清晰，突出重点和关键信息；
- 通俗易懂，避免使用过于专业或晦涩的词汇；
- 适当使用表情符号，以增加视觉吸引力；
- 文字排版简洁美观，合理划分内容结构，适当换行。

翻转一下

请在小红书或抖音平台上收集你认为比较亮眼的账号简介，说说这些简介好在哪里，要求不少于 10 个。

4. 账号背景图

背景图是访客进入账号主页时最先看到的视觉元素，它占据了账号主页的较大空间，是主页中最显眼的区域。因此，要善于利用背景图这一优势，通过背景图将重要的信息传达给用户。下面介绍几种常见用法：

（1）求关注。

“求关注”是最简单直接的一种背景图利用方式，通过文字的方式引导用户关注账号。“求关注”的文案可以使用俏皮型文案，如“谢谢你这么可爱还关注我”；也可以使用实用型文案，如“关注我　教你轻松学摄影”，如图 4－8 所示。

（2）私域引流。

和“求关注”一样，这种背景图也是以文字的方式来引导用户的行为，主要目的是让用户关注账号、进入店铺、加入粉丝群等，号召用户选择自己（品牌），让用户转化成私域客户，如图 4－9 所示。但要注意，一些平台不允许引流到其他平台。

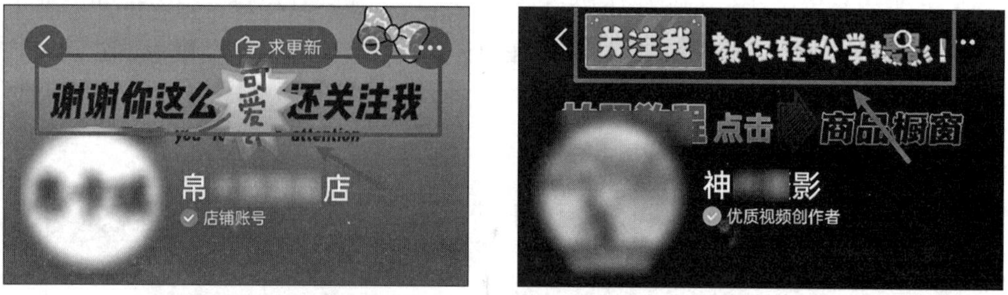

图 4-8 “求关注”背景图示例

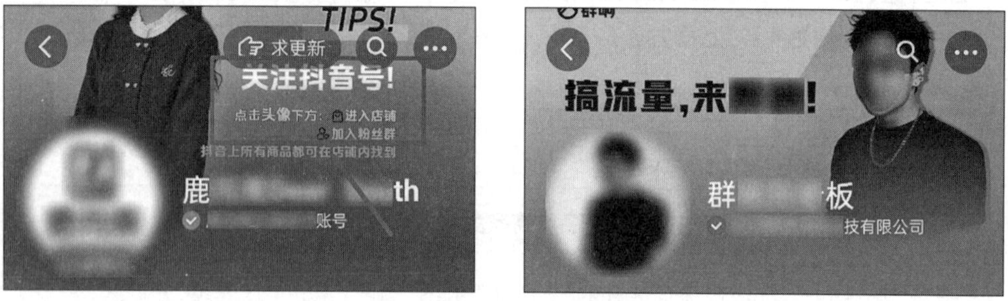

图 4-9 “私域引流”背景图示例

(3) 活动宣传。

以宣传活动为主要目的的背景图是为了配合某一活动而设置的，如在“6·18”、“双 11”、春节等期间，通过背景图来宣传活动相关信息，如活动主题、开展时间、优惠力度等，如图 4-10 所示。

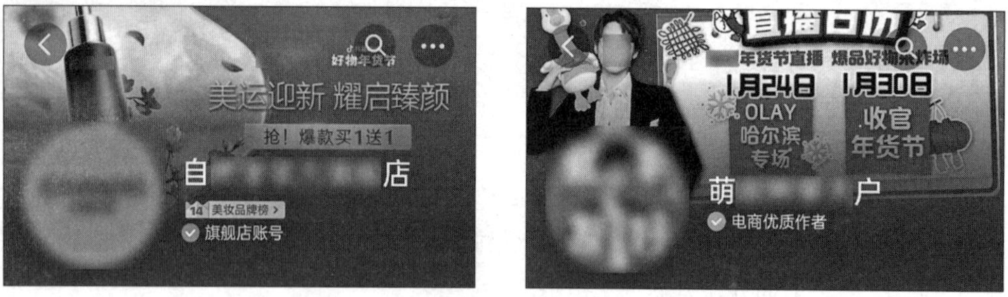

图 4-10 “活动宣传”背景图示例

(4) 强化人设。

通过背景图来强化人设的方式常用于个人 IP 类的账号。图 4-11 所示是某厨师账号的主页背景图，该图以厨房为背景，以各种食材为装饰元素，厨师本人胸前还戴着金灿灿的奖牌，这充分彰显了厨师的身份和专业性。

(5) 强化品牌。

这类背景图中的元素以主营产品图、logo、slogan 等与品牌强相关的元素为主，用于展示品牌形象，适用于品牌商家类账号，如图 4-12 所示。

图 4-11　人设相关背景图示例

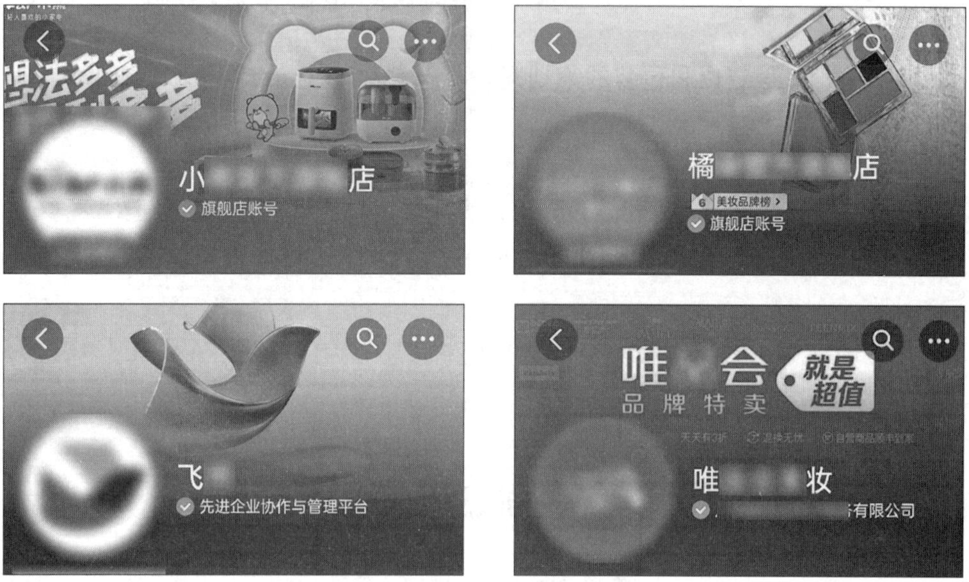

图 4-12　品牌形象背景图示例

（6）凸显定位。

背景图也可以结合账号定位来设计，以凸显账号特色，让用户快速了解该账号。例如，北京故宫博物院账号的背景图使用的是故宫建筑的照片，如图 4-13 所示。

图 4-13　凸显定位的背景图示例

在设计账号背景图时，需要注意以下几个问题：

● 保持图片清晰美观，具有辨识度；

- 图片的尺寸和格式适当，让视觉主体落在中间位置；
- 注重背景图与头像等元素在颜色、构图等方面的协调性，以提升视觉观感。

业务操作

业务名称：新媒体账号定位与包装

工作要求：

1. 请你在新媒体矩阵账号中的创始人账号、品牌账号和女团账号中任意选取一个账号进行账号定位与包装。

2. 可适当参考借鉴优秀案例，头像和图片设计可以借助图片设计网站或人工智能平台。

3. 提交一份账号定位和包装的策划案，要求表达流畅、结构清晰、通俗易懂、简洁美观。

操作步骤：

1. 选定一个账号，进行账号定位，可结合账号定位工具表完成账号定位。

2. 依据账号定位，构思和设计账号的名称、头像、简介和背景图，并说明设计意图。

3. 制作账号定位和包装策划案，以 Word 或 PPT 形式提交。

任务三 新媒体内容规划

任务引例

某自媒体博主帮公司在小红书创建了一个小众垂类的图文新号，第一篇内容在发布 3 天之后就登上了素材领域热门，单篇涨粉过百。有这样的数据是因为该博主在发布前做了大量准备工作，不仅找到该类目需求量较大的爆款选题，还在标题、笔记封面中使用了爆款率较高的关键词。具体做法如下：

首先，围绕赛道或产品尽可能多地罗列关键词。例如，该公司的产品是帮助培训机构管理的运营系统。博主围绕该产品的目标用户群体、功能、用户需求、特点，列出了“机构招生”“招生引流”“机构运营”等关键词。

其次，利用工具搜索所罗列的关键词。以“机构招生”这一关键词为例，博主使用 5118 网站搜索该关键词，将互动量按增量从高到低排序，查看该关键词下近期最受欢迎的笔记内容。在搜索时发现，与“机构招生”相关的数据最好的 10 篇笔记中有 5 篇以上都是朋友圈招生文案，说明该选题是比较受欢迎的，就将该选题纳入了爆款选题库中。

最后，结合获取的爆款选题验证选题数据。以“朋友圈招生笔记”这个选题为例，博主观察了 5～7 位作者的数据之后发现该选题的互动数据都比较高，即使粉丝数量低于 1 000 也有较高的点赞比。着重记录互动量远高于作者平均水平的笔记的标题、封面、关键词、话题标签。博主就是通过对比爆款选题的笔记与作者其他笔记的数据情况，最终找出爆款率高的选题。

任务描述

在上一个任务中，李卿成功完成了创始人账号、品牌账号和女团账号的账号定位和包装工作。现在，李卿面临着新的挑战，需要针对新媒体账号矩阵进行账号的内容规划。为了确保账号的有序运营，她将与团队成员合作，制定详细的新媒体矩阵账号内容规划，包括三类账号的内容方向、内容类型、内容呈现方式、内容发布计划等。

任务要求

1. 了解新媒体内容规划的概念，熟悉新媒体内容规划过程中需要遵循的基本原则。

2. 了解新媒体内容规划的基本要点，把握新媒体账号的内容方向、内容类型、内容呈现方式和内容发布计划的具体内涵。

3. 认识新媒体账号选题策划过程中常用到的数字智能工具，掌握新媒体账号选题策划的方法和技巧。

知识准备

一、内容规划的概念与原则

（一）内容规划的概念

新媒体内容规划是指制定和组织新媒体平台上发布的内容的过程，包括明确内容方向、确定内容类型、选择内容呈现方式、制订发布计划等。通过有计划、有组织地发布有价值的内容，来吸引和保持目标受众的关注，并实现特定的业务目标。

（二）内容规划的原则

为了确保内容的有效性和影响力，在进行内容规划时，有一些需要遵循的基本原则，具体如下：

1. 以用户为中心

新媒体账号在进行内容规划时，要先对用户画像有较为深刻的理解和把握，挖掘用户痛点和诉求，洞悉用户的真实需求和兴趣偏好。然后，根据用户画像来定制内容，确保内容与用户需求、兴趣和偏好等高度契合。

2. 内容垂直统一

保持账号内容垂直统一，持续输出与账号定位相匹配的内容，包括内容方向、内容风格、内容受众等，保持内容输出与人设形象或品牌形象的一致性，以凸显账号的专业性和可信度。

3. 内容质量优先

注重内容质量，定期发布高质量、原创且有价值的内容，以满足受众的需求，提高用户的关注度和黏性。高质量内容通常具备以下几个特性：

（1）价值和有用性：内容能够满足用户需求、解决他们的问题或提供新的知识，能为读者带来实际的帮助。

（2）逻辑和可读性：内容结构清晰，逻辑严谨，简洁明了，通俗易懂。

（3）深度和专业性：对某一主题有深入的了解，能提供独特的观点或见解。

（4）准确性和可信度：内容必须准确、可信，基于可靠的信息来源。

（5）时效性和新鲜度：保持内容的新鲜感，跟随当前的热点和趋势。

（6）互动性和参与度：内容能与用户建立连接，带动用户参与互动，如评论、分享、提问等。

（7）独特性和原创性：内容有较高的独特性和原创性，而不是简单地复制、粘贴或搬运，能够有效吸引用户的注意。

4. 数据分析驱动

数据可以在客观层面反映内容表现情况，反映哪些内容表现良好，哪些内容没有达到预期，方便对内容进行优化和改进，以提高内容质量和效果。因此，运用数据分析工具监测内容表现，根据数据反馈不断调整和优化内容规划相当重要。

5. 合法合规

在内容规划中，需遵守新媒体相关的法律法规和平台规则，确保内容合法合规。例如，不使用未经授权的图片、文字、音频或视频等素材；不在未经许可的情况下泄露用户姓名、身份信息、联系方式、社交账号等个人信息；不发布淫秽、色情、暴力、恐怖、诈骗等违法信息。

二、内容规划的基本要点

（一）明确内容方向

在新媒体环境中，确定内容方向是策划的首要任务。内容方向是指新媒体内容所关注的领域、主题或话题的范围，是整个内容创作的大方向，可以是某个行业、特定兴趣领域、社会热点等。其实，内容方向在账号定位时已经初步确定，就像上一个任务中所举例的，美妆达人的内容方向是美妆，宠物博主的内容方向是萌宠。明确内容方向对于开展后续的选题策划具有重要的指向作用。

（二）确定内容类型

新媒体的内容类型丰富，如提供情绪价值的搞笑类、鸡汤类、才艺类，输出有实用价值的干货类、测评类、种草类或带货类。内容类型的确定也需要结合账号定位。例如，某搞笑短视频账号的内容类型多以搞笑为主；某测评账号输出的内容一般以测评某类产品为主。

（三）确定内容呈现方式

考虑内容的呈现方式也是必不可少的。内容呈现方式主要涉及两点，即内容调性和内容形式。

1. 内容调性

内容调性是指在内容创作和呈现过程中所传递的情感、情绪、语气以及整体氛围。它会影响受众对内容的感受和体验，帮助塑造品牌或账号人设的形象。常见的内容调性有激情型、内敛型、生活型、文艺型、幽默型及庄重型。

2. 内容形式

内容形式，也叫文件格式，如文字、图像、音频和视频，都需要以特定的文件格式进行存储和处理。同一个内容用不同的形式会呈现出不一样的效果，因此，选择合适的内容形式很重要，除了要结合平台属性，还可以结合不同内容形式的优缺点进行选择，如表 4－6 所示。

表 4－6　不同内容形式的优缺点

内容形式	优点	缺点
图文	知识密度较高，适合传达复杂的内容；制作成本较低	阅读门槛较高；表现形式相对单一，缺乏互动性
短视频	视听效果较好；易于传播	信息传达有限；制作成本较高
直播	实时互动性强；真实性和可信度较高	直播意外难把控；对网络环境要求较高；专业设备成本较高
音频	视觉要求低；适合移动场景，如开车、健身	表现形式相对单一，缺乏视觉元素；难以传达复杂的图像或图形信息

（四）制订发布计划

制订发布计划是为了让账号保持定期、有规律性地更新。定期更新有利于让用户习惯更新节奏，建立用户期待，培养稳定的目标受众；可以树立信守承诺、专业认真的正面形象；还可以促使创作者持续稳定地输出内容。

制订发布计划可以重点考虑内容发布的时间、频率、数量等方面。具体的发布计划还需要综合考虑多重因素。

第一，结合自身创作能力。创作能力强，生产效率高的创作者可以考虑一天一更，以保持高活跃度。

第二，结合具体内容。内容不同，合适的发布时机也不同，如国庆出游攻略要在国庆假期前发布，而不是国庆假期之后发布。

第三，结合用户画像。考虑目标受众的在线时间，尽量在目标受众的活跃时段发布内容。例如，护肤博主的目标用户是对自身肌肤状态有改善需求的人群，从时间维度上来看，熬夜人群的肌肤状态容易不理想，因此护肤内容可以选择在晚上 10 点到 12 点这段时间发布。

但需要注意的是，定期发布并不意味着必须严格遵守固定的时间表。当有特殊情况或突发事件时，可以灵活调整发布的时间或频率。

知识视窗

“#”话题标签

在观看或发布内容时，我们常常可以看到这个“#”符号，这就是我们常说的话题标签。除了基本的话题分类功能，它还有什么用处呢？

一个作用是起到链接功能，点击相应的话题标签可以直达该话题的内容聚合页，从而看到更多有相似主题的内容；另一个作用是增加曝光量，通过使用相关的话题标签，内容更容易被搜索功能找到。选择话题标签时，可以带上高热度关键词，以提高内容的曝光量。

三、选题策划的技巧

选题是指在内容方向的基础上，选择要创作的具体话题或故事。它是在内容方向框架下的具体选择和实施，决定了新媒体账号要创作的具体内容。

选题策划是新媒体账号内容规划中非常重要的一环，掌握选题策划的方法和技巧十分必要。在数字智能的辅助下，内容策划逐渐脱离了直觉和经验的束缚，变得更加科学和精准。下面结合具体的数字智能工具，介绍一些内容选题的技巧。

（一）找热点

热点话题的讨论热度高，是用户关注度最高的内容之一。内容关联热点话题能够提高内容的曝光量，增加用户的关注度。因此，选题可以结合当前的热点话题，如社会新闻、网络热梗、影视综艺等，进行关联性创作。

策划选题时，可以通过查看热点榜单寻找热点话题或事件。热点榜单是依据一定的算法和标准，对当前热门话题、事件或内容进行排名的列表，展示了当前社会上最受关注、讨论度最高的话题或事件。

各个社交平台都有自己的热搜榜单，如微博热搜、抖音热榜、小红书热点榜单、哔哩哔哩热搜等。市面上也有许多平台热点榜单工具，如新榜的全平台榜单、巨量算数的算数榜单等。除此之外，还有一种热点榜单聚合网站，它汇集了众多平台的热搜榜单。下面将简要介绍三个热点榜单聚合网站，分别是今日热榜、即时热榜、果汁排行榜。

（1）今日热榜。

今日热榜（见图4－14）提供各网站平台热榜聚合，如微信、今日头条、百度、知乎、澎湃、微博、抖音等，追踪全网热点，阅读简单高效。

（2）即时热榜。

即时热榜（见图4－15）聚合了各网站平台热搜排行榜，包含微博、百度、抖音、知乎、豆瓣等全网平台热点排行榜，还有娱乐、科技、社会、财经、报刊等各类领域热门新闻排行榜。

图 4－14　今日热榜网站

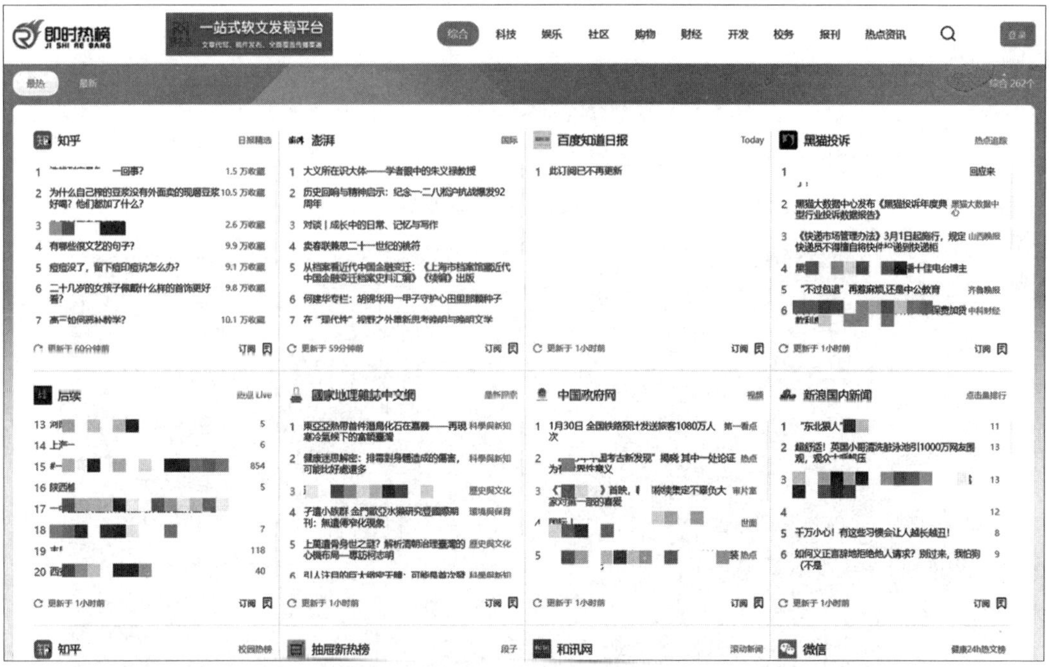

图 4－15　即时热榜网站

（3）果汁排行榜。

果汁排行榜是果汁导航旗下一键式快速查询各类排行榜的网站，如图 4－16 所示。该网站囊括了热搜、热议、影视、音乐、摄影、财富、游戏等各大领域权威排名榜单。

图 4-16 果汁排行榜网站

小贴士

热点事件传播分析工具——知微事见

知微事见是一个热点事件传播分析工具，可以搜索热点事件，以了解事件情况及前因后果。它提供了“事件库”功能，以展示近期的热点事件。

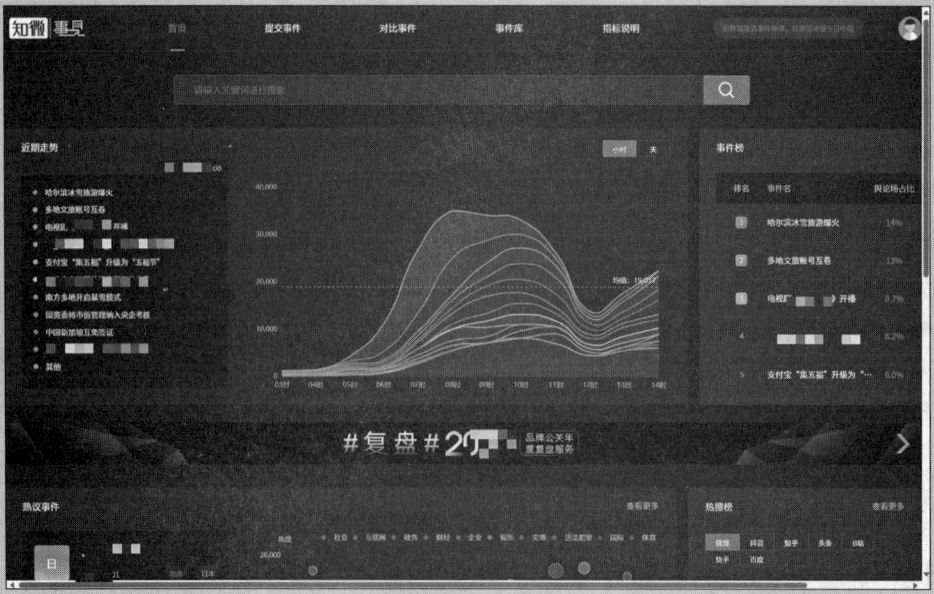

知微事见首页

知微事见提供“事件概况”模块，会从舆论场、事件热度、影响力指数、媒体参与情况四个维度对事件展开分析，并以数字趋势直观地呈现热点事件的热度趋势变化。除此之外，用户还可以从传播趋势、重要渠道、舆论聚合、人群画像、相关热搜等模块中进一步了解该事件。

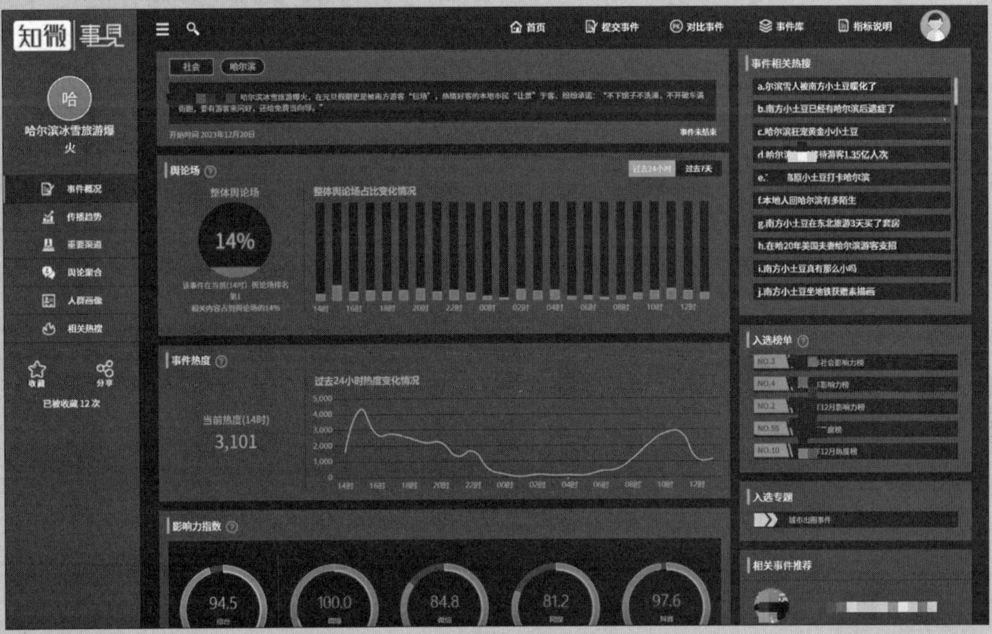

事件分析页面

职场案例

《人民日报》“中央厨房”打造的“新闻线索热点发现系统”，可以针对任意一条热点线索、选题，提供互联网聚合分析、同行业报道分析、传播情况分析、相关素材分析、网民观点分析等，为编辑记者精准决策提供支撑。

央视网人工智能编辑部中的“智媒数据链”“智闻”产品，通过挖掘全网大数据，可快速分析捕捉包括网站、App以及电视在内的全媒体实时热点信息，追踪热点发生源头与发展脉络，实时感知热点变化趋势，帮助运营人员精准挖掘有价值的素材信息，更好地完成选题策划。

（二）找日历

热点营销日历可以展示法定节假日、纪念日、往年大事件、互联网热点等内容。在选题时可以根据日历中标注的重要时间节点预先做好准备，如构思文章选题、策划营销活动等。下面介绍两个内置热点营销日历的平台。

（1）ADGuider 网站。

该网站设置了营销日历板块，日历中会自动显示当周内容，标记的内容包括节气、公历、农历、国际节日、纪念日、颁奖典礼、影视上映、重要事件、展会活动、品牌日等，如图 4－17 所示。

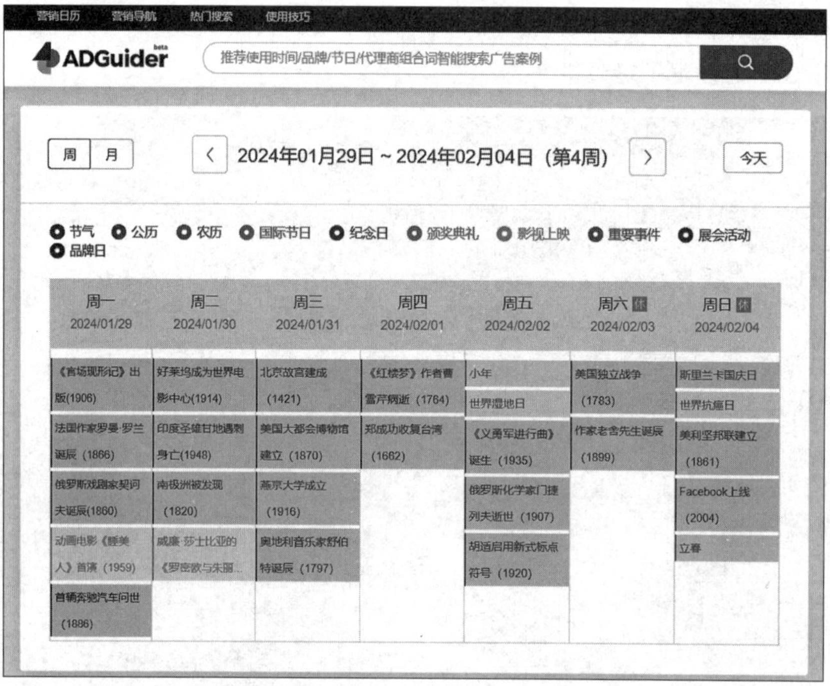

图 4－17　ADGuider 营销日历板块

（2）135 编辑器。

135 编辑器内设置了热点日历功能，选择“运营工具”，再选择“135 工具”，然后选择“实用工具”中的“营销日历”即可进入。营销日历中标注了互联网科技、节日、影视、体育赛事、纪念日、明星/名人、历史事件等内容，如图 4－18 所示。

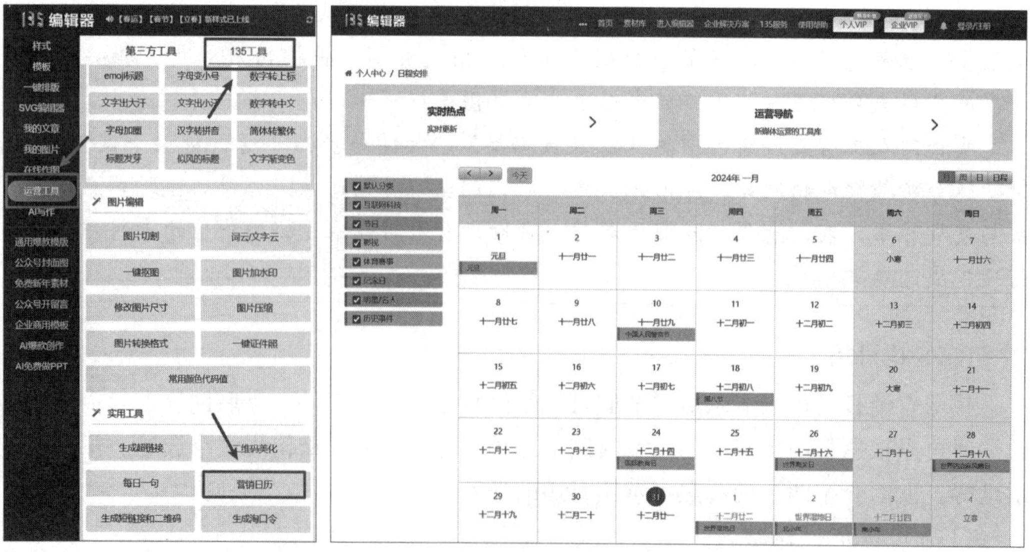

图 4－18　135 编辑器热点日历功能

（三）找评论

在策划选题时，还可以通过评论区获取灵感。评论区是一个可以直接了解读者反馈和意见的地方，可能蕴含着用户尚未被满足的需求和感兴趣的内容，而且评论区中多元的视角也可以为创作者提供新的思考方向，从而挖掘出新颖的选题。

在浏览评论时，可以将讨论热度高的话题、询问较多的问题、新颖独特的切入角度记录下来，作为后续选题的参考。图 4－19 所示为某美妆博主评论区。

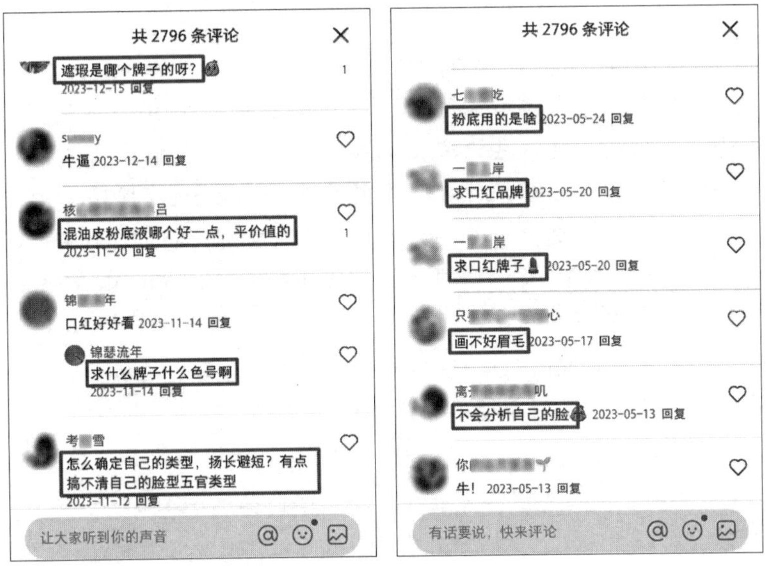

图 4－19　某美妆博主评论区

小贴士

如何培养“网感”？

“网感”通常是指一个人对互联网文化、热点、趋势等方面的敏感度和把握能力。“网感”能力强的人对网络热点的敏感度高，能够迅速捕捉到网络热点话题或事件；熟悉网络文化，能够熟练运用流行语、表情包、热梗，并能够灵活运用这些元素进行网络社交、营销推广或内容创作等。“网感”对于新媒体从业者来说，是一种非常重要的能力。那么，如何培养“网感”呢？可以参考以下经验：

- 关注网络热点：关注热门话题、事件、趋势等，了解网络上的流行文化和热点话题。
- 参与网络互动：除了发表自身意见和看法，还可以重点关注评论区的高赞评论，学习不同的观点和思维方式。
- 拆解爆款内容：大量研究爆款内容的标题、封面、选题、文案等元素，思考该内容为什么会成为爆款。
- 熟悉社交平台：掌握不同社交媒体平台的特点、规则和玩法，了解每个平台上的用户行为和内容偏好。

（四）找对标

分析对标账号或同类型优秀账号近期作品记录，了解同行内容策略和选题方向，借鉴其中优秀作品的选题方向。例如，筛选这些账号近一个月内的热门选题，并结合对应内容的评论区反馈，思考可以改进或者延伸的空间，以获取选题的灵感。

小贴士

如何获取优秀的垂类账号？

我们可以通过查询与特定主题相关的笔记来积累优秀的垂类账号资源。

例如，通过在小红书上搜索“穿搭”这个关键词，平台会围绕“穿搭”提供相关的图文笔记，通过浏览这些内容找到笔记作者。进入作者主页，我们还可以查看作者的其他笔记内容。如果作者发布的内容垂直，且数据较为稳定，就可以选择关注他。同时，基于平台的算法推荐功能，平台也会推荐更多同类型账号给我们。如此一来，就能快速构建一个垂直领域的账号资源库，供我们学习、参考、创作选题。

同样的思路，我们也可以借助数据分析工具查找同赛道的热门内容，对这些热门内容进行筛选和拆解，从中找到选题策划的方向。

找对标账号或同赛道内容可以直接在相应的新媒体平台中寻找，如搜索框。

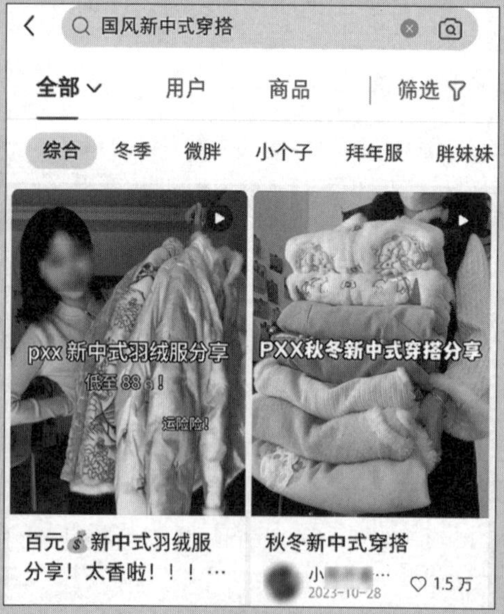

小红书“国风新中式穿搭”搜索结果

抖音“国风新中式女装”搜索结果

除此之外，还可以利用第三方数据分析工具查找，例如，小红书平台数据分析工具“新红”，抖音平台数据分析工具“新抖”。

"新红"界面

"新抖"界面

（五）借助 AI 工具

随着人工智能技术的发展，市面上出现了大量基于各种实际应用场景的 AI 工具，其中有不少智能聊天对话问答 AI 工具，如 ChatGPT、豆包、腾讯混元、通义千问等。这些 AI 工具也可以为我们提供选题策划的建议或灵感。

借助 AI 问答工具获取选题灵感的重点在于掌握提问技巧，可以通过以下提问技巧向 AI 问答工具提问：

（1）输入关键词。

输入明确的关键词，如限定目标受众、内容方向、数量要求、内容形式等。

示例：请你以 18～25 岁年轻女性为目标受众，围绕时尚穿搭策划 3 个不同方向的短视频选题。

（2）角色扮演。

赋予 AI 人物角色，让 AI 以特定角色理解所提问的内容，以便给出更精确的答案。

示例：假设你是一个新媒体策划人员，在抖音上运营一个时尚穿搭女装账号，请你为账号策划 3 个选题。

（3）提供参考。

提供参考内容，如选题案例、参考资料或类似的内容，让 AI 根据所给内容改进或延伸选题。

（4）优化提问。

当遇到某个问题不知道如何提问时，可以尝试让 AI 提供提问方法或优化提问，如图 4－20 所示。

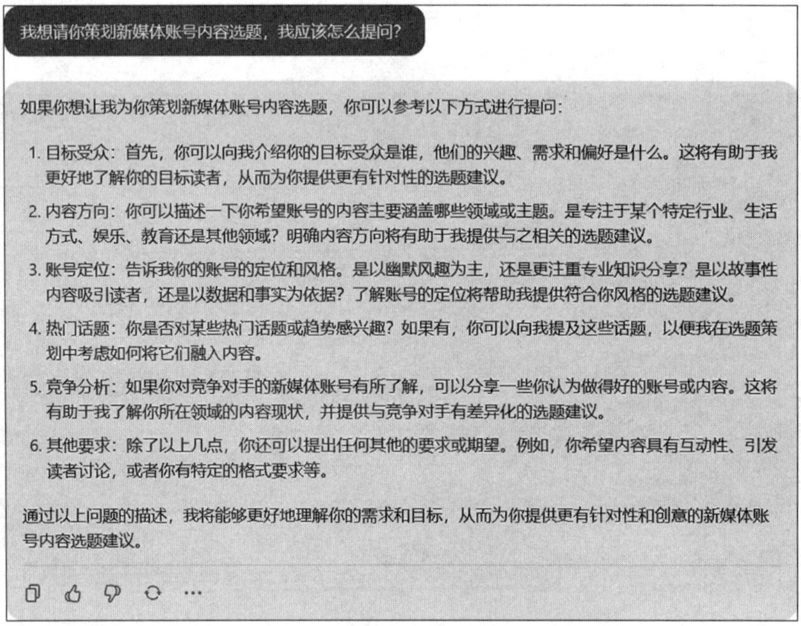

图 4－20　AI 提供提问方法或优化提问

在提问时，要采取清晰明确的提问方式，详细描述要提问的问题。当 AI 问答工具没有给出满意的答案时，可以尝试变换提问的方式多问几次。

尽管 AI 问答工具有强大的问答功能，但是它依然存在局限性。要正确看待和使用 AI 工具，不要过分依赖 AI 来解决所有的问题，而应该将其视为辅助工具，结合我们自身的判断和思考看待和解决问题。

翻转一下

请你查阅相关资料，了解和梳理 AI 工具的局限性体现在哪些方面。

（六）使用 Excel 表格随机生成

作为营销者，有时可能会出现毫无灵感头绪的时候，这时可以借助“灵感生成器”完成选题策划工作。

这里需要使用 Excel 表格工具中的 INDEX 和 RANDBETWEEN 函数，基本逻辑是将受欢迎的标签或元素填写进表格中，然后随机生成内容创意，如图 4 - 21 所示。

灵感生成器

内容策划灵感生成器

序号	领域标签	用户标签	选题	场景	流量密码
1	农产品冷知识	美食	娱乐搞笑	专业场景	影视合拍
2	保存方法	治愈	公益	山间地头	拍挑战
3	烹饪方式	童年	人生经历	菜市场	蹭热点
4	科学		日常记录		行业痛点
5	器械		行业热点		夸张
6	农家乐		方法技巧		共鸣
7			赚钱创业		凡尔赛
8			人生经历		反差对比
9					热门
10					技术流
11					

灵感生成结果（按F9刷新）	
领域标签	烹饪方式
用户标签	治愈
选题	娱乐搞笑
场景	菜市场
流量密码	蹭热点

图 4 - 21　内容策划灵感生成器

另外，也可用于策划账号定位和账号人设，如图 4 - 22 所示。

账号策划灵感生成器

序号	人设	性格	内容	展现方式	语言风格	场景	流量密码
1	打工人	暴躁	养殖	沉浸式	吐槽	菜市场	影视合拍
2	端水达人	温暖	美食	口播	朴素	家里	拍挑战
3	学生党	内敛	赶海	情景剧	段子	田地	蹭热点
4	干饭人	紧张	果蔬种植	vlog	名言名句	山林	行业痛点
5	时间管理大师	[illegible]	[illegible]日常	种草	对话	厨房	夸张
6	后浪	朴素	知识分享	测评	方言	公园	共鸣
7	[illegible]野男孩	热情		解说		店铺	凡尔赛
8	学霸	冷漠		特效		运动场	反差对比
9	大侠	中二		多口型			热门
10	学渣	绿茶		拆箱			技术流
11	爱冒险	勤劳		段子			
12	文艺	懒惰		一人多角			
13	创业多年	爽快		拍过程			
14	喜欢分享			真人出镜			
15	踏实干活			动画			

灵感生成结果（按F9刷新）	
人设	大龄青年
性格	暴躁
内容	养殖
展现方式	沉浸式
语言风格	朴素
场景	厨房
流量密码	行业痛点

图 4 - 22　账号策划灵感生成器

业务操作

业务名称：新媒体选题策划

工作要求：

1. 请你结合上个任务中选定账号的账号定位，为选定账号策划一期选题。
2. 了解和学习如何使用选题策划过程中可能会用到的数字工具。

3. 提交 3 条以上账号内容选题，并阐明选题依据。

操作步骤：

1. 结合选定账号的账号定位和目标受众，明确选题的大致方向。

2. 运用相关的选题工具和技巧，收集相关信息和灵感。例如，近期社交热点话题、同类账号的作品内容、即将到来的节日或赛事等。

3. 对收集到的选题进行筛选和评估，确定最终要提交的选题。注意考虑选题的可行性、吸引力和价值。

4. 将最终需要提交的选题和选题依据以文档的形式提交。

进阶任务

任务名称：新媒体账号运营实践

任务要求：

1. 寻找志同道合的队友，组建新媒体运营团队，人数以 3～5 人为佳。

2. 选择一个感兴趣的领域或主题，创建一个社交媒体账号（如微信公众号、微博、抖音、小红书等）。

3. 进行账号定位，明确账号的人设、目标受众、内容价值和独特卖点等。

4. 设计账号包装，包括账号名称、头像、简介、背景图等。

5. 制定内容规划，包括明确内容方向、类型、呈现形式等，制作发布计划表。

6. 进行选题策划，制作和发布有质量、有价值的内容。

7. 根据数据表现，不断调整运营策略。

岗位说明

岗位名称：新媒体内容策划

新媒体内容策划岗位主要负责制定和执行新媒体平台的内容策略，以实现吸引目标受众，提升品牌影响力等目标。

工作职责：

1. 负责运营及维护抖音、快手、视频号、公众号、小红书、微博、哔哩哔哩等新媒体账号，制定平台运营规划、内容选题策划等。

2. 负责日常文案内容的策划和撰写，定期产出符合品牌调性的优质内容。

3. 负责内容选题、架构、脚本直至内容成品整个流程的把控和跟踪，对内容质量、用户活跃度和转化率等结果负责。

4. 能够独立策划、运营新媒体，包括新媒体板块设计、主题撰写、热点策划、互动活动等。

5. 负责组织策划热点话题和线上活动，并跟踪活动效果产出相应的活动总结报告。

6. 负责对新媒体平台运营数据进行汇总、整理、分析，根据效果及时调整内容策略，不断进行内容运营创新，提升内容影响力。

7. 收集行业热点和竞品爆款内容，不断优化和提升内容形式和内容质量，对内容运营体系进行升级和迭代。

任职要求：

1. 熟悉新媒体运营，熟悉抖音、快手、视频号、公众号、小红书、微博、哔哩哔哩等各类社区运营规则和玩法。

2. 具备优秀的内容策划能力，能快速抓取最新热点资讯，结合不同平台调性输出对应的内容调性、内容规划，网感强。

3. 具备文案撰写能力，有较强的创意思维及文字功底。

4. 具备审美能力，画面感强，有较好的构图能力和创意。

5. 具备数据分析和洞察能力，能够运用分析工具评估效果并提供优化建议。

6. 有平台内容策划经验或项目营销传播方案策划等相关经验。

7. 工作责任心强，执行力强，有良好的职业素养和团队合作意识。

任务四　新媒体商务合作

任务引例

六神的小红书营销实践

六神作为老牌国货，也在积极探索新媒体营销。在小红书平台上，官方账号投放产品的另类使用场景，赋予产品新用途。同时，六神花露水与小红书达人形成合作关系，营销活动前期，由大量的初级达人分享六神相关产品笔记，营造一定的热度。临近营销节点时，由腰部达人分享产品的不同用法，并开展“夏日战痘计划”等活动，进一步增加品牌曝光量。当笔记互动量达到峰值时，发布与小红书头部达人合作共创的短片内容。最终，营销效果超出预期，并引起大量用户自发进行“内容二创”，如图 4 - 23 所示。

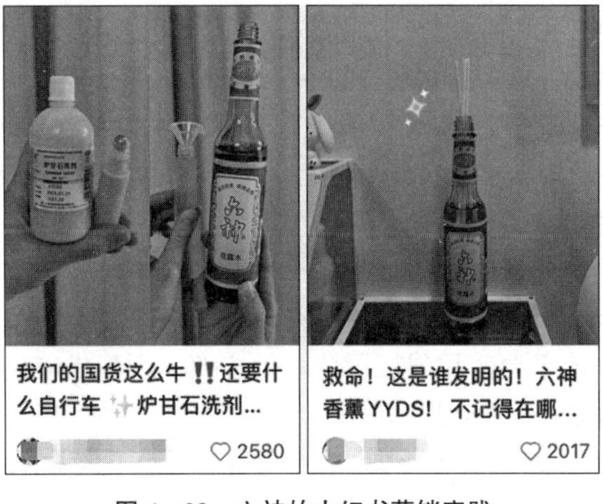

图 4 - 23　六神的小红书营销实践

任务描述

通过商务合作可以快速推进新媒体内容营销业务的开展，并快速取得营销效果。例如，寻求和MCN机构合作，可以快速完成账号策划、运营培训、人设包装、内容拍摄、达人对接、商家对接等工作。

这些工作如果完全由自身负责，那么需要花费大量的时间和资源，且效果不一定比商务合作更好。

懂得优势互补、资源整合是解决问题的另外一种思路，对于营销者而言，它是更重要的能力。

本任务里，李卿的“女武神”女团账号成功积累了几百万精准粉丝，且内容数据优秀，评论数动辄成千上万。拥有“大量流量”后，李卿想通过商务合作的方式，找到合适的广告主，共同开发这些流量的价值。

任务要求

1. 熟悉新媒体商务合作的概念与作用，了解新媒体商务合作的常见类型。
2. 懂得根据自身账号的优势与价值，找到合适的合作对象。
3. 能够撰写优质的项目介绍文案，用于提高合作意向。
4. 尝试编写合作协议，清楚合作协议的内容组成和制定协议的注意事项。

知识准备

一、认识新媒体商务合作

（一）商务合作与新媒体商务合作的概念

1. 商务合作的概念

商务合作（Business Cooperation）是指两个或多个企业、组织或个人在某一特定业务活动中，通过多种形式，包括合同、协议、贸易、科技开发、技术转让、联合创业、联合投资等形式，为取得更多商业利益的一种长期或短期、正式或非正式的合作关系。

常见的商务合作有联合生产、联合销售、技术合作和资金合作，企业通常想通过商务合作改善资源不足、资金不足、技术不足、人才不足等现状，获得降低成本、扩大市场、提高竞争力等效果。

2. 新媒体商务合作的概念

新媒体商务合作是指围绕新媒体业务形态开展的系列合作，新媒体是一个相当庞大的产业链，涉及新媒体平台、品牌商、技术供应商、产品供应商、MCN机构、用户、新媒体达人等。它们之间存在合作的需求。

通常开展数智营销业务，各个板块、各个流程、各个工具无法都由自身解决，作为营销者要具备商务合作的意识和能力，能够通过商务合作的形式取得良好的数智营销效果。

小贴士

商务合作对营销者的意义在于能够帮助营销者掌握解决问题的资源，而解决问题对于企业来说，是评估员工是否优秀的重要指标。

若你能解决一个项目中的所有流程，你就具备管理一个项目的能力；若你能完成一个业务中的所有项目，你就具备负责一个业务的能力。但是，并不需要每个流程、每个项目都亲力亲为，最好有优秀的合作伙伴可以解决其中某些问题，他可以是一家提供技术的企业，也可以是一个网络达人、想要卖货的商家或者关系不错的大客户。

营销者也是一名资源整合者，拥有多方的数智营销资源是营销者的核心竞争力之一。要懂得积累资源，当资源积累越来越多，你的价值将越来越高，因为价值和你能解决多大的问题、解决多少问题有关。

（二）新媒体商务合作的类型

新媒体商务合作通常分为以下几种类型：

1. 达人合作

达人分为 KOL 和 KOC。KOL 是指关键意见领袖，指那些在特定领域或行业有较高影响力的人物，他们的意见对该领域受众有较大影响力，常见为行业专家、头部主播、娱乐明星等。KOC 是指关键意见消费者，他们在某些产品消费上拥有丰富的经验和见解，他们通过自身的使用体验和“种草”推荐，去影响普通消费者购买志向，常见为产品评测博主、商品评论区主要买家等。

借助达人合作，可以快速扩大在消费者中的影响力，在规划数智营销业务时，梳理本领域相关达人的资料，思考如何合作。

翻转一下

情境代入：李卿计划在高校市场推广“女武神”品牌，作为数智营销经理的你，请制订 KOL 和 KOC 合作推广计划，并说明合作的亮点和预期回报。

2. 供应链合作

供应链合作是指企业与其产品或服务的供应商、生产商或分销商之间建立的合作关系。它是一个庞大的体系，假设我们是分销的角色，则重点在于选品和利润空间分配；如果是供应商的角色，则重点在于分销商的选择和利润空间分配。

两者都强调了利润空间分配，这是因为它是双方合作的前提。在规划供应链合作或其他合作时，要梳理清楚各方成本和回报，合理分配利润空间。

翻转一下

情境代入：假设你是一个 MCN 机构的数智营销经理，该 MCN 机构旗下拥有多个百万粉丝的旅游达人账号，你将找哪些“供货商”合作？为什么？

3. 广告业务

广告是指企业为了推广产品、服务或品牌而在各种媒体上展示的宣传信息。通常称投放广告的企业为广告主。为广告位拉来广告主的行为叫作“招商”。

当前一些平台或 MCN 机构专注于数智营销领域的广告业务，它会邀请达人入驻，相当于汇总了“广告位”，另一方面对广告位进行招商，邀请各大企业与平台达成广告业务合作。

除了这种甲方、乙方性质明显的合作方式，还有联名营销（或跨界营销）方式，它在新媒体时代也非常流行。联名营销是指两个或多个品牌合作推出共同产品或活动，通过结合各自的品牌影响力和资源来共同开展营销活动的一种营销方式。这种合作通常能够达到双方互惠互利的效果。在规划数智营销业务时，可以对潜在的联名营销合作对象进行思考，并给出互惠互利的点。

4. 技术方案

技术方案是指为了提高新媒体内容营销业务的效率和工作质量而采购的一些技术或工具，涉及 SCRM 系统、数据中台、第三方数据平台 VIP、素材网企业 VIP、AI 外呼、人工智能平台 VIP、付费投流方案等。

5. 代运营

代运营业务常见于电商领域，是指一些具有线上网店、带货直播间专业运营能力的机构为合作方提供的网店或直播间代运营的业务。

如果细心观察，可以发现，一些品牌拥有大量的直播间，每个直播间并不都是直营，而是采用第三方代运营的方式搭建直播账号矩阵。

二、新媒体商务合作的准备

（一）合作对象的确定

结合实际企业资源现状和新媒体业务规划，梳理出潜在新媒体商务合作对象清单，如表 4－7 所示。

表 4－7　潜在新媒体商务合作对象梳理

<table>
<tr><th rowspan="2">新媒体工作事项</th><th rowspan="2">潜在合作对象</th><th colspan="2">合作对象
（合作对象简介、与其合作的好处、与其合作的风险、联系人与联系方式）</th></tr>
<tr><th>合作对象一</th><th>合作对象二</th></tr>
<tr><td>账号策划与 IP 打造</td><td>MCN 机构、传媒公司、数智营销平台</td><td></td><td></td></tr>
<tr><td>内容创作</td><td>短视频拍摄团队、AI 工具、达人、兼职人员、内容创造者、联名营销伙伴</td><td></td><td></td></tr>
</table>

续表

新媒体工作事项	潜在合作对象	合作对象（合作对象简介、与其合作的好处、与其合作的风险、联系人与联系方式）	
		合作对象一	合作对象二
内容推广	达人、新媒体平台、文章投稿平台、广告平台		
私域用户运营	客服外包、用户运营软件、AI 外呼、裂变工具		
产品销售	带货达人、产品供应商、分销商、跨界合作伙伴		
数据监测与分析	数据分析工具、第三方数据平台、行业协会、行业研究机构、软件开发公司		

翻转一下

小组实践：假设你们是李卿公司的数智营销团队，李卿计划在抖音平台开设品牌创始人账号，根据当前时空背景，请帮她罗列运营该账号潜在的新媒体商务合作对象。

（二）项目介绍文案的编写

在商业合作中，甲方和乙方是用来区分合作双方的常见称谓。通常情况下，甲方是提出需求和要求的一方，也就是委托方或需求方；乙方是接受委托并提供相应服务或产品的一方，也就是受托方或供应方。

一个企业有自己的客户，也有可能是别人的客户。处于“乙方”角色时，要编写一份项目介绍资料，说明项目背景、项目优势、合作收益、合作形式、成功案例等内容，以便在寻求商务合作时，能够事半功倍。

当然，不同的业务，不同的客户，不同的商务合作类型，项目介绍的内容有区别。但总体结构如表 4－8 所示。

表 4－8　项目介绍文案的总体结构

内容	解释	文案
项目背景	项目背景包括项目的发起背景、市场需求背景、行业背景等内容，用于说明项目的意义和必要性。项目背景也可以用来介绍项目的目标、范围和预期成果，以及项目实施的基础和条件	

续表

内容	解释	文案
项目优势	指项目相对于其他类似项目或解决方案的优越性和亮点。项目优势包括技术优势、市场优势、资源优势等，用于突出项目的独特性和竞争力。项目优势也可以用来说明项目的价值和可行性，吸引合作伙伴和投资者的关注和支持	
合作收益	指合作双方在项目合作中可以获得的收益和利益。合作收益包括经济收益、市场收益、技术收益、品牌收益等方面的利益，用于激励合作伙伴参与项目合作并共同分享合作成果。合作收益也可以作为合作协议中的重要条款和约定，明确双方在合作中的权利和责任	
合作形式	指合作双方在项目合作中采取的具体合作方式和形式。合作形式包括合作模式、合作机制、合作方式等方面的内容，用于规范和指导合作双方在项目合作中的行为和关系。合作形式也可以根据项目的实际情况和合作双方的需求进行灵活调整和变更，以实现合作的最大化效益	
合作须知	指合作双方在项目合作中需要遵守的规定和注意事项。合作须知包括合作协议的签订和履行要求、合作双方的权利和义务、合作过程中的沟通和协调方式等内容，用于确保合作双方在项目合作中的合法权益和合作顺利进行。合作须知也可以作为合作协议的附件或补充条款，明确双方在合作中的行为规范和合作原则	
成功案例	指过去项目合作中取得的成功案例和经验。成功案例包括合作项目的背景、目标、实施过程和成果等方面的内容，用于展示合作双方在项目合作中的能力和成就。成功案例也可以作为合作双方未来合作的参考和借鉴，帮助双方更好地开展合作	

翻转一下

课堂实践：经过一段时间的运营，李卿旗下的“女武神”女团账号有了一定的知名度和热度，粉丝数量突破五百万，粉丝大多为高校学生和职场新人。拥有流量之后，李卿计划开展新媒体营销业务，寻求广告或品牌代言合作。现在要在官网介绍这个项目，请结合上述表格和企业现状，完成项目介绍表格。

（三）潜在合作对象调研

这项工作非常关键，上一个工作成果“项目介绍文案”可能不完善，我们允许它有一定的容错率。从零到一策划一个项目方案并不是一蹴而就的。

受限于项目方案策划人员自身的成长经历、职业和认知，项目方案可能存在对市场认知不足的情况。为了弥补这一缺陷，需要对潜在合作对象进行调研。潜在合作对象类型有商家、渠道和分销商。

本文以教材情境为例，通过面对面沟通的方式进行潜在合作对象调研。

(1) 确定调研对象。

对接上一个【翻转一下】任务，团队发现“女武神”女团账号粉丝大多为高校学生和职场新人，他们有职场培训和形象打扮等需求，于是将“职业培训机构”“美容”“美发”“美妆”等品牌作为潜在的“广告主”。

(2) 设计议题。

议题是指调研的话题，这个需要提前设计好。将项目介绍资料给予对方，简单介绍项目后，就可以开始调研，一般包含表 4-9 所示的议题。

表 4-9 潜在合作对象调研的议题

议题	职业培训机构	护肤品牌
项目对你们是否有价值？合作难点在哪？合作有什么建议？		
以往是否和新媒体达人合作过？效果如何？遇到过哪些难题？		
关于“女武神”女团账号新媒体营销业务竞争力的看法和建议		
关于合作模式的看法和建议		
关于费用的建议		
…………		

小贴士

调研不要停留在纸面上，需要具体的实践行动。如果不能拜访企业总部，那就到具体的网店或线下店铺中找到相关从业者，然后对其进行拜访。调研的目的是了解潜在合作对象对项目竞争力的看法、对项目市场前景的看法，他们接触过大量的客户，对市场十分了解，可以让他们评估项目是否会受客户欢迎，据此调整优化项目方案。

（四）合作协议的签订

合作协议是指两个或多个组织、企业或个人之间就特定合作事项达成的书面协议。合作协议通常包括合作的内容、方式、期限、权利、义务、分成比例、保密条款等内容，旨在规范双方的合作关系，保障双方的合法权益，促进合作顺利进行。

双方确定了合作意向，并就合作内容、合作方式等达成一致时，可以签署合作协议，但要注意表 4-10 中所列的事项。

表 4-10 签订合作协议的注意事项

注意事项	内容
合作内容明确	合作协议中应明确双方的合作内容、目标、责任、义务、权利、禁止事项等，确保合作双方对合作内容有清晰的认识
权益保障	合作协议应充分保障双方的合法权益，包括知识产权、商业秘密、经济利益等，避免出现权益受损的情况
风险控制	合作协议应考虑各种风险因素，包括市场风险、合作方信用风险等，制定相应的风险控制措施，降低合作风险
合作期限和解除条件	合作协议中应明确合作的期限、解除条件、解除程序等，确保合作双方在合作过程中的权利和义务得到充分保障
保密义务	合作协议中应包含保密条款，明确双方在合作过程中对涉及商业机密的信息、资料等的保密义务，避免信息泄露
法律适用和争议解决	合作协议中应明确适用的法律和争议解决的方式，避免因法律适用和争议解决方式不明确而导致的纠纷
合作成果分享	合作协议应明确合作成果的归属和分享方式，确保合作双方在合作结束后能公平分享合作成果
合作细节落实	合作协议中应详细规定合作的具体细节，包括合作方式、合作流程、合作资源等，确保双方能够按照协议顺利开展合作
合作协议变更和补充	合作协议中应规定合作双方变更和补充协议的方式和程序，确保双方能够根据实际情况进行合作协议的变更和补充

业务操作

业务名称：拟定合同

工作要求：

1. 有一家面向应届生的职业技能培训机构有意向和“女武神”团队合作，主要合作内容有剧情短片拍摄、培训产品植入、直播带货和联名营销，请据此拟定某种合同。

2. 从“新媒体推广合同”“分销合同”“内容创作服务合同”中选择一种，进行合同拟定工作。

3. 可从网络上查找合同范本进行模仿学习。

操作步骤：

1. 收集合同范本。

2. 分析情境，选择某项业务拟定对应的合同内容。

3. 合同交由同学（扮演合作方角色）审核，根据同学反馈调整合同条款。

练一练

一、单选题

1. 以下不属于新媒体特点的是（　　）。

A. 便捷性　　B. 即时性　　C. 互动性　　D. 随机性

2. 新媒体内容营销可以解决以下（　　）问题。

A. 企业品牌曝光不足　　B. 企业品牌生产效率低

C. 企业供应链不完善　　D. 企业商品价格浮动过大

3. 以下不属于新媒体内容营销评估指标的是（　　）。

A. 阅读量　　B. 点赞数　　C. 转化率　　D. 栏目数

4. 以下不属于账号包装的意义的是（　　）。

A. 提升账号识别度　　B. 增强用户信任感

C. 提升品牌形象　　D. 提升内容质量

5. 以下不属于新媒体内容营销的特点的是（　　）。

A. 互动性强　　B. 传播速度快

C. 内容形式单一　　D. 受众定位精准

二、判断题

1. 新媒体内容营销的核心是提供对目标受众有价值的内容，而不是直接宣传产品或服务。（　　）

2. 新媒体内容营销的效果可以立即显现，不需要长期投入和坚持。（　　）

3. 新媒体内容营销与传统营销方式相互独立，不需要结合使用。（　　）

4. 为了确保内容的有效性和影响力，在内容规划时要以用户为中心，洞悉用户的真实需求和兴趣偏好。（　　）

5. 在内容规划中，需遵守新媒体相关的法律法规和平台规则，未经许可不可泄露用户姓名、身份信息、联系方式和社交账号等个人信息。（　　）

三、思考题

新媒体是如何赋予用户"高话语权"的？请搜索相关资料，回答此问题。借助问答式 AI 工具（如文心一言）完善你的答案，如向 AI 输入以下提问：

【现在有一个问题：新媒体是如何赋予用户"高话语权"的？

我的回答是：××××××××××。

请你给我的回答评分，满分是 10 分，如有扣分，解析被扣分的原因。】

实训任务评价四

项目五 推荐引擎营销

学思浅悟

诚信营销：构建健康的信息流广告

信息流广告存在夸大效果、剧情浮夸和虚假宣传等问题。这些问题不仅损害了消费者的权益，也破坏了广告行业的秩序和形象。

作为营销者要坚守职业道德，遵守法律法规，坚守诚信原则，确保广告内容的真实性和准确性，不夸大其词或误导消费者。这是信息流广告设计的基石，也是职业道德的核心要求。

同时，还应关注广告的社会影响，积极传播正能量，避免传播不良信息或引发社会负面影响的信息。

教学目标

知识目标：

1. 了解推荐引擎营销的概念，清楚内容推荐的基本过程，熟悉内容推荐的规则。
2. 熟悉推荐引擎营销的两种类型，掌握自然流量模式的概念及关键点，掌握付费流量模式的概念及关键点。
3. 清楚受众定向的概念，掌握受众定向方法。
4. 熟悉流量广告的概念与类型，清楚流量广告的特征。
5. 掌握信息流广告内容的一般结构。

技能目标：

1. 能够按照内容推荐的规则策划与创作对推荐引擎友好的内容。
2. 掌握自然流量玩法，能够为业务搭建高效的自然流量业务模式。
3. 掌握付费流量玩法，能够为业务搭建高效的付费流量业务模式。
4. 能够完成目标受众定向，完成流量广告投放工作。
5. 能够根据业务和目标客户特征，进行信息流广告的设计。

素养目标：

1. 提高数字素养，能够有效地搜索、筛选和评估数字信息，能够使用数字化工具分析和解决问题。

2. 培养自主学习和终身学习意识，有效利用人工智能、行业报告网站、资讯平台等学习渠道完成自主探索学习。

3. 培养实际问题解决能力，实事求是，并勇于表达自己的见解和创意。

4. 提高社会责任感，将所学所做和家乡或学校所在城市产业相结合，积极探讨发展存在的问题，并思考解决方案。

引导案例

中国常见推荐引擎

今日头条：今日头条是一个基于个性化推荐的新闻资讯应用，通过分析用户的兴趣和行为，为用户推荐个性化的新闻内容。

抖音：抖音是一个短视频分享平台，通过推荐算法为用户提供符合其兴趣的短视频内容。

淘宝：淘宝是中国最大的电子商务平台之一，它使用推荐引擎为用户推荐商品，根据用户的购买历史、浏览行为和喜好进行个性化推荐。

爱奇艺：爱奇艺是一个在线视频平台，它利用推荐引擎为用户推荐电影、电视剧和综艺节目等视频内容。

微信：微信是一款流行的社交媒体应用程序，它的“看一看”和“搜一搜”功能使用推荐算法为用户推荐文章、公众号和其他内容。

美团：美团是一个生活服务平台，它通过推荐引擎为用户推荐餐厅、美食、酒店等本地生活服务。

京东：京东是一个综合电商平台，它使用推荐引擎为用户推荐商品，根据用户的购买历史、浏览行为和偏好进行个性化推荐。

案例思考

越来越多的平台使用了推荐引擎，为什么？

任务一　确定目标受众定向维度

任务引例

旅游预订平台的推荐引擎营销

广告主背景：广告主为中国一流的一站式旅游预订平台之一，网站拥有国内齐全的旅游产品线，提供国内 20 000 余家及海外 100 000 余家酒店的预订服务，覆盖全国所有航线的机票预订、8 000 余家景区门票预订、全球热门演出门票预订、200 多个城市租车预订、境内外品质旅游度假预订等，现已成为中国增长速度极快的旅游预订平台。

推广目标：广告主希望通过短视频平台导入流量、获得大量曝光，达到品牌宣传效果，也期望抓住国庆节和中秋节黄金节点，通过目标受众定向技术和流量广告，获取订单收入。

目标受众定向维度如下：

● 人口属性定向：年龄在 25～45 岁，一、二线城市，收入较为稳定，注重生活品质的白领、公务员、企业高管等。

● 兴趣定向：喜欢旅拍、旅游分享、海淘、美食分享，热爱户外运动，喜爱民宿、民俗。

● 行为定向：30 天内查看过旅游类 App、浏览过旅游类相关信息的人群，30 天内购买旅游相关产品的人群，30 天内点击过旅游相关广告的人群。

投放过程：前期小成本测试流量广告效果，不断优化定向条件，对不同创意素材进行优化，最终达到品效双优的目标。

任务描述

为内容或广告投放流量广告时，需要确定投向哪些人群，这就涉及目标受众的定向维度。这相当于告知推荐引擎，我们希望它把内容推给什么样的人群。

本教材情境中，李卿前期计划先塑造人设，积累粉丝后再开始女装业务。她拍摄了品牌故事系列视频，主要内容是她到日本、韩国、越南等国家寻找中国传统服装文化在海外的影响力。

为了获取关注，她采取了两种方案，一种是向传统媒体投稿或付费让传统媒体登报，另一种就是投放流量广告为视频内容加热。现在她要求数智营销经理明确目标受众的定向维度，作为数智营销经理的你，需要根据视频内容、业务规划和目标客户群体的特征，梳理出这些视频内容恰当的受众定向维度。

任务要求

1. 掌握推荐引擎营销的概念与推荐规则，能够利用规则创作出对推荐引擎友好的内容。

2. 了解两种推荐引擎营销模式，能够根据业务需要设计高效的自然流量模式或付费流量模式。

3. 清楚受众定向的概念，掌握受众定向方法，能够根据业务需要明确内容或广告的受众定向维度。

知识准备

一、认识推荐引擎营销

（一）推荐引擎营销的概念

推荐引擎营销是一种利用推荐引擎在互联网媒体上进行营销的手段。它可以通过分析用户的历史行为、兴趣和偏好，构建用户标签，然后根据标签向用户提供个性化的内容、产品或服务，这种方式可以提高营销效率和质量。具体来说，推荐引擎营销包括以下几个方面：

（1）推荐内容优化：这是指在不投放广告费用的情况下，通过优化内容来增加广告展示的机会。这种优化基于用户的需求和兴趣，目的是更好地满足用户并提供相关广告内容。

（2）推荐引擎广告营销：这是一种通过推荐引擎在互联网媒体上发布广告的方法，目标是吸引和引导用户关注特定的产品或服务，并通过智能算法匹配最合适的广告内容给潜在客户。

在实际应用中，推荐引擎可以根据用户的行为数据（如点击、搜索、订阅等），形成用户画像，并根据这个画像为用户提供定制化的内容和广告。这种方法可以帮助品牌从海量信息中脱颖而出，提升与目标用户的互动效果，从而增强品牌知名度和用户体验。

赛题链接

赛事：2023 年全国职业院校技能大赛高职组“GZ046 市场营销”赛项

模块：比赛模块三—数字营销—任务 3-1 推荐引擎营销

任务内容：

推荐引擎营销是一种有效的数字营销手段，通过使用推荐算法和机器学习技术，可以在产品或服务页面中自动推荐用户感兴趣的内容或产品，提高用户的满意度和忠诚度，增加产品或服务的销售量。

因此，A 家电有限公司计划在推荐引擎上开展营销活动，通过在投放后台设置投放地域、投放媒体、投放受众、广告位置等方式圈定目标受众，以确保数字广告创意最大限度触达潜在目标客户，从而提升广告转化率。请根据企业网站介绍与产品或服务介绍，结合营销预算，在竞赛当日，实施推荐引擎营销策略，以付费方式获得不同广告位置网页信息的强势展现机会，将信息传递给目标受众，促进品牌认知度提升与商业价值变现。

任务要求：

1. 通过人群标签定向，圈定目标受众，提高目标受众定向的精准度，减少无效展现与无效点击。

2. 根据推荐引擎竞价广告排名规则，实施推荐引擎营销策略，在有限的营销预算范围内，尽可能多地获取广告展现量、点击量，提升广告点击率。

任务操作：

1. 依据推荐引擎账户搭建规则与技巧，搭建推广计划、推广单元。

2. 结合推荐引擎广告营销目标受众定向维度，完成推荐引擎目标受众定向设置。

3. 结合推荐引擎广告排名与扣费规则，进行目标受众出价。

4. 根据创意设置的原则，进行创意设置。

（二）内容推荐的基本过程

推荐引擎推荐内容的基本过程如下：

（1）内容初审：在内容被推荐给用户之前，平台会对其进行初步审核，以确保其符合平台的规则和政策。如果内容不符合规则，它可能会被退回不予收录，或者被限制推荐。对于严重违规的情况，账号可能会受到惩罚甚至被封禁。

（2）首次推荐：当成功发布内容后，系统会尝试推荐一波流量给内容。首次推荐的目标用户一般是泛流量，系统可以根据泛流量中对内容感兴趣的用户标签进一步判断内容所属标签和内容的质量。然后，根据这些用户的反馈信息，如点击率、收藏数、评论数、转发数、页面停留时间等，来决定下一批的推荐量。这些反馈信息的数据越好，说明内容越优质，系统会相应地增加推荐量。

（3）二次推荐：在首次推荐之后，系统会根据内容的点击率等指标来确定二次推荐的推荐量。一般来说，推荐的时效期为 24 小时、72 小时或一周，之后推荐量会明显减少。

（4）内容复审：当推荐量很大或者负面评价较多时，内容会被重新审查。如果在复审时发现内容存在“标题党”、“封面党”、低俗、虚假等问题，将会停止推荐，严重违规的内容甚至会受到惩罚。

翻转一下

自主探索：请登录今日头条官方平台，打开创作者帮助中心，找到“推荐机制”的相关介绍，仔细阅读相关内容。

（三）内容推荐规则

为了维护平台的良好生态，推荐引擎一般会有自己的内容推荐规则，不符合规则的内容会被限制向公域流量池推荐，但一般还是会被允许推荐给自己的粉丝。

1. 内容合规性

大部分新媒体平台都有自己的平台规则或社区规范，里面提出了详细的内容要求。有的平台还会设置一个内容拦截库，如果创作者发布的内容匹配到内容拦截库，内容就会被拦截，无法发布。内容拦截库主要包括以下几个方面。

（1）标题：出现错别字、特殊符号、全外文等问题，以及敏感和低俗等信息。

（2）营销信息：如果不是付费流量广告的内容带有营销信息，大概率会被限流，如图 5－1 所示。

内容审核通知

亲爱的创作者，你于[illegible]年6月11日 22:13发布的微头条，因商品与文字内容关联性低，将仅推荐给粉丝。今日头条保障用户的合法权益，鼓励分享合规、优质商品，建议参照《今日头条社区规范》进行修改，以获得更多流量。申诉请点击>>>

图 5－1　带有营销信息的内容被限流

（3）敏感信息：涉及黄赌毒、政治、不良价值观等内容，如图 5－2 所示。

内容审核通知

亲爱的创作者，你于2[illegible]年7月4日 15:29发表的回答，因涉及导向不正、不友善或非正能量信息，可能引发不良讨论，将仅推荐给粉丝。今日头条鼓励创作优质内容，建议参照《今日头条社区规范》进行修改，以获得更多流量。申诉请点击>>>

图 5－2　敏感信息被限流

当然，系统有可能“误封内容”。如果我们认为内容没问题，就可以向官方运营人员申诉，那么相关内容会进入人工审核通道，待人工审核通过后，内容就可以恢复正常的推荐，如图 5－3 所示。

申诉结果通知

亲爱的创作者，经复查，你于2[illegible]年7月4日 16:38申诉的回答已恢复推荐。

图 5－3　申诉结果

➡ 翻转一下

小组合作：组成小组，每个成员分配一个“收集某新媒体平台内容规范”任务，然后在组内分享各自成果。

2. 内容原创度

为了保障创作者的合法权益和提升用户的阅读体验，大部分推荐引擎会重视内容的原创度，对于原创的内容会给予更多的推荐和分成。部分平台会给内容贴上“原创”标签，且支持运营方在站内维权，即防止他人恶意模仿剽窃。

如果平台已经有一样或类似的内容，平台可能会对相关内容进行限流。所以在创作内容时，要考虑内容的原创度。

➡ 翻转一下

自主探索：新媒体内容原创度太低如何解决？如何提高内容原创度是数智营销领域的关键工作，请通过网络或人工智能渠道整理相关资料和方法。

3. 内容垂直度

垂直度又称专业度，体现的是账号对某个领域的专注程度。创作者在同一个领域持续创作优质内容，更容易获得垂直领域标签。系统将会推送内容给对垂直领域感兴趣的用户。

如果一个账号发布的内容涉及的领域很多，推荐引擎就无法确定账号的标签或者给予账号很多标签。这类账号在推荐引擎中的权重比较低，系统不乐意推荐流量给这类账号。

翻转一下

自主规划：假设你是数智营销经理，请从内容垂直度角度为“女武神”女装规划一个垂直领域内容，并说明你的规划思路。

4. 内容质量

推荐引擎的目标是为用户提供他们可能感兴趣和满意的内容。如果内容质量低下，用户可能会感到不满或失望，从而对推荐系统的整体体验产生负面影响。为了提供良好的用户体验，推荐引擎通常会倾向于推荐高质量的内容。

用户与内容的互动和反馈是推荐引擎评估内容质量的重要因素。如果用户对内容给予正面的反馈，如点赞、评论、分享等，则表明他们对内容质量的认可。推荐引擎会根据这些反馈数据来调整推荐策略。

如果出现用户举报、投诉内容的情况，系统可能会认定内容有问题，从而限流或封号。

5. 账号活跃度

账号活跃度是指一个账号在特定平台上的活跃程度，它是影响账号权重和推荐量的重要因素之一。为了提高账号活跃度，创作者可以采取以下措施：

（1）保持稳定的内容更新频率：定期发布有价值的内容，这样能够提高账号的曝光率和用户的关注度。

（2）与用户互动：积极回复用户的评论和私信，参与讨论和交流，建立良好的互动关系。

（3）浏览其他用户的内容：关注和浏览其他用户的内容，点赞、评论和分享感兴趣的内容，这样可以增加账号的活跃度。

通过以上方式，创作者可以提高账号的活跃度，进而提升账号在平台上的权重和推荐量。这样有助于吸引更多的用户关注和互动，扩大影响力，并获得更多的曝光机会。

知识视窗

账号权重是什么？

账号权重是指一个账号在特定平台上的重要性和影响力。它是由平台根据账号的活跃度、内容质量、用户评价等因素综合评估得出的。账号权重越高，平台就会给这个账号更多的曝光机会和推荐量，从而提高账号的影响力和知名度。

账号权重的评估标准因平台而异，一般来说，平台会考虑以下因素：

- 活跃度：账号发布内容的频率、互动量（如点赞、评论、分享等）、活跃时间等。
- 内容质量：内容的原创性、内容价值、受欢迎程度等。
- 用户评价：用户对账号内容的反馈、评价、收藏等。
- 账号信誉：账号是否遵守平台规则、是否存在违规行为等。
- 社交关系：账号与其他用户的互动情况、社交影响力等。

账号权重是一个动态的评估过程，平台会根据账号的表现定期调整。因此，创作者应该持续提高自己的内容质量和互动量，以提高账号权重和推荐量。

6. 热点相关性

内容与热点的相关性会对推荐引擎的推荐产生影响。推荐引擎通常会考虑内容与当前热点话题的相关性，因为用户通常对与热门话题相关的内容更感兴趣。

当内容与热点话题高度相关时，推荐引擎可能会更倾向于将其推荐给用户，因为这些内容更有可能满足用户的兴趣和需求。热点话题通常吸引了大量的关注和讨论，因此与之相关的内容有更高的可能性引起用户的兴趣。

翻转一下

自主探索：假设你是“女武神”品牌的抖音账号运营人员，请梳理最近一个月的社会热点，找出几个你认为和“女武神”相关的热点，并说说如何利用热点来获得系统推荐。

二、推荐引擎营销的类型

（一）自然流量模式

1. 自然流量模式的概念

自然流量是指在没有任何付费广告或付费推广的情况下，运营方获得的流量。自然流量模式则是指相关业务依靠自然流量来实现营销或销售目的的一种商业策略。

自然流量模式是一种健康的、长期可持续的商业策略或运营策略。

2. 自然流量模式的关键点

（1）持续提供有价值的内容是关键。

自然流量模式需要更关注内容带给用户的价值，而且内容不能频繁地植入营销信息，这会使用户产生反感。

（2）粉丝很重要。

粉丝是很重要的自然流量来源，需要重视粉丝数量的积累和粉丝活跃度。粉丝是运营方的私域流量池，运营方的营销推广信息触达粉丝的成本很低，甚至零成本。

翻转一下

小组讨论：请讨论“如何获得粉丝”这一问题。事实上，本书谈及了非常多的策略，例如，通过“我群”理论快速获取目标客户群体的认可；“让用户获得利益”对关系建立的重要性；等等。

（3）账号标签对应的流量池大小是关键。

系统平台会给账号贴上标签，但是不同的标签所对应的平台流量池的大小是不同的。例如，在小红书平台，女装标签的受众数量会比足球标签的多。所以在规划账号标签时，要考虑标签对应的流量池大小，如果流量池太小，那投入精力和资金打造的精致内容也不会有很好的数据。

（4）账号权重影响初始流量推荐。

大部分推荐算法是一个漏斗机制，分为三个流量池：基础流量池、叠加推荐池和精品推荐池。当用户上传内容后，平台会将其分配到一个基础流量池中，并根据账号定位和内容标签给予平均曝光量，例如，抖音短视频的初始推荐流量一般为500。在此流量池中，内容获得的点赞量、评论量、转发量和完播率越高，系统对其的评价就越高。如果内容达到二次推荐标准，系统会将其推荐到更大的流量池。

当视频进入更大的流量池后，系统会根据其数据表现进行进一步判断。如果视频表现优异，短期内积累大量流量，那么系统会再次将其推荐到更大的流量池，随着数据的累计，视频所获得的曝光机会也越来越多，形成良性循环，这就是叠加推荐。

最终，少数表现特别突出的视频会被推荐到精品推荐池，获得更多流量和曝光机会。精品推荐池中的内容通常具有高质量、高互动和高传播力，能够为平台带来更多用户和收益。

账号权重会影响到初始流量的推荐，例如，内容数据优秀的账号在流量推荐中的权重比较高，对于账号的新内容，系统乐意给予它更多的初始流量和精准流量。但这存在一个问题，一般推荐引擎给内容的初始流量比较泛，什么样的用户都可能会看到。这会导致部分优质内容无法获得良好的数据，从而导致系统认为内容不够优质，使其无法进入更大的流量池。所以，即使主打自然流量模式，但在账号运营初期，还是可以适当使用“付费流量”来给内容“加热”。

职场案例

某著名美食博主在出名前，兢兢业业地打造优质视频，但内容就是不火，主要是因为流量太泛，大部分观众对内容不感兴趣，内容数据和粉丝数据都不乐观。后来，该博主和一家MCN机构合作，MCN机构通过付费流量推广的方式，找到了更精准的受众，并且进一步构建了账号的标签，形成了推荐引擎营销的良性循环，从而快速提高了该美食博主的知名度和影响力。

小贴士

在自然流量模式中，如果不想通过付费流量推广的方式来解决初始流量不精准的问题，还有一种“赛马机制”可以解决这个问题，即同时运营多个账号，每个账号发布相同内容，在众多的账号中，总有一两个账号能够胜出。这是因为这一两个账号的初始流量可能更精准些，且在随后的推荐中获得更好的数据。“赛马机制”常见于MCN机构，通过这种方式孵化达人，是比较高效的账号打造策略。

（二）付费流量模式

1. 付费流量模式的概念

付费流量是广告主需要向广告平台或媒体支付费用才能获得曝光或点击的流量。与之相对应的是自然流量，即不需要向任何第三方支付费用，用户主动访问网站或应用的流量。付费流量通常通过信息流广告、搜索引擎广告、社交媒体广告等渠道获得。

2. 付费流量模式的关键点

付费流量模式的关键点是流量承接能力和投入产出比。

（1）流量承接能力。

流量承接能力是指通过投放流量广告而带来了大量流量，运营方能否承接住这些流量，并将其转化为粉丝，转化为客户。

也就是说，在规划付费流量推广时，要思考如何承接住流量，主要从人设、产品、活动等角度切入。

例如，直播电商领域，付费流量推广是常见工具，大部分直播间会采用“福利款”来吸引用户在直播间停留并刺激他们购买产品。这样就能提高直播间数据，而对于拥有较好数据的直播间，推荐引擎会推送更多自然流量给该直播间。

在规划基于付费流量的业务时，需要将流量承接方案设计出来，如果没有这个方案，直接进行流量广告投放，当流量到来时，可能会造成运营方的慌乱，白白流失了大量潜在客户，会造成营销资金的浪费。

（2）投入产出比。

付费流量本质上是一种投资，需要考虑回报问题，也就是计算一个付费流量能带来多少价值，将回报减去投入成本后，是赚还是亏。

如果是赚而且利润空间还不小，则可以采用付费流量来开展业务。这种情况下，付费流量比自然流量效果更好，因为付费流量模式能够更快速获取大量精准客户。前期小成本验证，逐渐找到可行的付费流量业务模式，然后投入资金扩大该业务。这种业务策略也可以让营销者获得企业高层的支持。

三、目标受众定向

（一）受众定向

1. 受众定向的概念

受众定向是指确定广告受众属性的过程，如受众的人口统计学特征、兴趣、行为、使用设备等，如图 5－4 所示。

受众定向

地域	陕西
性别	不限
年龄	18-23、24-30、31-40、41-49
兴趣分类	游戏、家装百货、金融理财、教育培训、旅游出行、服饰箱包、汽车、美容化妆、房产、餐饮美食、母婴儿童、科技数码、体育运动、生活服务、医疗健康、法律服务、文化娱乐、商务服务
精选流量包：	不限
平台	iOS、Android
过滤已转化用户	广告计划

图 5－4　某广告主选择的受众定向

受众定向主要有以下两种含义。

（1）测定方向：这是指通过特定的仪器或者方法来确定一个具体的方向。例如，定向台是一种装有特种接收设备的无线电台，能够测定被测电台的电波发射方向。

（2）指定方向：通常是指对某些事物进行有目的性的选择或调整，使之朝着一个预定的目标或方向发展。例如，在教育领域，定向可以指在被大学录取时就确定将来的就业单位，这种模式被称为定向就业。

为了方便广告主进行受众定向，流量广告平台提供参照类似达人、类似账号的方式来定向受众。

2. 定向广告的概念

向精准客户投放的精准广告，称为定向广告。定向广告是一种特殊的广告形式，它的核心在于通过对受众的精细化筛选，使得广告能够精准地投放到符合条件的用户面前。这种方式可以让广告主更有效地控制广告的成本，并且提升广告的效率和质量。

以电动剃须刀产品为例，如果广告词为"为你的男朋友或老公选一把好用耐用的剃须刀……"，那这则广告的目标受众明显为女性群体，在投放流量广告时，就需要选择合适的定向维度来圈出广告的精准受众。相反，如果广告词为"你还在为胡子刮不干净而……"，那这则广告的目标受众明显为男性群体，广告的目标受众定向维度就需要更改。

推荐引擎营销本质上是"投放定向广告"，因为推荐引擎实现了对客户标签和广告内容标签的匹配。

（二）受众定向方法

受众定向的目的是提高营销效果和投资回报率，通过将资源集中在最有可能对产品或服务感兴趣的人群上，提高广告的点击率、转化率，取得销售成果。

1. 地域定向

地域定向是一种非常实用和有效的广告定向方式，尤其适用于有地域限制的业务和产品。通过地域定向，广告主可以提升广告效果，增加收益，同时控制广告预算，提高营销效率。

地域定向的优势如下：

（1）精准定位目标受众：根据广告主的业务需求，通过地域定向将广告投放给特定地理区域的用户，避免无效的广告曝光。

（2）提高广告效果：地域定向可以帮助广告主提高转化率，增加销售和收益。

（3）控制广告预算：由于地域定向广告的投放更加有针对性，广告主可以更好地控制广告预算，避免不必要的浪费。

例如，A 城某餐厅计划在某短视频平台上投放流量广告，那它就应该选择面向 A 城 IP 地址的用户投放广告，如果它选择向 B 城 IP 地址的用户投放广告，意义就不大。

2. 人口属性定向

人口属性定向是一种通过分析用户的年龄、性别、收入水平等人口特征来进行广告定向的方式。这种定向方式能够帮助广告主更加精准地找到潜在客户，提高广告效果。

人口属性定向的优势如下：

（1）提高广告精准度：通过分析用户的人口特征，广告主可以将广告投放到更符合其目标客户的人群，提高广告的精准度，从而提高广告效果。

（2）多维度定向选择：人口属性定向可以根据广告主的需求，从多个维度进行人群筛选，如年龄、性别、收入水平等，从而满足不同广告主的需求。

（3）数据来源可靠：人口属性数据通常来自实名注册信息或消费信息，数据真实可靠。

3. 内容兴趣定向

内容兴趣定向是一种通过分析用户在互联网上的浏览历史和兴趣爱好，将广告投放给有类似兴趣爱好的用户的广告定向方式。这种定向方式能够帮助广告主更加精准地找到目标客户，提高广告效果。

内容兴趣定向的优势如下：

（1）提高广告精准度：内容兴趣定向可以根据用户在互联网上的浏览历史和兴趣爱好，将广告投放到更符合需求的人群，提高广告的精准度，从而提高广告效果。

（2）多种兴趣维度选择：内容兴趣定向可以从多个兴趣维度进行人群筛选，如体育、娱乐、金融等，从而满足不同广告主的需求。

（3）实时分析用户兴趣：内容兴趣定向可以通过实时分析用户在互联网上的浏览行为，及时调整广告投放策略，提高广告投放效果。

4. 行为定向

行为定向是一种基于受众过往行为数据的定向方式，旨在根据用户的行为模式和偏好来确定目标受众。例如，向 7 日内买过该产品的用户投放广告。

一般根据表 5-1 中所述行为来定向。

表 5-1　用户行为定向

用户行为	描述
购买行为	根据用户的过往购买历史来确定他们的购买偏好和潜在需求。例如，如果用户曾经购买过运动鞋，那么他们可能对其他运动用品也感兴趣
浏览行为	分析用户在网站或应用上的浏览历史，了解他们感兴趣的内容和产品。例如，如果用户经常浏览烹饪网站，那么他们可能对烹饪用品或食品有购买需求
搜索行为	根据用户在搜索引擎中输入的关键词来了解他们的需求和兴趣。例如，如果用户经常搜索“旅行目的地”，那么他们可能对旅游产品和服务感兴趣
应用使用行为	通过分析用户应用使用行为，了解他们的兴趣和偏好。例如，如果用户经常使用健康和健身应用，那么他们可能对健康产品和服务有需求
社交行为	根据用户在社交媒体上的互动和行为来确定他们的兴趣和偏好。例如，如果用户经常分享与户外活动相关的内容，那么他们可能对户外用品感兴趣

5. 设备定向

设备定向是一种基于用户所使用的设备类型或特征来进行定向的方式。通过设备定向，营销人员可以根据用户使用的设备类型（如台式电脑、移动设备、平板电脑等）、操作系统、设备型号等信息来定制和展示更相关、更个性化的广告内容。例如，某款软件只支持 iOS 系统，那么在设备定向上就要选择支持 iOS 系统的设备。

业务操作

业务名称：确定目标受众的定向维度

工作要求：

1. 李卿为了塑造品牌形象，拍摄了品牌故事系列视频，主要内容是她到日本、韩国、越南等国家寻找中国传统服装文化在海外的影响力。视频计划投放到哔哩哔哩和抖音平台。现在她希望你能帮助她确定目标受众定向维度，她想通过付费流量模式快速获得内容曝光量。

2. 请根据本任务介绍的五大定向方式确定“投向哪些用户”。

操作步骤：

1. 分析内容的定位，梳理可能对内容感兴趣的人群。

2. 按照表 5-2，确定具体的定向维度。

表 5-2　用户定向维度表

定向维度	
地域定向	
人口属性定向	
内容兴趣定向	
行为定向	
设备定向	

任务二　设计信息流广告

任务引例

图 5-5 所示是火山引擎云服务器产品的信息流广告，广告简短，文案精练。开头三秒点出客户的需求痛点，接着介绍品牌优势和产品亮点，最后引导用户点击“立即

购买”。

当前“智能推荐系统”的应用，会让广告直接被推给可能有产品需求的用户，所以很多企业将信息流广告当作效果广告投放，侧重产品的销售转化。

图 5－5　信息流广告示例

任务描述

“信息流广告”是一种在内容流中展示的广告形式，它与用户浏览的内容融合在一起，以较为自然的方式呈现给用户。由于现在的用户越来越多将注意力集中到“信息流内容”中，因此设计信息流广告成为一项必做任务。

任务要求

1. 掌握流量广告的概念，了解流量广告的类型，清楚不同流量广告的优势和劣势。
2. 通过学习与训练，能够进行信息流广告文案的设计。

知识准备

一、认识流量广告

（一）流量广告的概念

流量广告是指基于互联网流量的广告形式，它的目的是通过在高流量的网站或应用上展示广告，吸引用户的注意力并促使他们点击、互动或购买等。

流量广告通常以横幅广告、插页式广告、视频广告、信息流广告等形式出现，它们会根据广告主的需求和目标受众的特征，在特定的网站、页面或应用中展示。广告主可以通过付费购买广告展示位置或参与广告联盟等方式来投放流量广告。

流量广告是数智营销中常见的一种广告形式，它可以帮助广告主在互联网上广泛传播品牌信息、推广产品或服务，并与目标受众进行互动。通过精确的定向和推荐技术，流量广告可以更好地针对特定受众群体进行投放，提高广告的效果和投资回报率。

（二）流量广告的付费方式

流量广告的付费方式如表 5－3 所示。

表 5－3　流量广告的付费方式

付费方式	优势	劣势	适用业务
CPM（每千次展示费用）	能够覆盖大量受众，提高品牌知名度	无法保证广告的实际效果，可能会浪费广告预算	品牌推广、市场营销活动

续表

付费方式	优势	劣势	适用业务
CPC（每次点击费用）	可以针对有兴趣的用户进行投放，提高广告的点击率和转化率	可能会引来一些无效点击，增加广告成本	搜索引擎广告、电商平台广告
CPA（每次行动费用）	能够确保广告带来的实际效果，如注册、下载、购买等	对于广告主来说，成本可能相对较高	应用下载、电商销售、会员注册
CPL（每次引导费用）	能够针对特定目标进行投放，提高转化率	需要精确的目标定位和有效的引导策略	B2B 营销、线索生成
CPS（每次销售费用）	根据实际销售成果付费，风险较低	对于广告平台来说，风险较高，可能会影响合作	电商平台、联盟营销

（三）流量广告的形式

1. 常见的流量广告形式

流量广告形式是指在互联网上展示广告的方式和类型。它是一种基于互联网流量的广告投放方式，旨在通过在网站、应用、社交媒体平台等数字渠道上展示广告，吸引用户的注意力并促进品牌推广和产品销售。常见的流量广告形式有以下几种：

（1）横幅广告：在网站或应用的页面上展示的横向或纵向的广告条，通常包含图像、文字和链接。

（2）插页式广告：在用户访问页面或应用时，以全屏或半屏形式弹出的广告，常见于应用的启动页或页面切换期间。

（3）信息流广告：以一种与平台上其他内容相融合的方式展示的广告，所以又被称为原生广告。这种广告形式的目的是使广告内容看起来更像是自然流动的信息，而不像传统广告那样显眼和给用户带来干扰。信息流广告通常出现在社交媒体平台、资讯平台和视频平台的信息流内容中。

（4）搜索引擎广告：在搜索引擎结果页面上展示的广告，根据用户的搜索关键词进行定向投放。

（5）贴片广告：在视频播放前、中或后展示的广告。

选择合适的流量广告形式需要考虑多个因素，包括行业领域、目标受众、广告目标、预算、广告平台等。

2. 不同形式流量广告的优劣势对比

在选择合适的流量广告形式前，需要了解不同形式流量广告的优劣势，如表 5-4 所示。

表 5-4　不同形式流量广告的优劣势

广告形式	付费方式	优势	劣势	适用业务
横幅广告	CPM	展示位置灵活	容易被用户忽略，点击率相对较低	品牌推广、营销活动等

续表

广告形式	付费方式	优势	劣势	适用业务
插页式广告	CPM	以全屏或半屏的方式展示，能够吸引用户的注意力	可能会打断用户的浏览体验，导致用户不满	需要高曝光度的广告活动
信息流广告	CPM、CPC、CPA等	与网站或应用的内容样式和布局相融合，更容易被用户接受	制作成本高或需要与内容发布者进行合作，可能受到平台限制	大部分业务
搜索引擎广告	CPC、CPA等	根据用户的搜索关键词进行定向投放，具有较高的针对性	竞争激烈，广告排名和效果受到竞价和质量得分的影响	适用于B2B企业、教育机构、应用推广等
贴片广告	CPM、CPC等	在视频内容开始前、中或后展示，可以在短时间内传递品牌信息	如果广告时间过长或内容不吸引人，可能会导致用户跳过广告	视频平台和视频分享网站

翻转一下

课堂互动："开屏广告"属于流量广告吗？为什么？

二、认识信息流广告

（一）信息流广告的概念

信息流广告是流量广告的一种，信息流广告是在社交媒体平台、资讯平台和视频平台上以文字、图片、视频或它们相结合的方式展现的广告。和传统广告不同的是，信息流广告通过在内容流中插入广告，以更灵活、有趣的形式展示，能够吸引更多用户。

翻转一下

课堂实践：请梳理当前时空背景下的主流信息流媒体平台。

信息流广告平台汇总表

主流信息流媒体平台	我国境内平台	境外平台
新闻资讯类平台		
社交媒体平台		
视频平台		

（二）信息流广告的特征

1. 原生

这些广告通常在社交网络、资讯媒体和视频平台上展现，与环境内容形式高度相似。例如，在抖音上投放的信息流广告会以与抖音视频类似的方式呈现，用户不会受到明显的干扰。

因此，相比传统的悬浮广告和弹窗广告，信息流广告更容易被用户接受，能够提升用户的体验感。这种广告形式提高了用户对广告的接受度，同时还能够通过数据分析和算法优化来提高广告效果。

2. 不具有强制性

相比强制性的开屏广告和视频前的贴片广告，信息流广告不具有强制性，用户可以轻松地略过不感兴趣的广告。同时，与仅仅显示一条广告的横幅广告相比，信息流广告更具有相关性，因为它们是基于用户兴趣进行展示的，每个人看到的广告不同。例如，如果一个人喜欢漂亮裙子，那么平台就会向她推送与裙子相关的广告。

此外，信息流广告非常适合在移动端的碎片化阅读环境。在社交产品、新闻产品和视频产品等不同类型的平台上，每条内容之间的上下文联系相对较弱，因此在信息流中插入一条“内容化广告”不会对用户体验造成太大的干扰。

3. 偏向效果

当前信息流广告还是偏向效果广告，即内容上强调产品属性和利益属性，通俗来说就是告诉用户产品可以解决哪些痛点，然后引导用户购买。信息流广告缺少对品牌价值理念的表述，侧重用户的短期价值。在设计信息流广告时，尽量添加与品牌形象、品牌价值理念相关的内容，提高广告的品效（品牌与效果）合一程度。

（三）信息流广告展现过程

广告主希望通过广告接触到他们的目标用户，因此在投放广告之前，他们会进行人群筛选，这个过程称为定向。例如，母婴类产品，购买可能性最高的人群是 26～35 岁的女性。

广告主准备好投放广告的材料，称为广告创意。创意内容是用户直接看到的，所以需要思考用什么样的创意来吸引用户的注意力。以母婴奶粉为例，对于奶粉，客户最关心的可能是奶粉的安全问题。因此，广告主设计了“18 道工序检验，打造放心的好奶粉”这样的广告词，并搭配了一张亲子照片来引起目标客户的关注。

知识视窗

信息流广告常用术语

- PV（Page View）：页面浏览量，是评价网站流量最常用的指标之一。
- UV（Unique Visitor）：独立访客数，和 PV 的区别在于去重。UV 只记录一天内第一次进入网站的 IP，PV 则每次都记录。如果某用户同一天内再次访问该网站，则 PV 会增加，而 UV 不变。
- DAU（Daily Active User）：日活跃用户数（简称日活），也就是每天使用产品的用户数，是一个用来评价产品用户量的指标。比如，“微信到了 10 亿的 DAU”，就是指微信日登录用户数达到了 10 亿人。

● MAU（Monthly Active User）：月活跃用户数（简称月活），即每个月使用产品的用户数，也是反映产品用户量的指标。因为统计的是一个月内的活跃人数，所以月活通常会比日活高很多。比如，在本月内，某个用户今天没用App，过两天用了，那今天的日活就不算他，但月活会算。

● 展示（Show）：广告被一个用户看见一次称为一次展示，展示也称为曝光（本书会根据行业内的惯用表达来灵活地使用这两个词语）。广告主投放广告时，首先需要的就是曝光量，它是广告投放最基础的数据指标，如投放一条广告获得1 000万次曝光。

● 点击（Click）：点击是展示的下一步，用户只有看见了才可能点击，因此一般点击的人数会比展示少很多。点击的发生可能是基于感兴趣，也可能是点错了，多数情况下还是感兴趣。

● CTR（Click Through Rate）：点击率，用来反映用户对广告感兴趣的程度。CTR＝点击数/展示数。假设一个广告展示了2 000次，有40个点击，则点击率为40/2 000＝2%。

● 消耗（Cost）：一般指广告花费，也叫花费或消费。投放广告需要花钱，统计消耗一般精确到"分"，如今天的广告消耗为13 456.13元。

● CPM（Cost per Thousand Impression，Cost Per Mille）：每千次展示成本（也叫千人成本），也就是广告每展示1 000次的费用（或者广告送达1 000人所需要的成本）。为什么会有这个指标呢？因为"一次展示"的费用金额太小，通常就几分钱，不利于计算，所以一般用"千次展示"来衡量广告展示的价格。CPM＝消耗/展示数×1 000，例如，一个产品投放广告花了1 000元，获得了50 000次展示，那么CPM＝1 000/50 000×1 000＝20元。

● CPC（Cost per Click）：每次点击的成本（即点击成本）。CPC＝消耗/点击数，比如，一个产品投放广告花费了1 000元，获得了5 000次点击，那么点击成本就是1 000/5 000＝0.2元。

三、信息流广告内容设计

不同业务，其信息流广告内容不同。例如，电商带货直播间为了给直播间引流，会投放引流视频，从而增加直播间和短视频的曝光量。这类信息流广告内容比较单一，主要是产品讲解视频和引流文案。大部分信息流广告的内容类似传统广告，一般包含开头、产品引入、品牌宣传、产品介绍文案、行动号召等部分。

以视频类信息流广告为例，信息流广告内容结构如表5－5所示。

表5－5 信息流广告内容结构

结构	目的	思路参考
开头	吸引观众的注意力，让他们对广告内容产生兴趣	开门见山，直接点出客户的痛点

续表

结构	目的	思路参考
产品引入	引入要宣传的产品或服务，展示产品的外观或创新之处	直接引入产品，演示产品用法，展示使用场景
品牌宣传	强调品牌的价值和形象，展示品牌的历史、使命、愿景或品牌故事，塑造产品价值	突出行业地位、品牌背书
产品介绍文案	提供关于产品或服务的详细信息，包括功能、规格、使用方法等，让观众更好地了解产品	突出产品优势，与竞品对比，给出购买的理由
行动号召	鼓励观众采取行动，如点击链接、购买产品、访问网站、下载应用或参加活动等	用手势、箭头等引导观众操作

设计信息流广告时，重点考虑广告内容如何让受众愿意点击、愿意持续观看、愿意点击购买链接或购买。这里面涉及的领域较多，可根据自己的兴趣行业找到优秀的成功案例进行模仿学习，了解对方对信息流广告的理解和做法。

业务操作一

业务名称：信息流广告收集与拆解

工作要求：

选择你感兴趣的产品或者学校所在城市的主要产品，找到短视频平台上对应的信息流广告，收集与拆解这些广告。

操作步骤：

1. 登录短视频平台，搜索相关产品，在结果页中找到带有广告标识的视频，如图 5 - 6 所示。

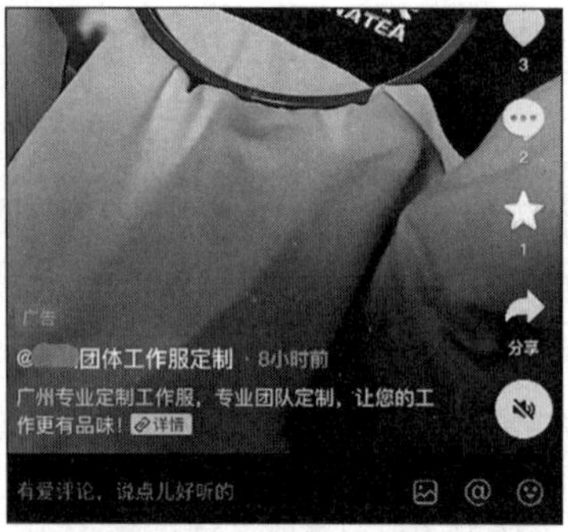

图 5 - 6　某短视频平台信息流广告示例

2. 记录广告文案，拆解文案结构，了解广告的文案设计思路。

业务操作二

业务名称：信息流广告文案编写

工作要求：

1. 选择你所感兴趣的产品或者学校所在城市的主要产品，为它编写一个信息流广告文案。

2. 按照表 5-6 编写文案。

表 5-6 信息流广告文案设计表

结构	产品一	产品二
开头		
产品引入		
品牌宣传		
产品介绍文案		
行动号召		

练一练

一、单选题

1. 推荐引擎在推荐内容时，通常依据的要素是（　　）。

A. 仅根据用户的年龄和性别

B. 用户的浏览历史、点击行为和搜索记录

C. 广告主的投放预算

D. 随机选择内容推荐

2. 以下推荐引擎营销方式属于推荐内容优化的是（　　）。

A. 广告投放　B. 网站合作推广　C. 细化内容板块　D. 关键词竞价

3. 以下不属于自然流量模式关键点的是（　　）。

A. 持续提供有价值的内容　B. 粉丝的自然流量

C. 账号标签对应的流量池大小　D. 付费流量的投入产出比

4. 以下不属于信息流广告特征的是（　　）。

A. 原生性　B. 强制性　C. 不具有强制性　D. 偏效果广告

5. 信息流广告内容设计的主要目的之一是（　　）。

A. 广告设计要生动形象　　B. 更具有竞争优势

C. 吸引用户点击和持续观看　　D. 尽可能频繁地播放

二、判断题

1. 推荐引擎可以根据用户的行为数据，形成用户画像，并根据这个画像为用户提供个性化的内容。（　　）

2. 推荐引擎营销的效果完全取决于算法的准确性和精度。（　　）

3. 流量广告可以帮助广告主在互联网上广泛传播品牌信息、推广产品或服务，并与目标受众进行互动。（　　）

4. CPM 是指每次点击费用。（　　）

5. 搜索引擎优化、搜索引擎竞价是搜索引擎推广的基本方法。（　　）

三、思考题

推荐引擎营销在提升用户转化率方面有何独到之处？

实训任务评价五

项目六 搜索引擎营销

学思浅悟

搜索引擎营销的合规指引

党的二十大报告指出："加强反垄断和反不正当竞争，破除地方保护和行政性垄断，依法规范和引导资本健康发展。"在这样的大背景下，搜索引擎营销作为数智营销的重要组成部分，其发展趋势和实践应与国家政策相契合，促进健康、公平的市场竞争。

搜索引擎营销（SEM）是通过搜索引擎的广告和优化来提高网站可见性的一种方式。在反垄断和反不正当竞争的政策指导下，SEM 的实践应更加注重公平性和透明度。例如，企业在进行搜索引擎优化（SEO）时，应遵循搜索引擎的公平规则，不应采取刷量等欺骗性的手段来提高排名。同时，搜索引擎公司也应公正地对待所有广告客户，不应存在偏袒或排斥。

此外，SEM 的发展还应与完善的市场经济基础制度相结合。这意味着在进行搜索引擎营销时，企业应建立健全的社会信用体系，诚信经营，不发布虚假信息。同时，应尊重消费者权益，保护个人隐私，不滥用数据或侵犯用户权益。

总的来说，搜索引擎营销在促进企业增长和品牌建设方面发挥着重要作用，但其发展应与国家政策相协调，确保营销活动的公正性、合法性和道德性。

教学目标

知识目标：

1. 熟悉搜索引擎的概念与工作过程，了解自然搜索结果与付费搜索结果的特点。
2. 了解人类进行网络搜索行为的原因，清楚其中涉及的基本原理，从而理解搜索引擎营销的底层逻辑。
3. 掌握搜索引擎营销的概念和特点，熟悉搜索引擎营销的步骤。
4. 清楚搜索引擎广告的构成要素。
5. 掌握搜索引擎优化的概念，熟悉搜索引擎优化的相关技巧。

技能目标：

1. 能够根据行业与目标受众特征确定受众定向维度，选择合适的关键词用于搜索引擎营销。

2. 能够根据搜索引擎营销基本步骤策划搜索引擎营销活动，能够完成受众定向、广告创意、竞价排序和落地页规划等工作。

3. 能够完成网站的搜索引擎优化工作，包含关键词选择、网站结构优化、网站导航优化、内部链接优化、网站内容优化、描述优化和图片优化等工作内容。

素养目标：

1. 培养营销策略思维，通过学习搜索引擎的原理和搜索引擎营销的策略，能够根据行业和搜索引擎营销特点为企业制定搜索引擎营销策略。

2. 了解用户体验对于搜索引擎营销的重要性，培养关注客户需求和提供良好服务的意识。

3. 培养团队精神，提高团队协作能力。

引导案例

我国首例人工刷量平台干扰搜索引擎算法不正当竞争纠纷案

2022年1月，针对某人工刷量平台帮助商家虚构点击量，干扰百度搜索引擎算法及妨碍其排序结果的行为，北京市海淀区人民法院经审理，判决该行为违反反不正当竞争法，构成不正当竞争行为。该案系我国首例人工刷量平台干扰搜索引擎算法不正当竞争纠纷案，引起了学界和实务界的广泛关注。

近年来，伴随我国数字经济的不断发展，互联网领域各种新型不正当竞争行为不断涌现。虽然2017年修订的《反不正当竞争法》增加了专门的“互联网条款”，但是由于其列举行为方式覆盖面较窄，使得这一条款宣誓意义大于实践价值。在司法实践中，多数互联网新型不正当竞争案件在审理时，仍转向该法第二条一般条款，以其为规制依据做出裁判，这起案件也是如此。对人工刷量平台干预算法行为正当性的判定，我们主要关注以下几方面：

首先，人工刷量平台干扰搜索引擎算法行为对市场竞争的负面影响有哪些？识别这类行为对市场竞争的危害性是规制行为的逻辑起点，其危害具体体现在：

其一，损害了经营者的利益。受该行为影响，搜索引擎服务提供者无法基于正常、真实的访问数据，通过算法做出反映市场及用户真实需求的算法决策及搜索排名，增加了搜索引擎服务提供者的运营成本，干扰了其产品、服务的合理运行，损害了其主体利益。

其二，损害了其他竞争者的利益。帮助虚构点击量和流量的行为导致其他未参与“做任务”的网络商家的搜索结果靠后，导致其排序相对位置降低，损害了其他竞争者的公平竞争利益。

其三，损害了消费者的利益。由于人工制造的点击量是虚假的，消费者可能需要花费更多搜索成本获取目标网站，甚至因此受到误导，做出错误的消费决策，这损害了不特定多数消费者的利益。

其四，损害了市场竞争机制与市场竞争秩序。人工刷量平台干扰搜索引擎算法排序的行为，容易扭曲信息机制的正常传递，导致市场信号传输不充分或者出现错误，进而引起供需失衡或供需错配，应予以及时规制、矫正。

其次，人工刷量平台干扰搜索引擎算法行为的判定标准是什么？我国《反不正当竞争法》第二条确定了企业经营活动的商业道德标准和经济效果标准，即经营者在生产经营活动中，应当遵循自愿、平等、公平、诚信的原则，遵守法律和商业道德；不得扰乱市场竞争秩序，损害其他经营者或者消费者的合法权益。判定人工刷量平台干扰搜索引擎算法行为是否构成不正当竞争，也需同时审查其是否违反了这两个标准。

资料来源：陈耿华．依法规制干扰搜索引擎算法行为．法治日报，2022-01-21.

案例思考

人工刷量平台干扰搜索引擎算法对企业正常的搜索引擎营销有哪些影响？

任务一　搜索引擎付费推广

任务引例

图 6-1 所示是某订花平台在搜索引擎上投放的付费推广广告。对于花店这类零售门店而言，在搜索引擎平台上进行付费推广，成本比较高，难以维持。

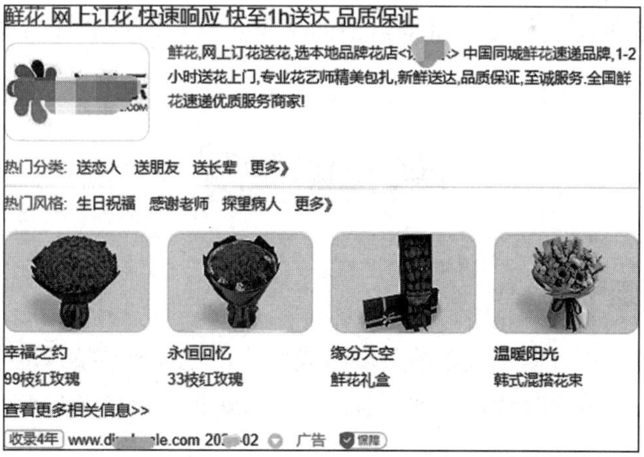

图 6-1　某订花平台在搜索引擎上投放的付费推广广告

一些企业针对这一痛点推出了垂直型订花平台，与全国各地的鲜花门店合作，上架门店的商品。再由订花平台在搜索引擎进行付费推广，精准获取搜索引擎上对鲜花有需求的用户流量。事实上，搜索引擎付费广告更多来自平台型企业或面向企业客户的企业，平台型企业做搜索引擎营销更多的是希望把用户变成平台用户，看重用户的长期价值；面向企业客户的企业做搜索引擎营销，是因为客单价高和精准流量较多。鲜花、服装这类客单价较低的零售型品牌在搜索引擎做付费推广并不划算，而像汽车、房产、培训这种高客单价产品比较适合搜索引擎付费推广模式。

任务描述

相比于推荐引擎流量，来自搜索引擎的流量带有更明确的目的性，这类用户对企业或品牌而言是更精准的流量。因为有需求，用户才去“搜索内容”。

李卿通过新媒体内容营销、达人商务合作等方式，逐渐打开“女武神”的知名度，为了使粉丝和潜在商务合作对象更加了解品牌和产品，她创建了品牌官网，该网站兼具商城的功能。

和数智营销经理探讨后，李卿决定将部分营销资金投入“搜索引擎营销”中，该业务的主要目标是提高品牌在搜索引擎渠道上的曝光度和增加商城的用户数。

李卿设定的考核指标分别为搜索结果的点击率、商城用户数与投资回报率（ROI）。其中，前期的测验优化阶段，ROI 不纳入主要考核项，以实现网站正向 ROI 的搜索引擎营销业务模型为主要目标。如果回报长期处于低值或亏损状态，则中后期以“自然流量”业务模式为搜索引擎营销的主要策略。

任务要求

1. 了解搜索引擎的工作原理、数字搜索结果的特点。
2. 能够对人类的网络搜索行为作出基本的解释，掌握搜索引擎营销的底层逻辑。
3. 掌握搜索引擎营销的概念和特点，清楚搜索引擎营销的基本步骤。
4. 能够根据业务需求和搜索引擎营销的基本步骤，完成企业搜索引擎符合推广的基本工作。

知识准备

一、认识搜索引擎

搜索引擎营销是数智营销战略的重要组成部分，随着智能技术的进步，搜索引擎营销进入了自动化与智能化时代，实现了智能设置关键词、智能竞价和智能优化搜索引擎营销策略。

（一）搜索引擎的概念

搜索引擎是一种用于查找和检索网络上信息的工具。它对互联网上的大量信息进行索引和分类，使用户可以通过输入关键词或短语来快速找到所需的信息，提高工作效率。

知识视窗

人类历史上第一个搜索引擎

人类历史上第一个搜索引擎是由美国计算机科学家艾伦·埃姆蒂奇（Alan Emtage）于1990年创建的，被称为“Archie”（全名为Archives），这是一个用于搜索FTP（文件传输协议）文件存档的工具。

Archie的创建是为了解决当时互联网上日益增长的FTP文件数量使用户难以找到所需文件的问题。Archie通过定期扫描FTP服务器上的文件目录，建立一个数据库索引，用户可以通过简单的命令行查询检索所需文件。

Archie的工作原理相对简单，但它为搜索引擎的发展奠定了基础。虽然它主要用于搜索FTP文件，而非像现代搜索引擎那样搜索整个互联网，但Archie的概念启发了后来搜索引擎的发展，成为搜索引擎技术的雏形。

（二）搜索引擎的工作过程

搜索引擎的工作过程包括收录网页、建立索引、提供查询服务、更新索引等环节。

（1）收录网页：搜索引擎使用蜘蛛程序（也称为机器人或爬虫）来遍历互联网，抓取网页并将其存储在服务器中。

（2）建立索引：搜索引擎会对所抓取的网页进行分析和处理，提取出其中的关键词、标题、摘要等信息，并将其存储在索引数据库中。不同的搜索引擎对同一个网站建立的索引数量不同，具体可通过在搜索框中输入“site：www.××××（域名）.com”查看，如图6-2所示。

图6-2　网站索引数量查询

（3）提供查询服务：当用户输入关键词或短语进行查询时，搜索引擎会在索引数据库中查找与之相关的网页，并按照相关性和重要性对它们进行排序和展示。

（4）更新索引：搜索引擎会定期更新索引数据库，以确保其中的信息是最新的。这可以通过重新抓取网页、更新关键词和摘要等方式来实现。

小贴士

为了更容易理解搜索引擎的工作原理，这里用一个比喻来介绍搜索引擎的工作过程。

搜索引擎的工作过程可以比喻为一座巨大的图书馆，其中包含了数以亿计的书籍，每本书都有自己的目录和关键词。这座图书馆的管理员就是搜索引擎。

收录：想象这座图书馆里有一只巨大的蜘蛛，它沿着书架爬行，将每一本书的封面、目录和关键字都记录在自己的笔记本上。这个过程就是搜索引擎爬虫（Spider），在互联网上浏览网页，将网页的内容和关键信息记录下来。

索引：管理员整理爬虫带回来的信息，建立一本庞大的索引册，类似于图书馆的目录。这个索引册按照关键词、主题和内容进行分类，使用户能够快速地找到他们需要的信息。搜索引擎的索引就相当于这个庞大的索引册。

检索：当读者（用户）有了需要查找的信息时，他们可以去图书馆的前台，询问管理员。管理员会根据读者提供的关键词，在索引册中找到相应的页面，并将其提供给读者。在搜索引擎中，用户输入关键词，搜索引擎根据索引找到相关的网页并呈现给用户。

排名：如果有多本书涉及相同的关键词，管理员可能会根据书籍的质量、受欢迎程度等因素进行排名，确保读者获得最相关、最有价值的信息。在搜索引擎中，搜索算法会根据网页的质量、相关性等因素进行排名，以确保用户看到最相关的搜索结果。

（三）搜索引擎的搜索结果类型

1. 自然搜索结果

自然搜索结果是指搜索引擎根据其算法和索引的内容，自动生成并展示的与用户搜索查询相关的网页结果。这些结果是基于网站的相关性、内容质量、权威性等因素进行排序的。自然搜索结果通常是免费的，并且是通过优化网站的关键词、内容和结构等方式来提高在搜索引擎中的排名。

基于自然搜索结果开展的营销活动称为搜索引擎优化（SEO）。

2. 付费搜索结果

付费搜索结果是指网站或广告商通过向搜索引擎付费来展示其广告或推广信息的搜索结果。基于搜索引擎付费的营销活动称为搜索引擎营销（SEM）。付费搜索结果通常出现在自然搜索结果的上方或旁边，并以特殊标识（如“广告”或“推广”）来区分。广告主可以根据关键词、地理位置、设备类型等因素来定位和展示他们的广告，如图 6-3 所示。

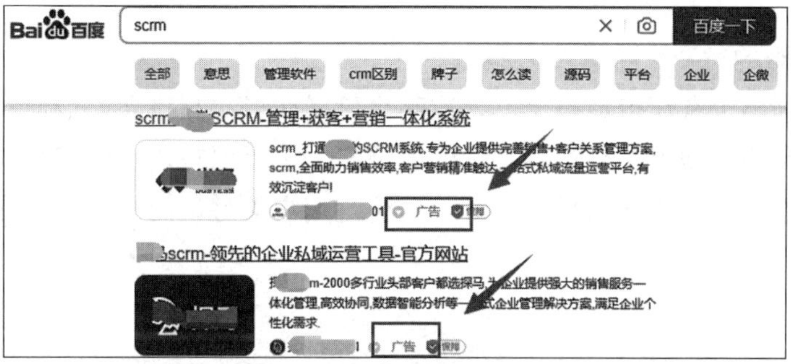

图 6－3　搜索引擎广告标识

（四）搜索引擎广告文案的构成

如果把搜索结果当作一个广告，那么搜索引擎广告文案的结构相对简单，由标题、概要和网页链接三部分组成。

（1）标题：简洁明了地概括广告的主要内容，吸引用户的注意力。

（2）概要：用一句话或简短的段落描述产品或服务的特点和优势，突出关键信息。

（3）链接：提供点击链接，引导用户进入广告主的网站或特定页面，以获取更多详细信息。

在标题或概要中，对应的关键词会用不同颜色（一般是红色）标识出来，以表示结果与用户需求的相关性。

二、搜索结果的特点

（一）搜索结果的排序化

1. 排序化的概念

搜索结果的排序化是指根据一定的算法和规则，将用户输入的关键词与搜索引擎索引中的相关网页进行匹配，并按照相关性、落地页质量、出价等因素对这些结果进行排序，以展示给用户。

2. 排序化的影响

搜索结果页展现的结果数量，理论上是海量的，如图 6－4 所示。

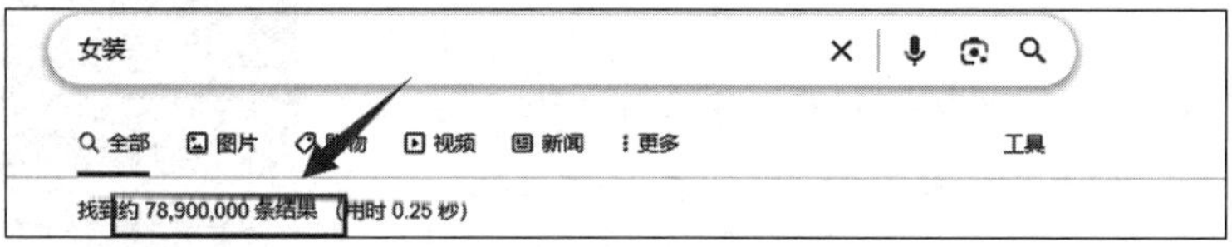

图 6－4　某搜索引擎搜索结果数量

搜索引擎需要对搜索结果的展示顺序进行处理，因为屏幕大小有限，一页搜索结果页只能展示 10 个左右的搜索结果。大部分用户不会下拉网页或查看下一页，这就导致排序靠前的搜索结果更有可能被用户查看。但是靠前的位置数量有限，市场有众多的需求方想要将自己的结果排序靠前，这就要求需求方通过搜索引擎优化或者付费搜索广告来提升排序。

3. 搜索引擎的付费广告排序方案

通常是最高出价者获得最高排名，次高出价者获得次高排名，以此类推。但存在最高出价的广告和用户搜索关键词相关性低的情况，为了保障用户的搜索体验，搜索引擎会引入其他因素来综合排序结果。例如，广告与用户关键词的相关性、点击次数多的广告等。

小贴士

位置偏见

人类对位置的偏见是营销重要的指导理论之一，它可以灵活指导非常多营销策略的制定。世界各国大部分文化语境，都重视位置排序，存在位置偏见现象，认为第一比第二或第三好。而在搜索引擎营销中，还有两个关键点影响搜索者的位置偏见。

（1）思维定式。

用户在使用搜索引擎过程中，发现排序靠前的结果往往更符合自己的需求，长此以往就会形成思维定式，用户就会下意识地认为排序靠前的结果更符合自己的需求。

（2）最小努力原则。

用户希望花最少的时间、精力或能量来获取自己想要的结果，那他就会希望在第一结果页中的前几个结果就能满足自己的需求；不想花更多的时间成本去下拉网页或查看其他结果页。

知识视窗

2009年，美国著名网站设计师杰柯柏·尼尔森发布报告《眼球轨迹的研究》，指出大多数浏览者都不由自主地以“F”形状的模式阅读网页，这种基本恒定的阅读习惯决定网页呈现“F”形的关注热度。

研究者用几种不同的页面做眼动仪测试，得到搜索结果页热度图，用颜色来表示浏览者眼光聚集的热度，分为最热、较热、不热和基本不关注4种。从中，我们可以明显发现，排序靠前的三个结果获得了用户最多的关注，排序越靠后，关注度越低。

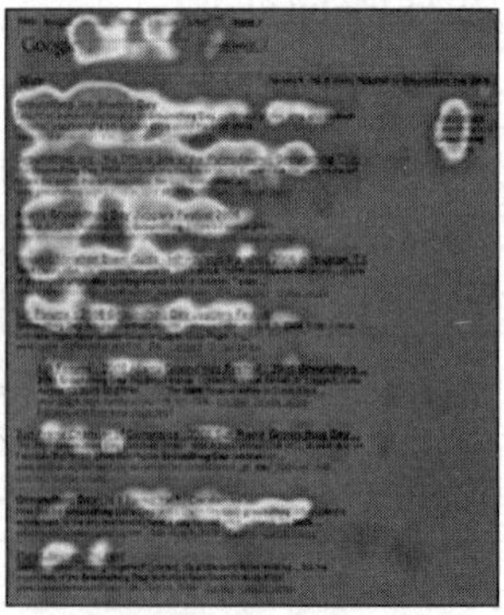

搜索引擎结果页
眼动仪测试结果

（二）搜索结果的知识图谱化

知识图谱是一种语义网络，它将实体（如人物、地点、事件等）之间的关系以图形化、结构化的方式表示出来。通过将搜索结果与知识图谱相结合，搜索引擎可以提供更丰富、深入和结构化的信息。

知识图谱中的实体可以是任何有意义的事物，如人、地点、组织、事件、概念等；关系则是指实体之间的联系，如朋友关系、地理位置、隶属关系、时间顺序等。通过知识图谱，用户可以更直观地了解各个实体之间的关联和层次结构。

知识图谱的构建需要对大规模的知识库和语义数据进行管理和处理。这涉及自然语言处理、知识抽取、关系挖掘等技术。通过利用知识图谱，搜索引擎可以提供更智能、深入和个性化的搜索体验，帮助用户更快速地找到所需的信息。

例如，在百度搜索引擎搜索“广州塔”，知识图谱技术会对“广州塔”结果进行分析和关联，然后结构化搜索结果页，让有一定关联性的结果呈现在用户面前，如提供广州塔的百科词条、广州塔的图片、广州塔攻略以及“相关塔”，如图 6－5 所示，从而提高用户体验和结果点击率。据此营销者可以思考创建百度百科或百度图片相关内容。

图 6－5　百度搜索引擎的知识图谱化搜索结果页

（三）搜索结果的个性化

搜索结果的个性化是指根据用户的 IP 地址、网页浏览数据、搜索历史等数据为每个用户提供独特的、定制化的搜索结果。

搜索引擎不单从广告主的角度排序搜索结果，为了保障用户体验，也会综合考虑用户个性化的需求。不过其搜索结果页的个性化程度远低于推荐引擎内容页。

常见搜索结果的个性化因素如表 6－1 所示。

表 6－1　常见搜索结果的个性化因素

个性化因素	解释
搜索历史	记录用户的搜索查询历史，以了解用户的兴趣和需求
设备标识	识别用户使用的设备类型和操作系统，以提供适合不同设备的搜索结果
IP 地址	提供 IP 地址所在城市或国家的搜索结果

续表

个性化因素	解释
购买记录	如果用户在网站上进行了购买或交易，搜索引擎可以利用这些记录提供个性化搜索结果
Cookie	跟踪用户在网站上的浏览行为和偏好，以提供个性化的搜索结果

例如，在同一个搜索引擎搜索“电商主播培训”，A 城市用户的搜索结果页显示 A 城市直播电商培训机构的广告，B 城市用户的搜索结果页显示 B 城市直播电商培训机构的广告。

翻转一下

自主探索：探索搜索引擎的发展历史，梳理当前国内外的主要搜索引擎。

三、人类网络搜索行为的基本解释

（一）认知影响行动

前面提到过一个分析人类行为的模型“情境行为模型”，它也能解释“人们为什么用搜索引擎”。

网络搜索本质上是一种信息查询行为，目的是提高认知，从而提高决策的科学性，而决策水平又会影响到行动的回报或回馈。

在某个情境中，个体实施一个行动前会判断当前情境下，自己应不应该实施某种行动，自己能不能实施某种行动或者采取哪些策略实施该行动。

当原有解释框架不足以应付当前情境时，个体一般会选择“补充和完善解释框架”或“借助别人的解释框架”来弥补认知上的不足。

（二）人类信息获取行为的特点

1. 最小努力原则

最小努力原则是一种普遍存在的认知倾向，它指出人们在执行任务或做出决策时，往往会倾向于选择付出最小努力的途径。最小努力原则在许多领域都有应用。例如，在设计用户界面时，设计师会尽量简化操作流程，减小用户的认知负担，以提高用户体验。在日常生活中，人们也会根据最小努力原则选择最便捷的交通方式、购买最方便使用的产品等。

在网络搜索行为中，用户会根据最小努力原则搜索信息，例如，倾向于访问容易接触到的内容，如排序靠前的结果。如果搜索结果内容与网页信息不太一致，用户不会花大力气在该网页找更匹配的内容，而倾向于直接离开，去查看下一个结果。当然，如果查看了很多结果都没有找到想要的内容，用户一般会选择离开，即使还有很多结果没有查看。也就是说，用户在心里有一个预期的查询次数，它就是用户愿意付出的“努力上限”，超过一定数量的查询次数后没有得到想要的信息，可能会结束查询行为。

对搜索引擎营销的启发：尊重用户的最小努力原则，尽量让自己的结果排序靠前，落地页界面要合理，相关内容能轻易地满足用户的需求。

知识视窗

生成式 AI 对搜索引擎的影响

搜索引擎的搜索结果只是把信息和网站按照一定的算法呈现到用户面前，用户依然需要进行信息查看、分析和筛选，这个过程耗时耗力。而生成式 AI，通过问答的形式为用户提供其所需的信息，方便、高效、快捷，且能直接产出一些文案、音频和图片等用户可能需要的内容。

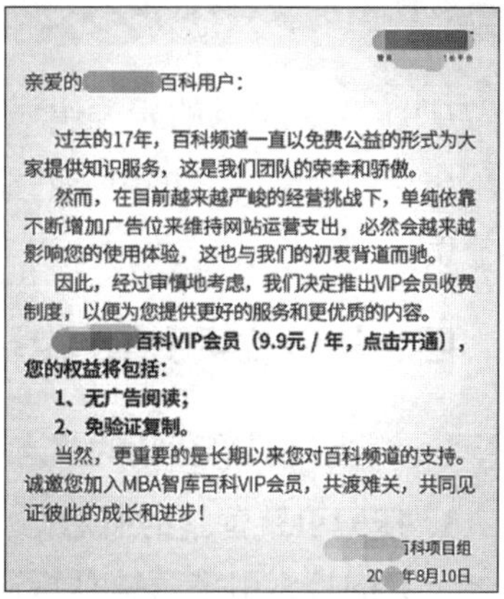

[redacted]

亲爱的[redacted]百科用户：

过去的17年，百科频道一直以免费公益的形式为大家提供知识服务，这是我们团队的荣幸和骄傲。

然而，在目前越来越严峻的经营挑战下，单纯依靠不断增加广告位来维持网站运营支出，必然会越来越影响您的使用体验，这也与我们的初衷背道而驰。

因此，经过审慎地考虑，我们决定推出VIP会员收费制度，以便为您提供更好的服务和更优质的内容。

[redacted]百科VIP会员（9.9元 / 年，点击开通），您的权益将包括：

1、无广告阅读；

2、免验证复制。

当然，更重要的是长期以来您对百科频道的支持。诚邀您加入MBA智库百科VIP会员，共渡难关，共同见证彼此的成长和进步！

[redacted]百科项目组

20[redacted]年8月10日

生成式 AI 对搜索引擎的影响例子

这种便捷性符合“最小努力原则”，对应的搜索引擎营销效果将会受到影响，用户的搜索引擎搜索行为会减少。当然，如果该搜索引擎融合了 AI 的回答，那么这种冲击会被减小。但是网站流量的减少不可避免，随之而来的是广告主降低搜索引擎付费广告的投入。部分依赖搜索引擎营销业务的网站也将面临流量减少使广告业绩降低的情况。

2. 不确定性原则

用户之所以搜索信息，就是因为缺少部分“认知”，这种状态下，用户一般不会采取进一步的行动，这就是行为的“不确定性原则”。用户为了“消灭”这种不确定性，就会去获取信息，如咨询他人、观看“大 V”视频或进行网络搜索。

帮助用户“消灭”这种不确定性，是搜索引擎营销的关键工作，能让用户从不确定、疑惑转变到信心增强，这将提升用户的体验感和信任度。

小贴士

不确定性原则的应用建议

建议落地页直接体现企业对用户问题的分析与判断，给出理由和逻辑让用户相信企业的判断。

然后根据分析与判断，给出对应的解决方案，进一步表述解决方案的优势、原因和实际案例。这将进一步提升用户的搜索体验和对企业的信任度。

如果用户登录网页后，网页内容没有很强的逻辑去消除用户的“不确定性”，用户可能会失望甚至生气，因为他会觉得花了不必要的时间和精力。

（三）说服性沟通

在搜索结果的标题和概要中，一些特定内容如品牌词、行业词、产品词、解决方案、活动、攻略、报价等有较强说服力，会提高广告的点击率。

翻转一下

课堂实践：请以“时尚女装”为关键词，登录百度搜索引擎搜索相关内容，查看标题和概要，看看有哪些词让你有点击链接的冲动，可以汇总这些词并和同学们分享。

（四）关注结果的相关性

用户倾向于查看更相关的结果，如果落地页相关性不高，将极大影响用户的体验和满意度。

四、认识搜索引擎营销

（一）搜索引擎营销的概念与特点

1. 搜索引擎营销的概念

广义的搜索引擎营销是指通过搜索引擎实现营销目标的数智营销策略，包括搜索引擎广告和搜索引擎优化两个方面。狭义的搜索引擎营销是指广告主通过搜索引擎的付费推广，增加企业网站曝光度。

（1）搜索引擎广告。

这是一种通过在搜索引擎上购买关键词广告来提高网站曝光度的方式。广告主通过竞价购买特定关键词，当用户在搜索引擎中输入相关查询时，广告就会显示在搜索结果的顶部或侧边，吸引用户点击进入网站。常见的搜索引擎广告平台包括百度营销、谷歌广告等。相关的结果带有“广告”标识，如图 6－6 所示。

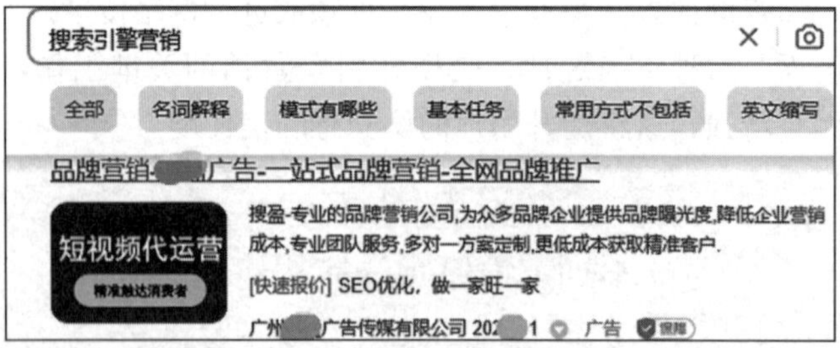

图 6－6 搜索引擎广告

（2）搜索引擎优化（SEO）。

这是指通过优化网站内容和结构，提高网站在自然搜索结果中的排名。广告主通过优化关键词、改进网站结构、提高页面质量等手段，使搜索引擎更容易理解和索引网站内容，从而提高网站在搜索结果中的排名。SEO 是一种长期的策略，通常需要一定时间才能看到效果。相关结果不带“广告”标识，如图 6－7 所示。

图 6－7　自然搜索结果

2. 搜索引擎营销的特点

（1）搜索引擎推广方法与企业网站密不可分。

一般情况下，搜索引擎推广是网站推广的常用方法之一，如果没有建立网站，很少会用到这个方法（有时候也可以用来推广网上商店、企业黄页等其他形式的网站）。搜索引擎营销需要有一个企业网站作为基础，而且企业网站设计的专业性也会直接影响到网络营销的效果。

（2）搜索引擎传递的信息只发挥导向作用。

用户在搜索引擎上输入关键词，看到的是一些网页信息的索引。这些索引可能是网站或者网页的标题、概要、部分内容等，但它们并不能完全反映网页的全部内容。它们只是为了吸引用户点击进入网页，获取更多的信息。那么，如何让这些索引内容更有吸引力呢？如何让用户能够根据这些简单的信息，快速地找到自己想要的网页呢？如何让用户在进入网页后，能够满意地获取他们想要的信息呢？这些问题就是搜索引擎营销要解决的核心问题。

（3）搜索引擎营销是用户主导的网络营销方式。

没有哪个企业或网站可以强迫或诱导用户的信息检索行为，使用什么搜索引擎、通过搜索引擎检索什么信息完全是由用户自己决定的，在搜索结果中点击哪些网页也取决于用户自己的判断。所以，搜索引擎营销是由用户主导的，最大限度地减少了营销活动对用户的干扰，最符合网络营销的基本理念。

（4）搜索引擎营销可以实现较高程度的定位。

网络营销的一个主要特点是可以对用户行为进行准确分析并实现高程度定位。搜索引擎营销在用户定位方面具有更好的功能，尤其是在搜索结果页面的关键词广告，完全可以实现与用户检索所使用的关键词高度相关，从而提高营销信息被关注的程度，最终达到增强网络营销效果的目的。

（5）搜索引擎营销的效果表现为网站访问量的增加而不是直接销售。

搜索引擎营销的核心价值是能够带来大量的网站流量，这对于网站推广来说是至关重要的。但是，流量并不等于收益，搜索引擎营销只能为网站提供潜在的客户，而是否能够将这些客户转化为实际的购买者，还要考虑网站本身的产品、服务、设计等因素。

（6）搜索引擎营销需要适应网络服务环境的发展变化。

搜索引擎营销是利用搜索引擎的服务来进行网络营销的一种方式，它需要根据搜索引擎的工作原理和服务模式来制定合适的策略。因为搜索引擎的检索方式和服务模式会随着时间和技术的发展而变化，所以搜索引擎营销方法也要不断地更新和调整，这样才能保证搜索引擎营销的效果与网络营销环境的协调性。这是搜索引擎营销的一个基本要求。

3. 搜索引擎营销的目的

（1）增加品牌知名度。

通过在搜索引擎上投放广告，可以提高品牌的曝光率和知名度。选择与品牌相关的关键词进行广告投放，确保广告文案和展示信息能够准确传达品牌形象和价值观。

（2）增加网站流量。

利用搜索引擎广告吸引更多的用户访问网站。选择与产品或服务相关的热门关键词进行投放，优化广告文案和目标页面，以提高点击率和转化率。

（3）提高销售量和转化率。

通过搜索引擎营销，将潜在客户引导到网站上的特定产品或服务页面，提高销售量和转化率。精细定位目标受众，根据用户搜索意图展示相关的广告信息，提供明确的行动召唤。

（4）地域定向。

如果业务具有地域性，可以利用搜索引擎的地域定向功能，将广告展示给特定地区的用户。这有助于针对当地市场进行营销活动。

（二）搜索引擎营销的步骤

不同搜索引擎的推广算法可能有所不同，例如，同一个关键词，有些搜索引擎的搜索结果页广告比较多，有些搜索引擎的搜索结果页广告比较少，还有一些搜索引擎不接某类广告。但总体上，搜索引擎营销有一定的步骤。

1. 受众定向

（1）确定定向维度。

关于目标受众定向，前面已经提及过，用来解决“把广告投放给谁”的问题。通常，广告和客户需求的匹配度越高越好，这就需要进行受众定向。在搜索引擎营销领域，定向维度包括关键词匹配、投放时段、投放地域、人群投放和“否定关键词”。

“否定关键词”是指“否定词”。添加“否定词”后，当用户的搜索词包括这个“否定词”时，该广告将不会展现在该用户面前。例如，本地一家篮球培训机构将“足球培训”作为“否定词”，那么当用户搜索“本地有哪些足球培训机构”时，该篮球培训机构的广告将屏蔽该用户。

相反，关键词匹配是指当用户的搜索词包含关键词时，广告将可能呈现在用户面前。

小贴士

关键词购买建议

一般根据转化效果和广告预算选择性购买关键词，不同的关键词转化效果不一样。综合搜索引擎官方数据报告与企业大量实践案例，不同关键词的类型、定义及特征如下表所示。品牌词＞产品词＞活动词＞行业词＞通用词＞人群词。

不同关键词的类型、定义及特征

词类	定义	特征
品牌词	表达品牌关键词，包括公司品牌或特有产品，如公司名称、网站域名等	搜索用户意图明确，流量不多，但转化率高
产品词	带修饰限定的产品相关词，包括产品名称、型号等	搜索产品词的用户已有明确的产品需求，购买意向较高，同行均会添加该类词，竞争较为激烈
活动词	节假日或网站促销活动的类别、名称。该类词通常用于节日、周年庆等营销活动的曝光	活动词的流量限于企业造势程度，搜索活动词表明用户意图明确
行业词	同行的一些其他企业名称和产品名称，也称为竞品词	竞品词效果因行业而异，部分行业品牌用户忠诚度不高，通过买竞品词截流量转化概率大，该类词需要测试后使用
通用词	不包含品牌词，被用户大量使用的搜索词，如手机、汽车	这些关键词表明用户有一些模糊的欲望和兴趣，搜索意图模糊，该类词建议测试后使用
人群词	与产品直接相关性小，但却是目标受众所表现出的主流兴趣点，如搜“祛痘”的用户可能是某款护肤品的潜在受众	人群词属于拓展流量的关键词，如果企业需要扩展展现量，则建议使用

翻转一下

课堂实践：组成一个实践小组，选择一家新能源汽车品牌的官网梳理相关关键词，填写下表完成任务。

关键词梳理表

词类	列举
品牌词	
产品词	
活动词	
行业词	
通用词	
人群词	

（2）确定关键词。

一般从业务出发，列出能反映业务的所有关键词，如品牌词、产品词、行业名称、功能词、产品特征词、使用场景短语、目标受众、行业术语、长尾词等。

热门关键词费用高、流量大，长尾词费用较低、流量较少，采取哪个或哪些关键词，具体看转化效果和投入产出比。也就是说，关键词可以被测试，通过数据分析来实现优化。

翻转一下

假设李卿为“女武神”品牌创建了一个网上商城，想通过搜索引擎付费推广方式推广商城，请你为她列一个关键词清单。

（3）提高关键词质量。

质量较高的广告能够以较低的价格获得较为理想的广告排名，以百度搜索引擎为例，它根据关键词、关联的创意和落地页，来评估关键词的质量分（1～10 分）。质量分较高时，系统也会建议提高出价来提高结果名次，以此获得更多曝光。

- 6 分以上：关键词广告的点击成本不高于行业平均水平，可重点考虑其他优化方向（提高出价、扩大定向范围等）。
- 6 分：行业平均水平，所有子项均为行业平均水平。
- 3～5 分：低于行业平均水平，至少有一个子项低于平均水平，广告展现量较少或者所付出的平均点击成本高于同行平均水平，建议调整优化。
- 1～2 分：质量不佳，展现受限，通常有两个子项低于平均水平，建议尽快调整优化。也可以查看优化中心是否收到了对应的调整建议。

2. 广告创意

（1）选择广告创意样式。

搜索引擎广告包含广告标题、广告描述和营销组件信息。系统一般提供营销组件，如图片、文字链、视频类、营销类、商品类和应用类组件，这些丰富的组件能够让广告主选择合适的广告创意样式，如图 6－8 所示。

图 6－8 搜索引擎广告创意样式

（2）以人、货、场角度打造内容。

1）人的角度：区分人群，圈定受众，区分精准流量和泛流量，基于精准流量人群创作对应的创意。

2）货的角度：突出产品或服务的核心卖点，把产品或服务能为谁解决什么问题或痛点表述清楚。另外，可以强调独有的优势以便于用差异化的方式在同质化竞争激烈的情况下脱颖而出。

3）场的角度：常用多种表达形式或创意样式来提高广告吸引力，如采用商品类组件，在搜索结果页形成一个简易的“商品橱窗”，方便用户点击查看产品，如图 6－9 所示。

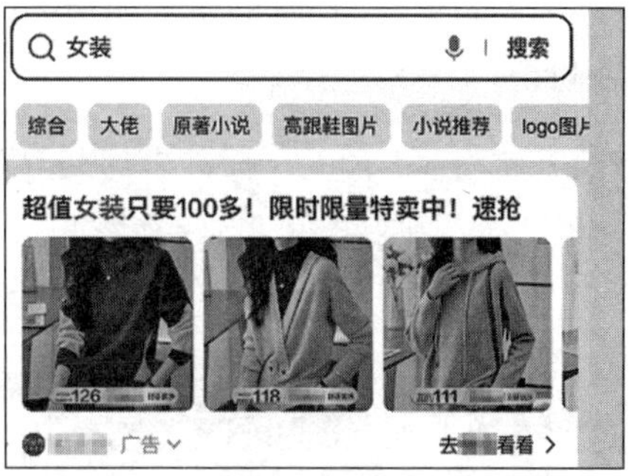

图 6－9　“商品橱窗”广告创意样式

3. 竞价排序

竞价排序是指广告主为关键词的展现位置而出价，通常价格越高排序越靠前，最高出价者一般可获得第一个搜索结果位置。

运营方可随时调整出价，通过后台也可以了解自己的广告当前位置，这种属于人工竞价。

还有一种是自动竞价，智能系统根据每一个用户的画像和行为特征，为每个用户每次搜索实时动态出价，实现优化师设定的转化成本目标或者其他优化目标。自动竞价充分利用了大数据和 AI 技术，帮助广告主在搜索竞价推广中更高效地达成获客增长和成本控制的目标。这是当前比较流行的出价方式。

翻转一下

自主探索：请分析人工竞价和自动竞价的区别。

4. 落地页促转化

在搜索引擎营销中，落地页（Landing Page）是指用户点击搜索引擎广告后被引导到的目标页面。它是广告主希望用户到达的具体网页，通常与广告中宣传的产品、服务或信息相关。

落地页的主要目的是将广告带来的流量转化为实际的行动或目标，例如：

（1）完成购买：如果广告宣传的是产品，落地页可能是产品详情页面，用户可以在该页面了解更多信息并购买。

（2）填写表单：如果广告的目的是收集潜在客户的信息，落地页可能是一个表单页面，用户可以填写相关信息以表示对产品或服务的兴趣。

（3）下载资源：如果广告宣传的是软件或文件下载，落地页可能是一个下载页面，用户可以在该页面下载所需的资源。

（4）引导至其他页面：有时候，落地页可能只是一个中间页面，用于引导用户进一步访问其他相关页面或内容。

落地页的设计和内容应该与广告的宣传信息保持一致，并提供清晰的行为路径引导，让用户发生“不了解—感兴趣—提高认知—增加信心—增强对产品或服务的信任”的转变，并引导用户采取预期的行动。

通过优化落地页的质量和相关性，可以提高转化率，将更多的流量转化为实际的商业价值。

翻转一下

课堂实践：不同产品、不同行业，落地页的设计思路可能不同，有些是公司的介绍，有些是解决方案的介绍，还有些是商品列表。请搜索“制服定制”“数智营销”或者你感兴趣的行业，查看不少于5个落地页，了解这个行业落地页的特点。

小贴士

一个优秀的搜索引擎广告落地页是什么样的？

一个优秀的搜索引擎广告落地页应该能够快速吸引用户的注意力，清晰地传达产品或服务的价值，并引导用户采取预期的行动，从而实现营销目标。

落地页设计要素

要素	描述
相关性	落地页内容应与广告高度相关，确保一致性，满足用户的期望
明确的价值主张	在首屏或重要位置传达产品或服务的核心价值和独特卖点，使用简洁语言让用户快速了解价值
简洁易懂的设计	页面设计简洁、整洁，避免过多干扰元素，采用清晰布局和易读字体，确保信息易于寻找和理解
行动号召明确	在落地页上引导用户采取下一步行动，使用明确的按钮或链接，提供清晰指示，如购买、注册、填表等
优化加载速度	确保落地页加载速度快，通过优化图片大小、减少 HTTP 请求等方式提高页面加载速度，减少用户等待时间
信任和安全信号	展示信任和安全元素，如信任徽章、客户评价、安全认证，提高用户对产品或服务的信任
移动友好性	落地页要在不同设备和屏幕上正常显示和操作，提供良好的移动用户体验，确保响应式设计
测试和优化	定期进行 A/B 测试，优化落地页元素、布局和内容，提高转化率和用户满意度

业务操作

业务名称：准备搜索引擎广告内容

工作要求：

1. 随着新媒体渠道的推广，“女武神”品牌在新生代女性群体中获得了一定影响力，为了提高其在搜索引擎渠道的曝光度并承接这一部分的流量，李卿创建品牌官网，其兼具商城功能。现在要求作为数智营销经理的你规划搜索引擎广告内容。

2. 由于热门词费用过高，李卿要求侧重“品牌词”和“长尾词”。

操作步骤：

1. 完成目标受众定向。

2. 确定关键词，可按照表 6 - 2 进行操作。

表 6 - 2　搜索引擎广告基本内容

关键词类型	具体词汇	广告标题	广告描述	落地页思路
品牌词	女武神			
长尾词	大学生女装			
	国风女装			
	……			

任务二　搜索引擎优化

任务引例

某电子网是电子元器件原材料采购垂直 B2B 网站，为全球 IC 芯片/电子元件/配件采购商、供应商、贸易商、制造商提供专业的服务。过去，该网站在搜索引擎中的排名较低，导致流量较少和销售额不佳。为了提升业绩，他们决定实施搜索引擎优化策略。

优化措施：

（1）关键词研究：对目标受众进行调查，确定与产品相关的热门关键词。

（2）网站结构优化：改进网站的导航和内链结构，使搜索引擎更容易理解网站内容。

（3）内容优化：创建有价值、独特且关键词丰富的产品页面内容，提高用户体验。

（4）页面速度优化：优化图片和代码，提高网站的加载速度。

（5）建立外部链接：与其他相关网站建立友情链接，增加网站的可信度。

结果：

经过一段时间的努力，该公司的网站在搜索引擎中的排名得到显著提升，带来了更多的有机流量。同时，该公司还发现以下业绩的提升：

（1）流量增长：网站的访问量大幅增加，用户通过搜索引擎更容易找到该公司的产品。

（2）转化率提高：由于网站内容的优化，用户在网站上的停留时间增加，转化率也有所提高。

（3）品牌知名度提升：随着网站在搜索引擎中的曝光度增加，公司的品牌知名度得到提升。

这个案例说明了搜索引擎优化对企业业绩提升的重要性，通过搜索引擎优化提高了网站的排名和流量，进而带动了业绩的增长。

任务描述

搜索引擎优化对企业的数智营销业务至关重要。通过投入时间和资源进行搜索引擎优化，可以提高网站的曝光度、流量、转化率和品牌形象，从而实现更好的业绩。

本任务涉及的优化方法比较多，如关键词选择、网站结构优化、网站导航优化、内容链接优化、网站内容优化和站外反链优化等，限于篇幅，每种方法没有详细展开，可根据实际业务需求选择适当的优化方法，并拓展学习这些优化方法。

任务要求

1. 清楚搜索引擎优化的概念与重要性。
2. 掌握搜索引擎优化的技巧，能够使用这些技巧开展搜索引擎优化工作。

知识准备

一、认识搜索引擎优化

（一）搜索引擎优化的概念

搜索引擎优化（Search Engine Optimization，SEO）是一种数智营销策略，通过遵循搜索引擎的规则和算法，提升网站在搜索结果中的自然排名，从而吸引更多的流量、增加品牌曝光度和转化潜在客户。

它是众多数智营销方案中运行成本较低且长期有效的推广方式，一旦获得良好的排名，持续的曝光和流量将为企业带来长期的收益。所以在制定数智营销方案时，应将其作为一项重要的营销策略。

（二）搜索引擎优化的重要性

首先，SEO 能够显著增加网站的流量。通过优化关键词、内容和结构，网站在搜索引擎结果中的排名得到提升，吸引更多潜在客户点击访问，从而提高品牌的曝光度。

其次，高排名的网站通常被用户视为更值得信赖的对象，用户会认为排名前几个的搜索结果对应的品牌可能更有实力，这有助于提高品牌的可信度和声誉。用户更倾向于点击搜索结果中的前几个链接，因此 SEO 不仅提高了曝光度，也塑造了积极的品牌形象。

再次，通过吸引有意向的访客，SEO 有助于提高转化率。这意味着更多通过搜索引擎引入的用户可能成为潜在客户或实际客户，从而推动业务的增长。

最后，SEO 要求网站改进结构、内容和性能，从而提高用户体验，降低网页跳出率。通过优化网站以满足搜索引擎和用户的需求，提供更好的用户体验，提高用户留存率和忠诚度。

相较于付费广告，SEO 是一种提升自然排名，通过自然排名实现营销目的的方式，能够降低在线广告支出。

知识视窗

什么是跳出率？

跳出率是指在特定时间段内，访问者进入网站后仅浏览了一个页面就离开的比例。它是衡量网站用户体验和内容吸引力的重要指标之一。

跳出率的计算方式为：跳出率＝只访问了一个页面的访问次数/总访问次数。

较高的跳出率可能表明网站的内容没有满足用户的期望，或者存在导航问题、加载速度慢等用户体验方面的不足。较低的跳出率通常表示用户在网站上进行了更多的页面浏览，可能意味着网站内容有吸引力，用户能够找到他们想要的信息。

跳出率可以通过分析网站的访问数据来获得，常见的分析工具包括网站分析平台、百度统计等。通过监测和分析跳出率，网站所有者可以了解用户在网站上的行为，发现问题所在，并采取相应的改进措施来提高用户体验和降低网页跳出率。

需要注意的是，不同类型的网站和访问目的可能会导致不同的跳出率水平。某些类型的网站（如信息查询类）可能具有较高的跳出率，而其他类型的网站（如电商）通常会努力降低跳出率以提高用户的参与度和转化率。

赛题链接

赛事：2023 年全国职业院校技能大赛高职组“GZ046 市场营销”赛项

模块：比赛模块三—数字营销—任务 3－3 搜索排名优化

任务内容：

搜索排名优化是指在了解搜索引擎自然排名机制的基础上，对网站进行内部及外部的调整优化，提高网站在搜索引擎中关键词的自然排名，获得更多的展现量，吸引更多目标客户点击访问网站，从而达到企业品牌建设及促进盈利的目标。为了更好地获取搜索引擎自然流量，A 家电有限公司将对公司网页进行搜索排名优化。请根据企业网站介绍与产品或服务介绍，在竞赛当日，进行网站主页标题、关键词的优化与产品或服务页的标题、关键词优化。

任务要求：

1. 通过搜索中心对每个关键词进行检索，查看网页的实时排名，以免费的方式获得在目标受众检索关键词时尽可能多的展现机会，将信息传递给目标受众。

2. 可根据排名反馈继续优化，继续提高搜索排名优化效果，尽可能增加网站首页和产品或服务介绍页的展现机会。

任务操作：

1. 根据搜索引擎排名规则，借助搜索工具搜索关键词，分析网站主页与产品页排名，完成网页搜索排名分析。

2. 根据关键词优化方法，结合企业背景信息，完成网站主页标题、关键词的优化。

3. 根据关键词优化方法，结合企业背景信息完成产品或服务页的标题、关键词优化。

二、搜索引擎优化技巧

搜索引擎优化技巧是指一系列通过优化网站、内容和其他因素，以提高网站在搜索引擎中排名和可见性的方法和策略。这些技巧旨在使网站更符合搜索引擎的算法，从而在相关的搜索查询中获得更好的排名，吸引更多的有效流量和精准流量。以下是一些常见的搜索引擎优化技巧。

（一）关键词选择

1. 关键词的概念

关键词是指在搜索引擎中由用户输入的具有特定意义的词语或短语。它是用户表达搜索需求和意图的方式，用于定位他们感兴趣的信息、产品或服务。在搜索引擎优化和搜索引擎营销中，关键词是一个至关重要的概念。

2. 关键词的应用

用户喜欢根据搜索结果中是否包含他们所找的关键词来判断这个搜索结果和自己搜索意图的匹配度。系统也会用红色这一字体颜色来突显关键词，突显的位置出现在结果标题、概要或正文中，如图 6－10 所示。

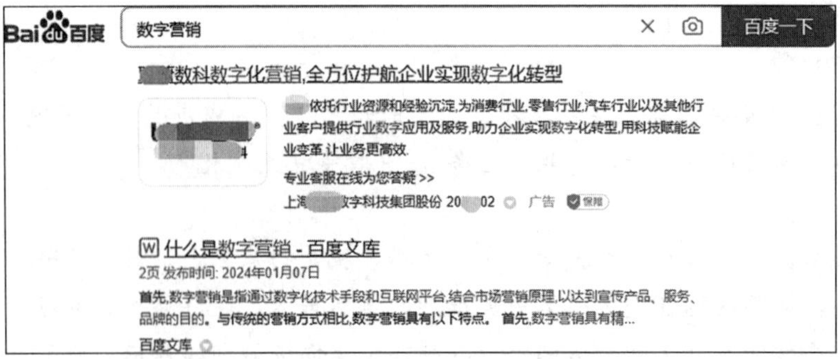

图 6－10 关键词在结果中的显示

（1）关键词在搜索引擎中的应用。

用户在搜索引擎中输入关键词，搜索引擎根据这些关键词匹配并呈现与之相关的搜索结果。关键词直接影响网页在搜索结果中的排名。

（2）关键词在网站优化中的应用。

网站所有者和数智营销从业者通过优化网站内容中的关键词，以提高网站在搜索引擎中的可见性。这包括在网页的标题、正文、标签等位置合理地使用关键词，使搜索引擎能够更好地理解和呈现网页。

（3）关键词在广告投放中的应用。

在搜索引擎营销中，广告主可以选择一组关键词，当用户搜索这些关键词时，他们的广告将在搜索结果中显示。通过选择合适的关键词，广告主可以更精准地定位目标受众。

（4）用户体验。

对于用户而言，关键词是表达他们需求的工具。使用准确、清晰的关键词可以帮助用户更快地找到他们想要的信息，从而提高搜索体验。

3. 关键词的选择原则

关键词的选择对于搜索引擎优化至关重要，它直接影响着网站在搜索引擎中的排名和曝光度。以下是关键词选择的原则，可以提高网站的可见性和流量。

（1）相关性。

关键词必须与网站的主题、内容和目标用户高度相关。选择与网站核心主题紧密相关的关键词，确保用户通过这些关键词找到的内容与其搜索意图一致。比如，如果网站是一家售卖健康食品的电商平台，关键词可以包括“有机食品”“健康食品”等。

（2）热度。

关键词的搜索量要有一定的热度，表示这些关键词有一定的市场需求和潜力。通过使用一些关键词研究工具，了解用户搜索频率较高的词汇，从而选择热门关键词。例如，在健康食品电商平台，关键词“健康食品”可能具有相对较高的热度。

（3）竞争度。

关键词的竞争度要适中，既要有一定的市场活跃度和价值，又要避免过于激烈的竞争。选择一些具有适度竞争度的关键词，可以提高网站在搜索结果中的排名。还是以健康食品电商平台为例，可能选择“健康零食推荐”这样的关键词，相对较容易在竞争中脱颖而出。

（4）长尾性。

关键词要具备一定的长尾性，即包含更多细分和精准的词汇，以满足用户更具体的需求。例如，在长尾关键词方面，可以选择“有机坚果零食”“适合儿童的健康食品”等，这有助于吸引更为特定的目标受众。

通过综合考虑相关性、热度、竞争度和长尾性，网站可以更有效地选择适合自身特点的关键词，从而在搜索引擎优化的过程中取得更好的效果。

4. 选择关键词的常用方法

（1）搜索引擎搜索提示。

在搜索引擎中输入与网站主题相关的词语时，搜索引擎通常会自动提示相关搜索词、热门搜索等。通过分析这些提示，可以了解用户常用的关键词或短语。例如，在健康食品领域，搜索“健康饮食”，搜索引擎会提示其他相关热门搜索，如图 6 - 11 所示。

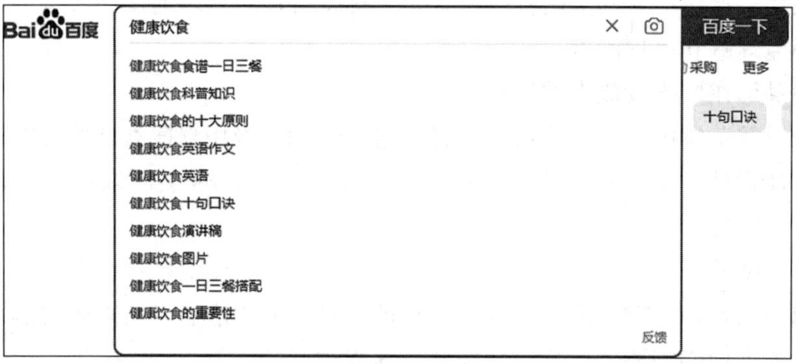

图 6-11　搜索引擎搜索提示

（2）关键词工具。

大部分搜索引擎都会向广告主提供关键词分析的功能，如“关键词广场”“关键词指数”“关键词规划师”等，广告主可查看相关关键词的搜索量、搜索趋势、地域分布等。这可以帮助广告主分析出一些当前热门和具有潜力的关键词。以健康食品为例，通过搜索引擎指数可能发现“儿童健康食品”在某个时间段的搜索量呈现上升趋势。

以百度指数为例，百度公司根据用户的搜索数据推出了“百度指数”平台，用户可以通过百度指数了解关键词的搜索指数、相关词分布、相关词的热度、关键词对比和搜索用户人群的画像，如图 6-12 所示。关键词的搜索指数越高说明搜索的用户越多。

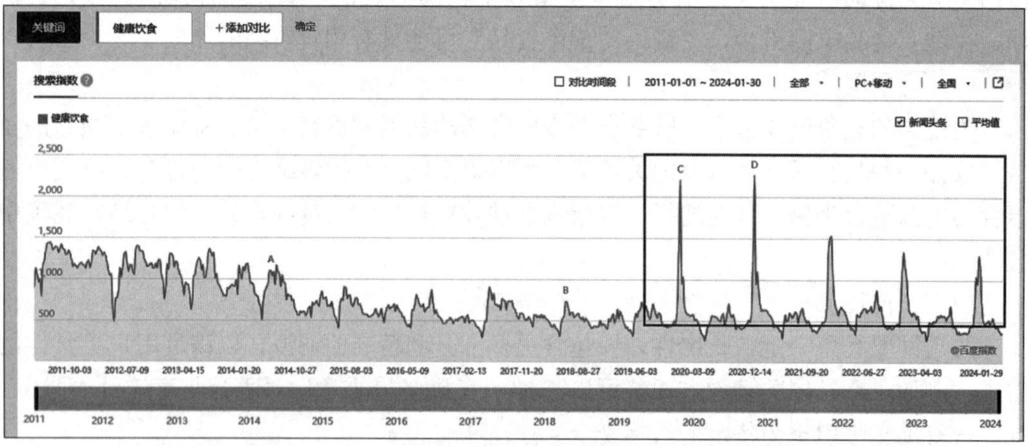

图 6-12　百度指数中的某关键词搜索指数数据

1）关注整体的搜索指数趋势和异常波峰。

随着以抖音为代表的推荐引擎平台的崛起，传统搜索引擎的搜索数据普遍呈现出下降到平稳的趋势，部分关键词在 2019 年后出现异常高峰，这是因为智能推荐媒体平台逐渐崛起，推荐引擎平台更容易出现“行业热点”，虽然受众可能只是感兴趣的人群，但也让一些没有机会上热点的关键词，有了自己的“热点舞台”，而相关热点的出现会使一些用户查询搜索引擎了解相关热点。也就是说，推荐引擎平台的相关热点会触发搜索引擎的流量高峰，所以需要关注推荐引擎平台的相关热点，及时应用于搜索引擎优化。

2）重点关注搜索呈现上升趋势的相关性强的关键词。

相关性强的词汇更契合用户的搜索意图，在关键词优化中，会优先被采用，如图 6－13 所示。

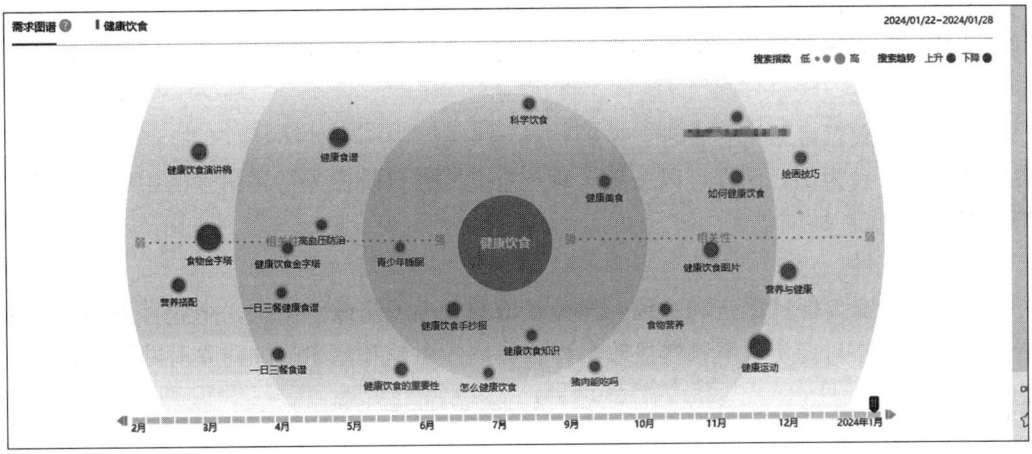

图 6－13　百度指数中某关键词关联的需求图谱

3）关注关键词搜索指数的对比。

当面临不同关键词的取舍时，可以借用百度指数平台对比关键词的搜索数据表现，如图 6－14 所示，通常择优选用。

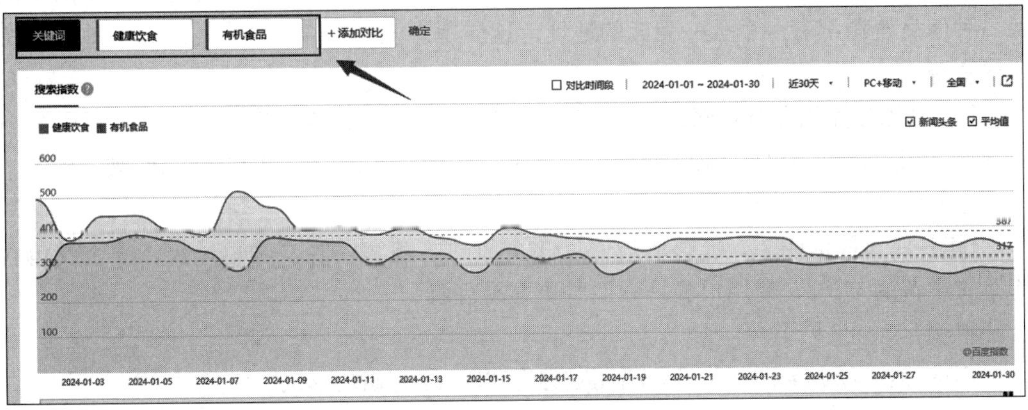

图 6－14　百度指数平台对比关键词

（3）竞争对手分析。

通过分析竞争对手的网站，查看它们使用了哪些关键词，以及是如何布局和优化的，可以借鉴并超越它们的策略。例如，观察竞争对手在健康食品领域的网站，可以发现它们可能优先选择了“天然有机食品”等关键词。

（二）网站结构优化

1. 网站结构优化的概念

网站结构优化是指通过合理规划、设计和调整网站的整体结构，以提升搜索引擎抓取效率、用户体验和网站性能的过程。一个良好的网站结构有助于搜索引擎理解网站的内容，更好地索引网页，并提供对用户友好的浏览体验。

2. 网站结构优化的原则

（1）简洁性。

网站结构应该保持简洁明了，避免过于复杂或深层次的布局。例如，一个旅游信息网站的结构可以按照目的地或主题进行简单的分类，使用户能够快速找到相关信息。

（2）逻辑性。

网站结构要符合逻辑和常理，按照网站的主题、内容和目标用户进行分类和分层。以在线教育平台为例，课程可以按照学科、难度或教育阶段进行逻辑性的组织，方便用户浏览和选择。

（3）稳定性。

网站结构需要保持稳定和一致，避免频繁的变动或修改。例如，企业官方网站的主导航结构应该相对稳定，不频繁更改，以确保搜索引擎和用户能够建立对网站的信任和记忆。

（4）用户体验。

优化网站结构是为了提升用户体验。易于导航的结构可以减少用户的点击次数，提高用户在网站上的停留时间，增强用户对网站的满意度。

3. 网站 URL 优化方法

互联网上的每一个网页都具有一个唯一的名称标识，通常称之为统一资源定位器（Uniform Resource Locator，URL），俗称“网址”。URL 的设计目的是使互联网上的每一种信息资源都有一个独一无二的地址，这样用户就可以通过这个地址方便地访问特定的资源。

网站 URL 优化是指对网站的 URL 结构进行合理规划和优化，以提升搜索引擎抓取效率、用户体验和整体 SEO 表现。以下是一些网站 URL 优化的方法和原则。

（1）清晰明了。

URL 应该简洁明了，能够清晰地反映页面的主题和内容，避免过长、复杂或包含无意义字符的 URL，使用户和搜索引擎更容易理解。

举例：

不推荐：www. example. com/page?id=123&category=456。

推荐：www. example. com/products/organic-fruits。

（2）关键词应用。

在 URL 中使用相关关键词，有助于提升页面在搜索结果中的排名，但要确保关键词的使用自然，不要过度堆砌。

举例：

不推荐：www. example. com/p=238。

推荐：www. example. com/healthy-eating/tips。

（3）静态化。

尽量使用静态 URL 而非动态 URL。静态 URL 更容易被搜索引擎理解和索引，而动态 URL 可能包含复杂的参数，影响抓取效果。

举例：

不推荐：www. example. com/page?id=789。

推荐：www. example. com/news/latest-updates。

(4) 避免特殊字符。

避免在 URL 中使用特殊字符和空格，可以使用短划线或下划线分隔单词。

举例：

不推荐：www. example. com/page%20one。

推荐：www. example. com/page-one。

(5) 使用小写字母。

URL 应该使用小写字母，以避免大小写混淆导致的问题。

举例：

不推荐：www. example. com/PageOne。

推荐：www. example. com/page-one。

(6) 层次结构。

URL 的层次结构应该反映网站的内容结构，有助于用户理解页面的位置和关系。

举例：

不推荐：www. example. com/category/subcategory/page。

推荐：www. example. com/products/organic-fruits/apples。

通过遵循这些 URL 优化原则，可以提高网站的搜索引擎可读性，增强用户体验，提升整体 SEO 效果。

(三) 网站导航优化

1. 导航优化的概念

导航优化是指通过合理规划和设计网站的导航结构，提升用户体验和页面访问效率的过程。良好的导航能够使用户轻松找到所需信息，有助于提高网站的转化率和用户满意度。

2. 导航优化的方法

导航优化的重要原则是让网站用户能够轻松浏览信息或找到他们需要的信息。导航优化常见方法如表 6－3 所示。

表 6－3　导航优化常见方法

方法	描述
主导航菜单优化	简化主导航菜单，确保仅包含最重要的页面分类
下拉菜单	使用下拉菜单对多个二级及以下页面进行分组，提高整体清晰度
面包屑导航	在页面顶部或底部添加面包屑导航，显示用户当前页面在网站结构中的位置
标签栏	在某些情况下使用标签栏，方便用户快速切换不同的页面

续表

方法	描述
搜索功能	提供强大而智能的搜索功能，使用户通过关键词快速找到所需信息
图标和图形化导航	使用清晰的图标和图形，提高导航的可识别性
响应式设计	确保导航在不同设备上都能够良好展示，包括桌面、平板和移动设备
用户行为分析	利用用户行为分析工具，了解用户在网站上的导航习惯，优化导航结构
一致性	保持导航在整个网站上的一致性，不同页面之间导航结构不应有大幅度变化
页面加载速度优化	优化页面加载速度，确保导航和链接的响应时间短，提高用户体验

（四）内部链接优化

1. 内部链接优化的概念

内部链接优化是一种通过在网站内部不同页面之间建立有意义、有质量、有相关性的链接来提高网站结构和内容之间关联性的过程。通过巧妙地设置内部链接，可以提高用户体验，帮助搜索引擎更好地理解网站的结构，提高页面在搜索结果中的排名。

2. 内部链接优化的关键点

内部链接优化的关键点如表 6－4 所示。

表 6－4　内容链接优化的关键点

关键点	描述
数量和连通性	保持适度的内部链接数量，以确保网站内各个页面之间有良好的连通性，使用户可以方便地跳转到相关内容
质量和信任度	确保内部链接指向有实际价值和质量页面，以提高整个网站的权重和信任度
相关性	内部链接应与网站主题和内容相关，有助于搜索引擎理解网站的结构和内容主旨
锚文本使用	使用描述性的关键词作为锚文本，使内部链接更有意义，不仅可以吸引用户点击，也有助于搜索引擎理解链接目标
避免死链	避免指向无效或已删除页面的链接，以保持链接的有效性

（五）网站内容优化

1. 网站内容优化的概念

在搜索引擎优化中，网站内容优化是指通过对网站上的各种内容进行调整和改进，使其更符合搜索引擎算法的要求，提高网站在搜索结果中的排名。网站内容优化的目标是提供有价值、有相关性、易理解的内容，以满足用户的需求，同时获得更好的搜索引擎可见度。

2. 网站内容优化的原则

网站内容是搜索引擎和用户评价网站价值的重要依据，维护高质量、原创、有相关性且有价值的网站内容是持续提升用户体验和搜索引擎优化的关键策略。

（1）高质量。

网站内容必须保证高质量，避免出现错别字、语法错误、低俗内容或抄袭问题。良好的内容质量可以提高用户的阅读体验，同时也提升用户对网站的信任度。

（2）原创。

网站内容要保持原创性，避免直接复制或采集其他网站的内容。原创性不仅有助于提高搜索引擎对网站的友好度，也展现了网站的独特性和专业性。

（3）有相关性。

网站内容必须与网站主题和用户搜索意图相关。避免发布与网站主题不符或误导用户的内容，确保用户能够找到与其搜索需求最相关的信息。这提高了用户满意度和留存率。

（4）有价值。

网站内容应当具有实际价值，避免提供无用或过时的信息。

3. 网站内容优化的方法

（1）标题优化。

1）包含关键词：确保标题中包含与网页主题相关的关键词，以突出网页的主要内容。

2）简洁有力：标题要简洁有力，避免过长或含有无意义的字符，使用户和搜索引擎更容易理解。

3）吸引眼球：标题应吸引眼球，避免平淡无奇或夸张不实，使用户更愿意点击查看详细内容。

4）使用 H1 标签：在 HTML 中使用 H1 标签来定义标题，突出标题的重要性，有助于搜索引擎正确理解页面主题。

小贴士

在搜索引擎优化工作中，原则上 title 标签（文档标题）和 H1 标签（一级标题）尽量保持相同或有密切相关性。用户点击进入落地页，是为了查看搜索结果页自己感兴趣的内容。例如，结果页中的标题是推荐 A 款产品，那么落地页的一级标题就应该和 A 款产品有关。

（2）概要优化。

概要优化是指对网页的元信息中的概要部分进行优化，以提高搜索引擎对页面内容的理解，并吸引用户点击。概要通常体现在 HTML 代码的 meta 标签中，如图 6－15 所示，被搜索引擎用于展示在搜索结果中的概要部分。

```
<head>
    <meta name="description" content="这是页面的概要信息">
</head>
```

图 6-15　meta 标签

概要优化有助于提高搜索结果对用户的吸引力，增加点击率，同时也能够为搜索引擎提供更准确的信息，有助于更好地匹配用户的搜索意图。概要优化的关键点如表 6-5 所示。

表 6-5　概要优化的关键点

关键点	描述
包含关键词	概要应当包含与主题相关的关键词，有助于搜索引擎更好地理解页面内容
简明扼要	概要要简短而有力，能够在有限的空间内传达页面的主要信息，以吸引用户点击
吸引点击	设计概要时应引人入胜，激发用户兴趣，使其更愿意点击进入页面
使用 meta 标签	概要信息通常以 meta 标签的形式添加到 HTML 头部，确保搜索引擎能够正确抓取和显示页面概要信息

（3）正文优化。

正文优化是指对网页主体内容进行调整和改进，以提高搜索引擎对页面的理解，提升用户体验，并最终提升页面在搜索结果中的排名。这包括对网页文本、结构、关键词的优化，以及其他有助于提高页面内容质量和可读性的操作。

正文优化旨在使网页内容更符合用户的需求，提高用户满意度，同时使搜索引擎更容易理解页面的主题，从而提高页面在搜索结果中的曝光度和吸引力。正文优化关键点如下：

1）正文要包含关键词：在正文中合理地包含与页面主题相关的关键词，以帮助搜索引擎更好地理解页面内容。

2）结构清晰：确保页面正文有清晰的结构、良好的排版，避免杂乱无章或缺乏逻辑，以提高用户阅读体验。

3）内容丰富：提供有深度、有价值、详细的内容，以满足用户的深层次需求，增加用户满意度。

4）使用 HTML 标签：使用 HTML 标签（如 H2、H3 等）来突出正文中的重要部分，以便搜索引擎更好地理解内容结构。

（4）图片优化。

图片优化是指对网页上的图像进行调整和改进，以提高网页性能、用户体验和搜索引擎对图片的理解。图片优化的目标是在保持图像质量的同时，尽量减小文件大小，从而提高页面加载速度，减少用户等待时间。

图片优化对于移动设备用户尤为重要，因为较大的图像文件可能导致较长的加载时间，影响用户体验。同时，搜索引擎也倾向于喜欢加载速度较快的网页，因此图片优化也有助于提高网页在搜索结果中的排名。其优化关键点如下：

1）相关性：图片应与页面主题和内容相关，能够突出网页的主题，为用户提供更有意义的视觉体验。

2）压缩优化：图片文件应当经过适当压缩，以减小文件大小，从而提高页面加载速度。压缩不应损失过多图像质量。

3）添加 alt 属性：为每个图片添加 alt 属性，向搜索引擎提供对图像内容的简要描述，以增加网页的可访问性，同时帮助搜索引擎理解图像。

4）使用合适的格式：根据图像的特性选择合适的文件格式，如 JPEG、PNG、GIF 等，以平衡图像质量和文件大小。

知识视窗

什么是 alt 属性？

在 HTML 中，alt 属性用于提供对图像的文本描述，这样当图像无法显示时，用户也能够理解图像的内容。alt 属性的全称是“alternative text”，即替代文本。例如，网速太慢加载不出图片，但是由于图片有 alt 属性，因而用户能看到用于表述图片的文本信息。

alt 属性的主要目的是提高对图像的可访问性，并提供一种替代的方式，使无法看到图像的用户仍能够理解图像的含义。此外，搜索引擎也使用 alt 属性来理解图像的内容，这有助于提高图像在搜索结果中的排名。

翻转一下

工具收集：市面上有哪些图片压缩工具可以减小文件大小但不降低过多图片质量？请收集一两种这类工具。

三、站外反链优化

（一）反链优化的概念与类型

搜索引擎营销的反链优化是指通过调整和优化网站的外部链接，提高网站在搜索引擎结果页面中的排名和可见性的过程。反链通常也被称为入站链接或背向链接，是其他网站指向目标网站的链接。例如，其他网站的友情链接、其他网站内容中的分享链接。

反链优化的目标是建立高质量、相关性强的反向链接，以增加搜索引擎对网站的信任度和权威性。搜索引擎算法通常将反链视为网站质量和内容相关性的指标，因此通过反链优化，可以提高网站在搜索引擎中的排名，并吸引更多有质量的流量。

（二）反链优化的方法

1. 创建高质量友情链接

与相关领域的网站进行链接交换，在网站底部增加对方网站的友情链接。是否建立链接交换的合作关系，主要看网站领域的相关性以及对方的网站 PR 值。网站 PR 值的英文名称为 PageRank，起初来自谷歌，主要作用是判断一个网站受搜索引擎信任的程度，有 10 个等级，分别为 1～10。友情链接的网站 PR 值越高，越能增加搜索引擎对我们网站的信任，所以除依靠网站自身的优化外，高质量的外站友情链接也能提升网站的 PR 值。当然，对方也会对我们的 PR 值有要求，如图 6－16 所示。

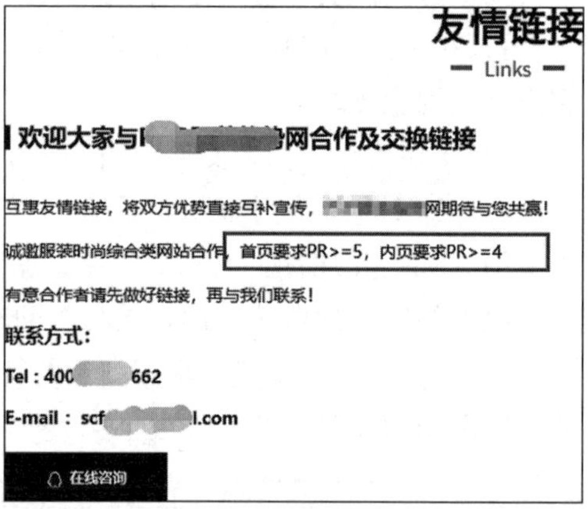

图 6－16　某网站对友情链接申请的要求

2. PR 值检测

在搜索引擎中输入“PR 值查询”可以搜索到一些网站 PR 值查询工具，不同时空背景下的查询工具可能不同，可根据实际情况使用 PR 值查询工具。图 6－17 所示为某网站 PR 值查询的功能界面。

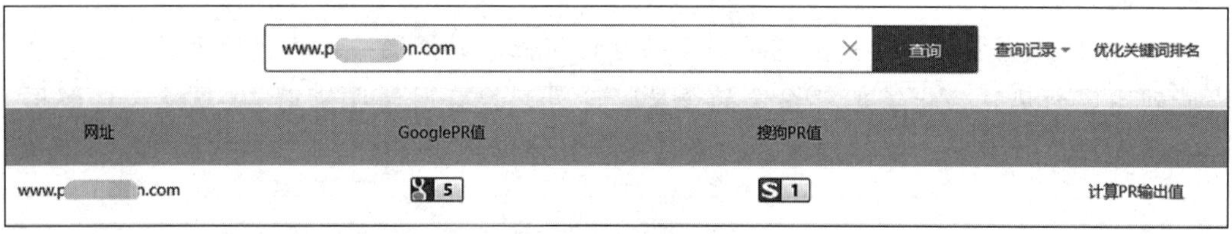

图 6－17　某网站 PR 值查询的功能界面

3. 寻求交换友情链接

寻求交换友情链接主要有两种方式，一种是通过链接互换平台或社群进行链接互换，可直接通过搜索引擎找到相关平台，如图 6－18 所示。

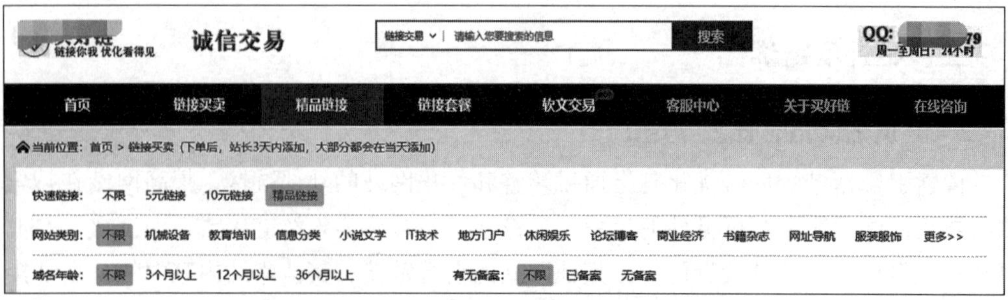

图 6－18　某链接互换和链接交易平台

另一种是直接找到目标网站，下拉到网页底部，愿意互换链接的网站一般会有友情链接互换申请的入口，如图 6－19 所示。

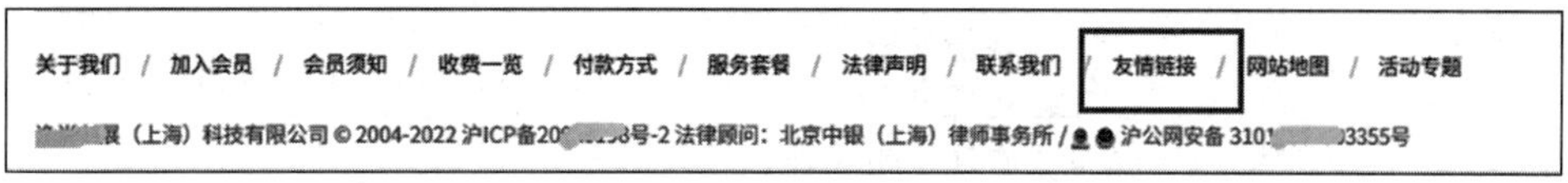

图 6－19　某网站友情链接互换申请入口

如果没有专门的友情链接互换申请入口，可以选择“联系我们”直接与网站运营人员联系。

4. 外部网站的内容中插入链接

在外部网站的内容中插入链接是一种常见的 SEO 策略，常用的外部网站有自媒体平台、问答平台、社交平台、论坛或在线社区。这些平台上的内容容易被搜索引擎收录，从而增加网站或品牌的曝光，另外在内容中插入网站链接，可以从这些平台引流到自己的网站。

业务操作

业务名称：网站诊断与搜索引擎优化

工作要求：

1. 开展搜索引擎优化工作前，需要先对网站进行诊断，请选择学校所在城市某品牌网站或自己感兴趣的网站，对其进行诊断。

2. 请使用表 6－6 所示的诊断表格开展网站诊断任务，梳理出网站存在的问题并提出优化建议或优化方案。

表 6－6　网站诊断及简易 SEO 方案表

学生/成员姓名：	所选网站：	网址：		
诊断模块	评估依据	得分（1～10 分）	存在的问题	优化方案
网站 PR 值诊断	PR 值越高，表明网站的综合影响力越强，网站排名也会越靠前，一般 PR 值达到 4，就算是一个不错的网站。不同时期、不同企业对网站 PR 值要求不同，可灵活评分，如 PR 值达到 5，给予 10 分			
关键词诊断	关键词的自然结果排名、关键词与落地页的相关性、关键词的热度、竞争度等			
网站结构的合理性	简洁性、逻辑性、稳定性、用户体验和 URL 质量			
网站导航的合理性	菜单或栏目设置的合理性、能否轻松浏览信息、是否有明确的导航			

续表

诊断模块	评估依据	得分（1～10分）	存在的问题	优化方案
内容链接质量	内部链接数量和连通性、相关性、锚文本使用情况、死链情况			
反链质量	友情链接数量、友情链接网站的PR值、外部链接数量			
网页标题质量	是否包含关键词、是否突出网页主要内容、简洁性、吸引力、H1标签使用情况			
搜索结果描述的质量	是否包含关键词、是否突出客户痛点、是否突出企业优势、meta标签使用情况			
网站内容正文的质量	是否包含关键词、正文结构是否清晰、内容是否丰富、HTML标签使用情况			
图片质量	图片与网页主题的相关性、图片加载速度、图像清晰度、图片的alt属性设置情况			

操作步骤：

1. 选择一个网站作为诊断对象，该网站的业务和结构应该相对简单，防止因诊断工作量过多导致本任务不具备可操作性。

2. 组成一个5～6人评估小组，分别从不同维度对同一个网站进行诊断，并提出优化方案。

3. 任务成果以表格形式提交，如果内容较多则以附件形式提交。

练一练

一、单选题

1. 在搜索引擎营销中，下列（　　）对于提升网站在搜索结果中的排名最为关键。

A. 网站的设计美观度　　B. 网站的内容质量和相关性

C. 网站的域名年龄　　D. 网站的服务器速度

2. 自动将网页添加到搜索引擎数据库中判断网页的质量，根据既定的程序判断是否抓取信息的程序是（　　）。

A. 搜索引擎　　B. 抓手　　C. 爬虫　　D. 搜集器

3. 搜索引擎营销中，以下方式中（　　）属于付费推广。

A. 自然搜索结果排名　　B. 搜索引擎优化

C. 竞价排名（如百度竞价）　　D. 社交媒体分享

4. 以下属于人类信息获取行为特点的是（　　）。

A. 不确定性原则　　B. 沟通原则　　C. 确定性原则　　D. 搜集原则

5. 在搜索引擎营销中，广告文案的编写应遵循的原则是（　　）。

A. 简洁明了，突出产品特点

B. 尽可能使用复杂的词汇和句式

C. 不考虑目标受众的需求和兴趣

D. 越长越好，详细阐述产品所有细节

二、判断题

1. 购买流量统计服务是获取网站访问统计资料的常用方法。（ ）

2. 网页浏览数量可以用于评价网站访问量。（ ）

3. 搜索引擎营销是一种长期稳定的营销方式，一旦广告投放，就能持续带来稳定的流量和转化。（ ）

4. 搜索引擎营销是用户主导的网络营销方式。（ ）

5. 负面关键词在搜索引擎营销中用于防止广告在不相关的搜索中展示，从而提高广告的相关性。（ ）

三、思考题

SEO 和 SEM 有什么区别？它们的优势与劣势分别是什么？

实训任务评价六

项目七 混合现实营销

学思浅悟

混合现实营销助力产业创新

产业发展，离不开科技创新。混合现实（MR）营销作为一种融合了现实和虚拟的新型营销手段，正在逐渐崭露头角。

混合现实营销将虚拟世界与真实场景相结合，为企业提供了创新的营销方式。通过混合现实技术，企业可以打造沉浸式的体验，让消费者更加直观地了解产品特点和使用场景，从而提升用户体验和品牌认知度。例如，通过在线虚拟试衣间，顾客可以在不实际试穿的情况下体验产品效果，提高购买决策的准确性和效率。

与传统的营销手段相比，混合现实营销更具吸引力和互动性，能够更好地吸引消费者的注意力并留下深刻的印象。同时，混合现实营销也为企业提供了更多数据收集和分析可能性，可以更精准地了解用户需求和行为习惯，为产品优化和市场定位提供有力支持。

然而，作为一种新兴的营销方式，混合现实营销也面临着技术成本高、市场认知度低等挑战。因此，企业在开展混合现实营销时需要充分评估市场环境和自身条件，合理规划和布局，确保营销活动的有效性和可持续性。

教学目标

知识目标：

1. 了解混合现实相关概念，能够区别 VR、AR、MR 的不同之处，清楚混合现实世界的主要特征。

2. 掌握混合现实营销的概念，了解混合现实营销的趋势以及相关技术。

3. 了解混合现实关键技术的发展现状，对相关技术对营销的影响有一定的认知。

4. 熟悉数字人的概念以及数字人在数智营销中的作用，掌握数字人播报内容制作技巧。

技能目标：

1. 能够根据企业营销需求，找到适合的混合现实营销技术供应商。

2. 能够制定有效的混合现实营销方案，推动混合现实营销的创新与实践。
3. 能够使用数字人制作平台制作数字人播报内容。

素养目标：

1. 培养终身学习的习惯，保持对新兴技术特别是营销技术的学习热情。
2. 提高数字素养，能够使用数字技术、数字工具以及数字信息来分析处理问题。
3. 提高创新创意能力，能够设计出更具吸引力的营销活动。

引导案例

场景引领智慧生活，海尔智家数字体验馆震撼来袭！

海尔智家推出了新的数字体验馆，利用 VR 技术呈现了总面积达 5 000 平方米的 001 号体验店。只需在海尔智家官网进入“智慧家庭智家体验”板块，用户就可以全景式体验海尔智慧生活体验馆，如图 7－1 所示。这个数字体验馆采用了 360°VR 全景展现技术，用户可以自由漫游参观每一个场景和空间，获得全场景沉浸式体验。通过这种方式，用户可以直观感受到智慧生活的场景，并了解每种场景中的技术原理以及对家居生活的改变。这种虚拟现实技术拉近了人们与智慧生活之间的距离。

图 7－1 海尔智家体验馆登录界面

案例思考

为什么越来越多的企业和品牌尝试使用 VR、AR 和 MR 技术开展营销活动？

任务一 探索混合现实营销

任务引例

第十九届亚运会在我国杭州市举办。2023 年 8 月 10 日，“数智元动力，赋能新亚运”亚运官方元宇宙发布仪式在杭州举行。杭州亚组委联合中国移动正式发布“亚运元宇宙”平台，向全球推出首个大型国际综合体育赛事元宇宙，标志着智能亚运数智服务正式跨入元宇宙时代。

“亚运元宇宙”平台基于 Galacean 这一经受过亚运火炬手亿级流量项目考验的 Web 3D 开源互动图形引擎开发而成，通过融合 AI 智能、数字孪生、VR 等技术，打造亚运场馆、城市文旅、亚运个人藏馆三大创意空间，创造了亚运知识科普与问答、虚拟竞技、元宇宙观赛、智能互动、AIGC个人藏品等六大创新体验，实现了用户以虚拟人方式游城、观赛和竞技的多种功能，为亚运观众提供“沉浸、精彩、互动”的元宇宙体验。

资料来源：张梦月，沈听雨．杭州亚运会“亚运元宇宙”全球首发 三大创意空间实现“从你到我”．钱江晚报，2023-08-10.

任务描述

混合现实技术的发展，带来新的营销创意和营销形式。已经有很多业内人士开始尝试使用混合现实技术开展营销活动，如VR看展、AR试鞋、元宇宙旗舰店、数字藏品等。

而品牌采用最新营销技术这件事本身就是一个可用于营销的“噱头”，且能给客户一种品牌追求潮流紧跟时尚的印象。成功的混合现实营销案例也会在业界传播，达到品牌营销的效果。

基于目标客户为新时代女性，李卿要求数智营销经理收集一些混合现实营销案例，并思考如何在数智营销业务中融入混合现实营销方案。

任务要求

1. 掌握混合现实营销的相关概念，清楚混合现实世界的重要特征。

2. 了解混合现实关键技术，清楚混合现实技术对营销的影响。

3. 掌握方法和渠道，能够收集所需的混合现实营销案例；知道最新行业案例对自己的意义，培养查看最新行业案例的习惯。

知识准备

一、认识混合现实营销

（一）混合现实与混合现实营销的概念

1. 混合现实的概念

混合现实（Mixed Reality，简称MR）是一种将真实世界和虚拟世界融合在一起的技术。它结合了增强现实（Augmented Reality，简称AR）和虚拟现实（Virtual Reality，简称VR）的特点，创造出一个既包含现实元素又融入虚拟元素的环境。

在混合现实中，用户不仅可以看到现实世界的物体和场景，还能同时看到虚拟的对象、信息或特效。这些虚拟元素可以与现实世界进行交互，使用户获得更加丰富和沉浸式的体验。

混合现实技术通常通过特殊的设备，如头戴式显示器、智能眼镜或其他传感器来实现。这些设备可以识别现实世界的物体和场景，并将虚拟内容准确地叠加在上面。用户可以通过手势、语音或其他交互方式与混合现实环境进行互动，如操作虚拟对象、获取信息或进行游戏等。

混合现实技术的加持为人们呈现出了三个形态的世界。

（1）数字原生的虚拟世界。

这是一个完全由数字构建的虚拟环境，其中的物体、场景和角色都是通过计算机生成的。用户可以沉浸在这个虚拟世界中，与虚拟对象进行交互，体验全新的虚拟场景和情境，如图 7－2 所示。

图 7－2　数字原生的虚拟世界（百度希壤元宇宙）

（2）数字孪生的真实世界。

数字孪生源自迈克尔·格里夫斯（Michael Grieves）教授在产品全生命周期管理理论中提出的“物理产品的虚拟数字化”这一概念。数字孪生是对现实世界的数字化映射，它可以实时反映现实世界的状态和变化。在混合现实中，数字孪生的极速版真实世界可以为用户提供实时的信息和反馈，帮助他们更好地理解和管理现实世界中的物体和系统。

在数智营销领域，数字孪生常用于商品供应链、展览、文旅、教育、房产、家装等行业，如一些景区、企业或学校开发了自己的“元宇宙版本”，供用户查看和互动，如图 7－3 所示。

图 7－3　全景故宫平台

（3）数实融合的现实世界。

这种形态结合了真实元素与虚拟元素，将虚拟信息和特效融入现实世界中。用户在现实世界中可以看到虚拟对象，并与之进行交互，从而增强了现实世界的功能和体验。这种也被称为混合现实，是实用性较强的技术方案。在混合现实中，用户通过佩戴 MR 设备，将真实世界和虚拟图像结合起来，获得令人难以置信的体验。这个虚拟元素可以是虚拟物体、虚拟角色、虚拟设备或虚拟环境，并可以与真实世界进行交互。同时，可以对虚拟程度进行调整，当完全虚拟时，用户的体验与 VR 场景或元宇宙场景的体验一致，当虚拟程度充分考虑现实环境时，体验类似“AR”。

知识视窗

元宇宙

元宇宙是一个虚拟的、三维的、全球性的网络空间，由多个独立又相互连接的虚拟世界组成。在这个空间中，人们可以通过虚拟身份和形象进行互动、交流、创造和分享，获得沉浸式的体验。元宇宙通常被看作是下一代互联网的发展方向，它将改变人们的工作、娱乐、社交和学习方式。

元宇宙始于 1992 年国外科幻作品《雪崩》里提到的“Metaverse（元宇宙）”和“Avatar（化身）”这两个概念。人们在其中可以拥有自己的数字替身，这个虚拟的世界就叫作“元宇宙”。近年来，随着云计算、大数据、人工智能、区块链等技术的发展，元宇宙的构建和运行越来越成为可能。

在元宇宙中，人们可以创建自己的虚拟形象，与其他人进行实时的语音和视频交流，参加各种虚拟活动和会议，购买和交易虚拟商品和服务，甚至可以在虚拟世界中拥有自己的土地和房产。这些虚拟世界可以是游戏、社交平台、教育应用等，它们通过共同的标准和协议相互连接，形成一个庞大的、全球性的虚拟社会。

元宇宙的发展将带来许多新的机会和挑战。它将为人们提供更加丰富的娱乐和社交体验，促进虚拟经济和实体经济的融合，推动数字创意和文化产业的发展。但是，元宇宙也面临着技术、安全、隐私、道德和法律等方面的挑战，需要我们共同探索和解决。

2. 混合现实营销的概念

混合现实营销（Mixed Reality Marketing）是一种结合虚拟现实（VR）、增强现实（AR）和现实世界元素的营销策略。

当前，混合现实营销的形式与成功案例还受限于技术水平和企业的营销实践，但依然有大量企业或组织有混合现实营销的需求，部分企业也会把“混合现实营销”“元宇宙营销”当作宣传点。对于大部分消费者来说，会把敢于尝试新营销技术的品牌当作“创新”、“潮流”或“年轻化”的品牌。

所以，很多受众是年轻人的品牌，都在积极探索和实践混合现实营销方案。

职场案例

汽车营销迎来数智化新模式　领克×百度开启“元宇宙看车”

由吉利汽车集团旗下高端品牌领克（Lynk&Co）联合百度希壤共同打造的“领克乐园”正式亮相百度希壤元宇宙平台，面向公众开放体验。“领克乐园”是首家入驻希壤的汽车数字展厅。积极布局元宇宙，借助5G、人工智能、云计算、VR等核心技术，是领克对用户沉浸式看车、购车新体验的创新探索。汽车品牌×元宇宙，正在为汽车行业数字化营销开启巨大的想象空间。

作为首个国产元宇宙产品，百度希壤元宇宙平台以技术为基础，以开放为理念，将与客户、开发者、用户一起，打造一个身份认同、经济繁荣、跨越虚拟与现实、永久存续的多人互动虚拟世界。希壤旨在为行业提供云智一体的元宇宙基础设施平台，基于百度大脑在智能视觉、智能语音、知识图谱等领域的领先能力和百度智能云的强大算力，为各行各业合作伙伴快速进入元宇宙、快速搭建元宇宙内容场景提供解决方案，为产业智能化升级提供多维度、全方位的能力支持。

资料来源：佚名．汽车营销迎来数智化新模式　领克×百度开启“元宇宙看车”．中国青年网，2022-03-14.

（二）混合现实世界的主要特征

1. 高仿真性带来强烈的沉浸感

混合现实技术带来高度仿真的虚拟体验，通过MR/VR头显设备，用户可以沉浸在一个仿佛真实的环境中。这种沉浸感是传统媒介无法比拟的，它可以极大地吸引用户的注意力，提升对品牌的观感体验。

2. 时空界限被打破

混合现实技术通过搭建虚拟空间，使用户能够超越现实世界的限制，进入一个全新的数字环境。

数字人技术的应用为用户提供了更多的可能性。通过拥有数字替身，用户可以在虚拟世界中以全新的身份进行互动和体验。这不仅增加了用户的参与感和趣味性，还为虚拟世界的互动带来了更多的多样性。

同时，历史人物或虚拟人物的重现使时间限制被打破。用户可以与过去的人物或虚拟的角色进行互动，这种跨越时间的体验能够激发用户的兴趣和好奇心。

例如，当我们营销一款衣服时，传统的产品介绍手段只是“图片介绍”或“视频介绍”，消费者无法真正体验“试穿场景”和“使用场景”，但是混合现实技术打破了这种局限，在虚拟世界中，“数字替身”能够方便快捷地更换衣服，可以让用户查看效果。

3. 交互性更加丰富

在技术上，体现在更多的传感器设备投入到混合现实技术方案中。例如，追踪眼球来实现操控，戴上触觉手套触碰虚拟世界的物体。

在场景上，混合现实能够增加现实世界的信息丰富度和互动性。例如，“元宇宙街道”，通过混合现实头显设备，实时显示出一个被 AR 或 VR 技术加持的商业街。现实世界中店铺门口没有引导员，但是在混合现实世界中，有可能会出现一位老爷爷在门口叫卖，消费者可以咨询老爷爷店里有什么商品可以推荐。现实世界中，一件衣服被摆放在橱窗，但是在混合现实世界中，穿着服装的模特正在展示服装的“魅力”，而且消费者也能与他们进行对话，了解服装卖点。

（三）混合现实关键技术

1. 空间计算

MR 设备的空间计算是指通过对物理空间和虚拟空间的感知、理解和交互，实现混合现实体验的技术。在 MR 设备中，空间计算通常包括以下几个方面：

（1）空间感知：使用传感器（如摄像头、惯性测量单元等）来检测和跟踪用户的头部、手部以及周围环境的位置和运动。

（2）空间映射：将现实世界的空间信息映射到虚拟环境中，建立起物理空间和虚拟空间的对应关系。

（3）交互计算：根据用户的动作和输入，计算虚拟物体与现实物体之间的交互，如碰撞检测、遮挡处理等。

（4）定位和追踪：确定设备在空间中的位置和方向，以便在虚拟环境中准确呈现相应的内容。

（5）场景理解：对周围环境进行分析和理解，识别物体、表面等，为虚拟内容的呈现提供参考。

通过空间计算，MR 设备能够在真实世界的基础上叠加虚拟信息，使用户能够与虚拟物体进行实时交互，并感受虚拟物体与现实世界的融合。这不仅增强了用户的沉浸感和体验感，还为许多应用场景（如教育、培训、设计、医疗等）提供了新的可能性。例如，在虚拟教室中的一个固定位置放置一台设备，用户可以绕着设备查看设备不同方位的细节，和真实场景类似，这里就用到了空间计算技术。

空间计算技术的发展不断推动着 MR 设备的进步，使得它们能够更加准确地感知和理解空间，提供更加自然和流畅的交互体验。同时，与人工智能、计算机视觉等技术的结合也将为 MR 设备的空间计算带来更多创新和应用。

翻转一下

时空探索：请利用现有的资讯平台或渠道，了解当前世界空间计算技术的发展情况，重点了解国内外企业的相关产品。

2. 区块链技术

（1）区块链技术的概念。

区块链技术是一种革命性的去中心化数据库系统，其核心理念在于允许多个参与者在一个无须依赖单一实体控制的网络中进行安全可靠的数据交换。通过将交易数据有序地组织成区块，并将这些区块按照时间线连接起来，形成了一个不断增长的数据链。每个区块都包含了一系列经过加密哈希算法处理的交易记录，从而确保了数据的安全性和完整性。一旦数据被写入区块链，就几乎无法被篡改，从而保障了数据的真实性和不可篡改性。

区块链技术由多个关键的协议层组成，其中共识协议是至关重要的一部分，它负责确保网络中各节点的一致性。常见的共识协议包括工作量证明（PoW）和权益证明（PoS）等。此外，网络协议起着连接参与者和传输信息的作用，如点对点（P2P）协议。数据存储协议规定了如何有效地存储和组织区块链数据，其中包括 Merkle 树等技术。

（2）非同质化代币（NFT）。

NFT 的全称是 Non-Fungible Token。与加密货币（如比特币或以太坊）中的通用代币不同，非同质化代币是一种数字资产，具有独特的属性和价值，因此不可互换。

NFT 利用区块链技术，特别是以太坊区块链上的智能合约，来创建和验证数字资产的唯一性和所有权。这些数字资产可以是数字艺术品、虚拟房地产、音乐、视频、游戏道具等各种形式的数字内容。NFT 的独特之处在于它在区块链上的唯一性和不可篡改性，这使得它成为数字领域中稀有和有价值的资产。

NFT 的所有权和交易记录都被记录在区块链上，因此可以轻松地验证资产的真实性和历史。这也为数字内容创作者提供了一种新的方式来保护和管理其作品，同时也为收藏家和投资者提供了一种新的数字资产投资方式。

知识视窗

什么是以太坊？

以太坊（Ethereum）是一种开源的、基于区块链技术的平台，旨在为去中心化应用（DApps）的开发提供支持。它是由维塔利克·布特林（Vitalik Buterin）等人在 2013 年提出的概念，于 2015 年正式启动。

与比特币等其他加密货币不同，以太坊的目标不仅仅是创造一种数字货币，而是为开发者提供一个通用的平台，使他们能够构建各种不同类型的去中心化应用。

知识视窗

什么是智能合约？

智能合约是一种基于区块链技术的自动化合约，它是一段以代码形式编写的计算机程序，旨在自动执行、控制或协调合约中的各种条款和条件。智能合约通过区块链网络上的去中心化节点来执行，它可以实现各种功能，包括但不限于数字资产交易、投票、资金管理、供应链跟踪、数字身份验证等。

知识视窗

NFT 在营销领域的应用

非同质化代币（NFT）在营销领域有一些有趣的应用，以下是一些例子：

● 数字藏品：品牌可以创建和销售独一无二的数字藏品，如限量版虚拟商品、数字艺术作品等。这些 NFT 可以为消费者提供独特的价值和体验，增加品牌的吸引力和忠诚度。

● 虚拟商品的所有权和交易：NFT 可以用于表示虚拟商品的所有权和交易。例如，游戏中的虚拟道具、虚拟世界中的土地或房产等。品牌可以利用 NFT 技术，为消费者提供购买、出售和交易虚拟商品的机会，增加消费者的参与度和互动性。

● 会员权益和特权：品牌可以使用 NFT 来表示会员权益和特权，如特殊的折扣、优先访问权、限量版产品等。消费者可以拥有和交易这些 NFT，从而获得相应的会员权益和特权。

● 粉丝经济：品牌可以通过 NFT 技术构建粉丝经济，如发行限量版 NFT 作为粉丝俱乐部的会员证或收藏品。这些 NFT 可以为粉丝提供独特的身份认同感和社交价值。

● 活动门票和体验：NFT 可以用于表示活动门票和体验，如音乐会、体育赛事、展览等。消费者可以拥有和交易这些 NFT，从而获得相应的活动门票和体验。

● 数智营销广告：品牌可以将 NFT 与数智营销广告结合使用，如在广告中嵌入 NFT 作为奖励或赠品。消费者可以通过参与广告活动获得这些 NFT，从而增加品牌的曝光度和互动性。

● 合作伙伴关系和赞助：品牌可以与艺术家、音乐家、运动员等合作，发行限量版 NFT 作为合作伙伴关系或赞助的一部分。这些 NFT 可以为品牌带来额外的曝光度和粉丝关注。

需要注意的是，NFT 在营销领域的应用仍处于早期阶段，具体的实施和效果可能因品牌、行业和目标受众而异。

（3）去中心化金融（DeFi）。

DeFi 的全称是 Decentralized Finance。它是一种基于区块链技术的金融服务和应用生态系统，旨在实现传统金融机构所提供的服务，但不依赖于中心化的中介机构，如银行或证券交易所。

DeFi 的核心理念是通过智能合约和去中心化的平台来提供金融服务，包括借贷、交易、支付、保险、稳定币发行等。这些服务在以太坊及其他区块链上建立，利用区块链的不可篡改性和透明性，使得用户可以在没有传统金融机构的情况下进行安全、高效的金融交易。

（4）波卡（Polkadot）。

波卡是一个跨链技术平台，旨在实现不同区块链之间的互操作性。通过波卡的共享安全模型和中继链，各个平行链可以实现资产、数据和消息的跨链传输，提高区块链应用的扩展性和互联互通性。

（5）预言机。

预言机是区块链和智能合约中的一个重要概念，用于将外部数据引入区块链系统中。由于智能合约本身无法直接访问外部数据源，预言机的作用就是将外部数据（如天气、股票价格、体育比赛结果等）引入智能合约中，从而实现智能合约对于外部事件的响应和执行。

预言机可以由信任的第三方机构提供，也可以是由一个或多个节点组成的网络。这些节点通常被称为“预言机节点”，它们负责从外部数据源中获取数据，并将其提交到区块链上。智能合约可以通过调用预言机合约来获取外部数据，并在需要时执行相应的逻辑。

预言机的设计和实现需要考虑数据的可信度、安全性和去中心化性质。由于智能合约执行的结果可能基于预言机提供的数据，因此预言机必须保证数据的准确性和可靠性，避免恶意操纵或错误的数据引入。一些常见的技术手段，如多个预言机的数据聚合、使用密码学签名来验证数据的来源和完整性等，被用于增强预言机的安全性和可信度。

（6）分布式自治组织（DAO）。

DAO的全称是Decentralized Autonomous Organization。它是一种基于区块链技术的组织形式，旨在实现去中心化的组织结构和自动化的运作机制。

3. 交互技术

（1）交互技术的概念。

交互技术指的是通过各种设备、软件或系统，使用户能够与计算机或数字化系统进行有效、自然和直观的交流和互动的技术。这些技术包括手势识别、语音识别、触摸屏、眼球追踪、体感交互等，旨在实现用户与计算机或虚拟环境之间的双向信息交流和操作。交互技术的发展使得用户能够更加方便、快捷地与数字化系统之间进行沟通和互动，提高了用户体验和操作效率。

交互技术是制约当前虚拟世界沉浸感的最大瓶颈。交互技术分为输出技术和输入技术。输出技术包括头戴式显示器，触觉、痛觉、嗅觉甚至直接神经信息传输等各种电信号转换于人体感官的技术；输入技术包括微型摄像头、位置传感器、力量传感器、速度传感器等。复合的交互技术还包括各类脑机接口，这也是交互技术的终极发展方向。

（2）交互技术对营销的影响。

交互技术的创新对营销的内容、活动形式、用户参与度、用户体验感有很大影响。传统营销以及新媒体营销，更多的是让用户听、看和操作屏幕，能做到的交互形式比较单一，更多的是对内容的消费。但是混合现实交互技术的发展，让人的感觉器官、肢体甚至脑神经信号都获得能力上的拓展。例如，用脑机接口芯片采集人类脑神经信号，处理和加工后直接对设备发出指令，从而实现人脑直接控制机器的能力。

翻转一下

产品策划：在一些科幻影视剧中，“舱”是一种特殊的产品，那么“舱”是否可以成为一种混合现实世界的消费者终端产品呢？请组成学习小组，从营销者角度策划全新的消费者终端产品“舱”，你们可以从名字设计、市场潜力评估、产品功能策划等角度策划该产品。

4. 数字孪生技术

（1）数字孪生技术的概念。

数字孪生技术是一种基于数字化模型的创新技术，它通过将现实世界中的对象、系统或过程数字化，创建出与之对应的虚拟模型。这些虚拟模型被设计为与实际对象或系统具有高度相似性，从而可以在数字环境中进行仿真、分析和优化。

数字孪生技术的关键是建立和维护数字孪生模型，这些模型需要准确地反映现实世界中的对象或系统的特征、行为和性能。这些模型通常由大量的数据、传感器信息、物理模型和算法构成，可以使用各种技术手段进行构建，如机器学习、物理建模、计算机视觉等。

利用数字孪生技术，人们可以对现实世界中的对象或系统进行虚拟仿真和实时监控，从而实现更有效的管理和优化。例如，在工业领域中，数字孪生技术可以用于优化生产流程、预测设备故障、进行虚拟试验等；在城市规划领域中，数字孪生技术可以帮助城市管理者模拟交通流、优化城市布局、提升环境质量等。

（2）数字孪生技术对营销的影响。

数字孪生技术为企业提供了全新的营销手段和工具，可以帮助企业更加精准地了解客户需求、优化产品设计、改进营销策略，从而实现营销效果的最大化。

首先，数字孪生技术可以帮助企业深入了解客户。通过分析大数据和消费者行为模式，企业可以创建数字孪生模型来模拟客户的喜好、行为和购买决策过程。这种深度洞察可以帮助企业更好地定位目标客户群体，个性化定制产品和服务，提高市场响应度。

其次，数字孪生技术可以支持产品设计和创新。企业可以利用数字孪生技术进行产品的虚拟设计、测试和优化，从而降低产品开发成本和时间，提高产品质量和用户体验。此外，数字孪生技术还可以帮助企业预测市场趋势，及时调整产品策略，抢占市场先机。

最后，数字孪生技术可以优化营销策略和渠道管理。通过数字孪生技术的模拟和分析，企业可以评估不同营销渠道和促销活动的效果，优化资源配置，提高营销 ROI。此外，数字孪生技术还可以支持实时监测和反馈，帮助企业及时调整营销策略，应对市场变化。

5. 人工智能（AI）技术

虚拟世界的内容创建、新式的交互、智能虚拟人、计算处理、智能合同等方面都需要人工智能技术的加持。例如，人工智能技术可以用于混合现实中的人机交互。通过自然语言处理和语音识别技术，AI 可以使用户能够以自然的语言与虚拟对象进行交互，从而实现更加智能和自然的用户体验。

翻转一下

政策文件查看：请登录中央人民政府网站，查找《中华人民共和国国民经济和社会发展第十四个五年规划和2035年远景目标纲要》《关于推动未来产业创新发展的实施意见》等文件，查看其中与混合现实技术或产业有关的政策内容。

二、混合现实对营销的影响

（一）对消费者的影响

1. 现实世界的需求侧会受到严重冲击

基于混合现实技术，企业可以策划出很多新产品和新服务。同样，消费者可能会产生新需求，如混合现实游戏、虚拟旅游或沉浸式培训等，这些新需求超出了传统产品或服务的范畴。作为营销者，需要同时了解混合现实技术的特点与消费者的新需求，积极策划出对应的产品以满足消费者的新需求。对新需求的洞察是数智时代营销者的核心能力之一。

但个体的需求总量和消费能力是有上限的，增加了混合现实世界的消费，就会降低现实世界的消费。正如电商对实体店的冲击一样，混合现实也将改变现实世界的需求侧情况。

小贴士

“蓝海”市场的挖掘是靠对需求趋势的判断，互联网重塑了各行各业，同样混合现实也会重塑各行各业。例如，可以从办公需求、娱乐需求、学习需求、社交需求等角度思考，如何通过混合现实技术实现它们。这里面蕴藏着大量市场机会，作为营销者要对市场保持灵敏的嗅觉，发挥好需求引导、资源协调对接、消费者教育等作用。

翻转一下

课堂互动：现实世界中哪些类型的需求会受到严重冲击？哪些需求受到的冲击小？为什么？说说你的见解。

2. 改变消费者的消费方式

通过混合现实技术，消费者可以更加直观、身临其境地体验产品或服务，这种沉浸式体验往往比传统的广告或宣传更加吸引人。例如，零售行业可以利用混合现实技术让消费者在线上试穿衣服或试戴首饰，提高购买的决策效率；旅游行业可以利用混合现实技术让消费者在线上体验旅游景点，激发消费者的兴趣。因此，营销者可以通过混合现实技术改变消费者的消费方式，提升消费者的购买体验，从而增加销售量。

职场案例

“飞”起来，与敦煌壁画共舞

在甘肃敦煌莫高窟，如果能身临其境，与飞天共舞，自由翱翔，会是一种怎样的奇妙体验？走进敦煌研究院的“寻境敦煌——数字敦煌沉浸展”展厅，佩戴好VR设备，“飞”起来看莫高窟第285窟的梦想就能成真。

挥舞左手，昏暗空间便被一盏明灯“点亮”。人似腾空而起，“飞”至洞窟顶部，原本需要抬头仰望的窟顶只需环顾便一览无余。

高捧莲花的飞天、手敲连鼓的雷公、边飞行边降雨的雨神……众神触手可及。一千多年前沿丝路古道而来的颜料青金石，历经沧桑仍然明丽夺目；一千多年前无名画工的妙笔生花，久经岁月依然流畅如飞。

体验过后，游客还能在虚拟演播厅，实时拍摄一段真人与洞窟虚拟场景交互的视频。无论身处何处，打开手机便能重温这段“带得走”的敦煌记忆。

资料来源：张玉洁．“飞”起来，与敦煌壁画共舞．新华社，2024-01-30.

3. 改变消费者的价值理念

传统的消费者更加注重产品的价格、品质等因素，但在混合现实世界中，消费者更加注重产品或服务带来的体验和情感价值。消费者愿意为了更好的体验和更丰富的情感价值支付更高的价格，这也给营销者提供了更多营销策略。营销形式不再局限于“广告”，可能是一种“虚拟游戏”或“虚拟社群”，营销主题可能偏向于“体验和情感纽带”，而不像传统营销强调的“使用价值、优惠和品牌理念”。

虚拟世界用户的自由度会比互联网更高，出现虚拟货币、自治组织，甚至出现由用户组成的“虚拟国度”，用户的个性和想法会得到进一步的支持。“教条式宣传”“洗脑式广告”这种宣传方式会受到严重冲击，传统价值观念会受到新一代年轻消费者的审视。

价值理念的改变意味着消费者对品牌的认知和评价标准发生了变化，作为营销者，需要不断了解消费者的价值观变化，调整品牌营销策略，以适应这种变化。

（二）对营销者的影响

1. 改变了营销方式和策略

混合现实技术为营销者提供了全新的创意和互动方式。与传统营销方式相比，混合现实营销更具吸引力和互动性，能够更好地引起消费者的兴趣和关注。营销者需要不断学习和适应新技术，以创造出更具创新性和影响力的营销活动。

翻转一下

自主探索：请收集当前主流的混合现实营销方式，了解它们的优势与劣势。

2. 人、货、场重构

混合现实技术的出现使得营销者需要重新审视“人、货、场”这三个关键要素，并对其进行重构。在“人”的方面，营销者需要关注消费者在混合现实环境中的行为和需求，以及如何利用混合现实技术更好地与消费者互动。在“货”的方面，营销者需要考虑如何将产品或服务与混合现实技术相结合，创造出更具吸引力和互动性的购物体验。在“场”的方面，营销者需要思考如何利用混合现实技术打造全新的销售场景，以提高消费者的购买意愿。

3. 营销对象变革

主要营销对象是“Z 世代”人群，即新时代人群。“Z 世代”人群是“互联网原住民”，对数字技术和互动体验有着更高的期望。营销者需要了解这一群体的特点和偏好，通过社交媒体、虚拟现实、增强现实等方式与他们建立联系，提供个性化的产品和服务。

小贴士

目标客户群体成长轨迹溯源

为了快速了解和理解目标客户群体的人生观、价值观，可以整理出目标客户群体的生活成长环境以及对应的重大事件。这是快速了解某个市场某个目标客户群体的方法，以我国“Z 世代”人群为例。

中国“Z 世代”	重大事件	对目标客户群体的潜在影响
……		
2000 年		
2001 年		
2002 年		
2003 年		
2004 年		
2005 年		
……		

翻转一下

小组任务：组成学习小组，完成以上表格。

业务操作

业务名称：收集混合现实营销案例

工作要求：

1. 培养查看营销案例的习惯，能够从优秀的案例中汲取知识和经验，拓宽自己的视野。
2. 可选择自己感兴趣的行业相关混合现实营销案例。
3. 这是一个持续性的活动，应该时刻关注营销行业的最新动态。

操作步骤：

1. 登录营销行业资讯网站，如“数英网”“广告门”，当然，不同时空下可能有区别，这需要自己去整合信息渠道。

2. 选择自己感兴趣的行业，按条件筛选，如图 7-4 所示，或者直接输入关键词查询。

图 7-4　案例筛选

3. 收集混合现实营销案例，包括 AR、VR、MR 案例。

任务二　制作数字人播报内容

任务引例

美的：华凌数字主理人“凌魂少女”

“凌魂少女”是美的集团旗下华凌潮流家电品牌的数字主理人，负责与消费者进行互动沟通。2022 年，“凌魂少女”从 2D 形象升级为 3D 数字人，更显时尚与科技感，精准击中年轻人的兴趣点。围绕这一 IP，华凌开发了华凌智联小程序和“凌魂贴”NFC 等产品，这些都是华凌品牌在数字化营销方面的积极探索。也就是说，华凌通过“凌魂少女”这一贴近年轻人的虚拟数字人 IP，成功搭建起与年轻人群体沟通的桥梁，营销效果显著。

除了数字主理人，还有虚拟体验官、虚拟偶像、虚拟代言人、虚拟主播等数字人类型。

任务描述

现在品牌官宣一个虚拟数字人 IP 已经不再是新鲜事，数字人成为品牌营销重要的组成部分。他们可能出现在广告海报、短视频、影视剧、直播间、游戏或客服系统中。

制作数字人播报内容是一项重要的工作，在本任务里，将尝试通过专业的数字人播报内容制作平台了解数字人制作技巧和流程，并完成数字人播报内容的制作。

任务要求

1. 掌握数字人的概念与类型，了解数字人的发展历程，明白数字人对数智营销的作用。

2. 了解数字人制作方式，熟悉一些制作平台的功能，掌握数字人播报内容的制作技巧。

知识准备

一、认识数字人

（一）数字人的概念与类型

数字人是指利用数字技术构建的虚拟人物形象，他们可以在各种场合下模仿人类的表情、动作和语言，并具备一定的智能和自主性。

在元宇宙概念中，未来每个用户都将以虚拟形象的方式进入虚拟世界进行探索，虚拟人技术将成为元宇宙时代的基础技术之一。在数智营销领域，常见的数字人有以下类型：

1. 原有 IP 衍生虚拟形象

利用已有的动漫、游戏、电影、小说等作品中的人物角色，保持其原有背景和设定的基础上，创造一个虚拟偶像，让其参与现实活动，这就是依托原有 IP 打造虚拟偶像的主要方式。被选择虚拟化的人物角色通常已经具有独立的知名度和粉丝基础，因此在打造虚拟偶像时不需要进行过多的人设设计，也不需要大量的 IP 推广，可以更快速地投入实际运营。

2. 打造全新虚拟偶像

在这种策略下，全新虚拟偶像缺乏先天的知名度，因此在前期设计阶段需要创意的策划，赋予虚拟偶像故事性和情感表达，以彰显个性并获得知名度。

从偶像产业供给的角度看，虚拟偶像具有以下优势：

（1）生命周期长，可以不断更新迭代；

（2）纯 AI 驱动，可操控性强，延展空间大，可随时使用；

（3）人设稳定，没有负面新闻。

这些优势使得虚拟偶像比真人偶 0 像具有更高的价值。

翻转一下

成功案例收集：当下全新虚拟偶像层出不穷，请收集相关成功案例。

兴趣探索

“虚拟偶像”是数智营销重要的实践项目，具有广阔的职业发展空间，感兴趣的同学可以以此作为未来职业的突破口，需要持续探索“虚拟偶像”的人设设计、包装、内容创作、商务合作等工作细则，可以和志同道合的同学尝试运作本教材情境的“女武神”女团数字人版本。

3. 虚拟带货主播

虚拟带货主播是通过虚拟现实、增强现实等技术制作的虚拟形象，他们在直播带货中扮演着不同的角色，与真人主播相互配合，共同推动产品的销售和推广。

根据其性质，虚拟带货主播可以分为流量加持角色、专业角色和辅助角色。流量加持角色通常由有一定粉丝规模的非电商领域虚拟偶像担任，他们为直播间引入流量，类似于邀请真人明星；专业角色类似职业电商主播，展示专业的带货技巧和产品知识；辅助角色则与品牌合作，提供内容和流量支持。

虚拟带货主播为电商营销带来了新的可能性，丰富了直播形式和内容，满足了消费者的多样化需求。

小贴士

直播带货是企业重要的营销和销售渠道，在数智营销方案中，也需要体现虚拟带货主播的应用。

一个成功的虚拟带货主播应该具备以下特征：

- 独特的形象和个性：设计一个具有吸引力、独特的虚拟形象，赋予其鲜明的个性特点，使其能够吸引观众的注意力并与之建立情感连接。
- 专业的带货能力：虚拟主播要具备丰富的产品知识、销售技巧和沟通能力，能够清晰地介绍产品特点、优势和使用方法，精准及时地回答观众的问题，提高观众的购买率。
- 生动的互动体验：设计有趣、多样化的互动环节，如问答、抽奖、游戏等，使观众积极参与，增加直播的趣味性和互动性。
- 社交媒体运营：积极利用社交媒体平台进行宣传和推广，与粉丝保持良好的互动，提高虚拟主播的知名度和影响力。
- 良好的技术支持：确保虚拟主播的直播画面稳定流畅，避免出现卡顿、掉帧等问题，提供高质量的直播体验。

（二）数字人的发展历程

数字人的发展历程可以追溯到20世纪80年代，当时受限于技术水平，虚拟人的制作以手绘为主，表现形式相对简单。随着计算机技术和图形学的不断发展，虚拟人技术逐渐成熟。21世纪初，随着动态捕捉技术（Motion Capture）和渲染技术的逐步成熟，虚拟人在影视、游戏等领域开始得到广泛应用，逼真程度大幅提高。

2007年，“初音未来”作为虚拟偶像诞生，标志着虚拟人技术进入新的发展阶段。

其后，随着人工智能和深度学习等技术的发展，虚拟人的制作变得更加简化和智能化，虚拟人不仅可以唱歌、表演，还可以具备一定的智能和交互功能。

近年来，随着虚拟现实、增强现实等技术的发展，虚拟人的应用领域进一步扩展，包括教育、医疗、娱乐等多个领域。同时，虚拟数字人将成为人们进入虚拟世界的重要载体，虚拟人技术也将继续朝着更加智能化、真实化的方向发展。

（三）数字人播报的概念

数字人播报是指利用虚拟人技术，以数字化的人物形象进行新闻、信息或广播内容的播报。这种技术可以通过合成语音和动态图像的结合，让数字人以更生动、更具表现力的方式来传达信息，增强信息的吸引力和可理解性。数字人播报的概念已经在一些领域得到应用，如虚拟主持人播报新闻、虚拟导游介绍景点等。随着技术的进步，数字人播报有望在更多领域发挥作用，为信息传播带来新的可能性。

数字人播报在数智营销领域中，常用于产品介绍和功能演示，如数字人主播和数字人讲解员；也可以作为一个具有互动功能的助手与用户进行对话、回答问题和提供个性化的产品推荐等。

在客户咨询量大或深夜人工不方便在岗的情况下，数字人可以有效替代员工完成大部分工作。

二、数字人播报内容的制作

当前企业一般会要求数智营销方案中应体现出数字人的应用，而数字人播报是较为简单的一种方式。

（一）数字人制作方式

1. 人工智能制作数字人播报内容

使用人工智能技术，用文本描述直接生成数字人视频是较优解。这种方式可以直接生成场景和人物，极大提高了视频创作效率。

翻转一下

工具收集：请收集国内外主流 AI 视频生成工具并试用它们。

翻转一下

课堂小实践：请使用文本生成视频 AI 工具制作一个服装走秀视频。

2. 使用数字人制作平台制作数字人播报内容

这种平台通常提供了丰富的数字人模板和工具，用户可以根据需要选择合适的模板，然后上传文本内容，系统会自动生成对应的数字人视频。用户还可以调整数字人的动作、表情和声音，使得视频更加生动和具有个性化。这种方式不需要用户具备专业的视频制作技能，只需要简单的操作就可以生成高质量的数字人播报内容。

翻转一下

平台整合：请收集国内主要数字人制作平台并试用它们。

3. 使用 3D 建模或动画软件制作数字人播报内容

这种方式需要具备较高的技术水平和专业知识，制作周期较长，成本较高，但可以实现更加精细和个性化的效果。

（二）播报内容制作

以数字人制作平台制作数字人播报内容为例，开展数字人播报内容制作工作。

1. 选择制作平台

选择一个数字人播报内容制作平台，如腾讯公司出品的“腾讯智影”平台，登录该平台，选择【数字人播报】功能，如图 7－5 所示。

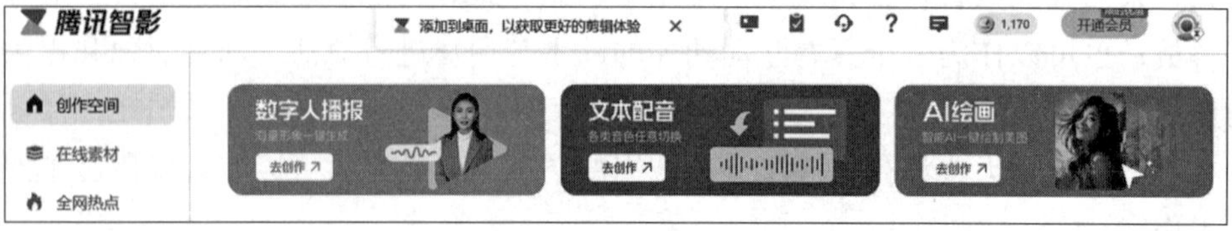

图 7－5　腾讯智影数字人播报制作入口

2. 编撰播报内容

数字人播报可用于多种场景，如品牌宣传、产品介绍、剧情演绎等。根据业务场景需要编撰播报内容，然后将内容输入到平台中，如图 7－6 所示。

图 7－6　播报内容处理

3. 选择数字人

根据播报内容和业务场景选择合适的数字人，可以使用平台预置形象，也可以使用自定义形象，如图 7－7 所示。

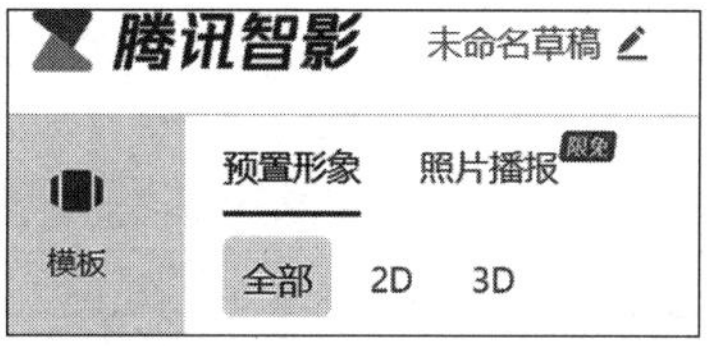

图 7－7　选择数字人界面

4. 选择音色

根据播报内容选择合适的音色，如图 7－8 所示。

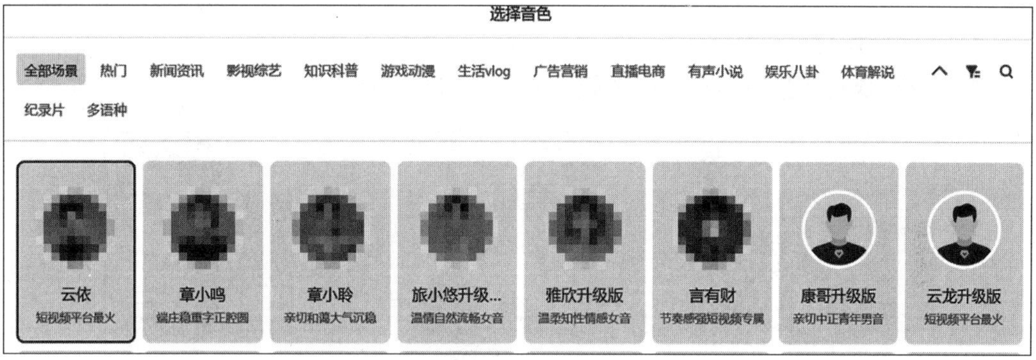

图 7－8　选择音色界面

5. 上传本地素材

在【我的资源】处上传本地素材，素材包括视频、音频和图片素材，如图 7－9 所示。

图 7－9　上传本地素材

6. 剪辑视频

腾讯智影提供简单的视频剪辑功能，可以在轨道上处理字幕、配乐、贴纸、数字人画面大小与位置，如图 7－10 所示。

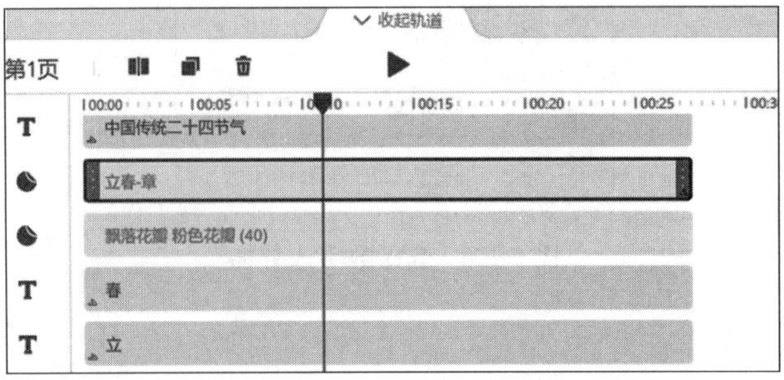

图 7-10　视频剪辑轨道

7. 合成视频

单击【合成视频】按钮，合成视频，如图 7-11 所示。

图 7-11　合成视频

进阶任务

任务名称：制作文旅产品数字人播报内容

任务要求：

1. 为学校所在城市某景区制作数字人导游讲解内容。
2. 收集城市景区视频素材，注意视频版权问题，不能随意发布到新媒体平台上。
3. 编写讲解文案，使用“腾讯智影”完成数字人播报内容。

练一练

一、单选题

1. 混合现实是一种将真实世界和虚拟世界融合在一起的技术。它结合了（　　）特点，创造出一个既包含现实元素又融入虚拟元素的环境。

A. 增强现实和虚拟现实　　B. 虚拟现实和全息投影

C. 增强现实和全息投影　　D. 真实环境和增强现实

2. 混合现实营销相比传统营销方式，其主要优势在于（　　）。

A. 降低成本　　B. 提高产品质量

C. 增强消费者互动和体验　　D. 扩大销售渠道

3. 空间计算技术的发展不断推动着（　　）的进步，使得它们能够更加准确地感知和理解空间，提供更加自然和流畅的交互体验。

A. AR 设备　　B. MR 设备　　C. VR 设备　　D. OS 设备

4. 原有 IP 衍生虚拟形象是利用已有的动漫、游戏、电影、小说等作品中的人物角色，保持其原有背景和设定的基础上，创造出一个（　　），让其参与现实活动，这就是依托原有 IP 打造虚拟偶像的主要方式。

A. 现实偶像　　B. 虚拟偶像　　C. 现实形象　　D. 真人偶像

5. 虚拟带货主播可以分为流量加持角色、专业角色和辅助角色。流量加持角色通常由有一定粉丝规模的（　　）担任，他们为直播间引入流量，类似于邀请真人明星。

A. 电商领域虚拟偶像　　B. 电商领域现实偶像

C. 非电商领域虚拟偶像　　D. 非电商领域现实偶像

二、判断题

1. 区块链技术是一种革命性的去中心化数据库系统，一旦数据被写入区块链，就几乎无法篡改，从而保障了数据的真实性和不可篡改性。（　　）

2. “蓝海”市场的挖掘是靠对需求趋势的判断，互联网重塑了各行各业，混合现实也同样会重塑各行各业。（　　）

3. 数字人是指利用数字技术构建的虚拟人物形象，他们可以在各种场合下模仿人类的表情、动作和语言，并具备一定的智能和自主性。（　　）

4. 虚拟带货主播为电商营销带来了新的可能性，丰富了直播形式和内容，满足了消费者的多样化需求。（　　）

5. 在客户咨询量大或深夜人工不方便在岗的情况下，数字人可以有效替代员工完成大部分工作。（　　）

三、思考题

从偶像产业供给的角度看，虚拟偶像具有哪些优势？

实训任务评价七

项目八 数智营销数据分析

学思浅悟

树立数据安全意识，守好网络安全防线

如同工业时代的石油一样，数据作为新型生产要素，是信息时代国家重要的战略性、基础性资源。数据在创造巨大价值的同时，也面临着被泄露、篡改、滥用、劫持等风险，直接影响经济社会的健康发展。在数智营销中，数据分析是至关重要的一环。

数智营销数据分析不仅可以帮助企业了解用户的喜好和行为习惯，还能预测未来的趋势和需求，为企业的战略决策提供重要参考。然而，随着数据在企业运营中的广泛应用，数据安全问题也变得愈发突出。企业需要加强数据安全意识，建立健全的数据管理和保护机制，有效防范数据泄露、滥用等风险，确保数据在使用过程中的合法性、安全性和隐私性。

同时，加强数据安全工作也是推动数字经济发展的重要举措，有助于构建更加安全可靠的网络空间，促进数字经济的持续健康发展。

教学目标

知识目标：

1. 认识数智营销效果评估指标，了解数智营销效果评估指标的概念及作用。

2. 熟悉数智营销业务中常见的评估指标类型，了解不同指标类型下常见的具体指标。

3. 熟悉业务效果评估指标的考虑因素。

4. 了解数智营销数据分析与优化的概念和作用，理解梳理业务逻辑在数智营销数据分析和优化的重要意义。

技能目标：

1. 理解数智营销业务场景下选取评估指标时需要考虑的因素，掌握合理选择适合数智营销业务的评估指标的基本要点。

2. 掌握搭建数据指标体系过程中常见的理论模型和方法，掌握搭建指标体系的基本步骤。

3. 熟悉数智营销数据分析与优化的步骤，学习数据分析思路和方法。

素养目标：

1. 提升解决问题的能力，灵活选择触客营销各种手段开展营销活动。

2. 培养创意设计能力，结合不同模型，明确起号阶段的业务目标，能够为账号选定一个合适指标，尝试用合适的方法搭建指标体系。

3. 开拓国际视野，树立品牌出海意识，提升跨文化沟通能力。

任务一 数智营销效果指标搭建

任务引例

短视频成为当下的热门趋势，懂车帝希望通过提升平台短视频播放量来增加用户的整体活跃度。因此播放量是现阶段业务的北极星指标。业务团队首先通过拆解播放量，得到了以下计算公式：播放量=播放人数×人均播放次数。

接着，针对“播放人数”按照不同的流量入口进行二次拆解，他们发现首页推荐流量大，但播放量却比较低。对比同类产品，团队发现同类产品推荐流均提供组卡形式短视频流。因此，懂车帝借鉴了同类竞品的做法，也在首页推荐中加入了短视频组卡，发现整体提升效果明显。

然后，团队按照不同模块对“人均播放次数”进行拆解，将所有模块的播放次数加起来，发现新用户下滑 Feed 流模块的人均播放次数最低。于是，他们尝试在该模块中加入新手引导提示，来引导新用户下滑查看更多视频。通过 A/B 测试，结果显示优化后的人均播放次数得到了明显提升。

最终，通过拆解播放量指标，定位关键入口和目标人群，懂车帝平台的播放量提高了 300%以上。

任务描述

在数智营销中，评估指标和搭建指标体系的重要性不言而喻，它们为营销活动提供了明确的衡量标准和优化方向。

评估指标是衡量数智营销业务效果的关键工具，它能够帮助业务团队发现营销活动中的薄弱环节，并进行针对性的改进。

搭建指标体系更是数智营销中不可或缺的一环。它使得业务团队可以系统化、科学化地分析营销活动的效果，为决策提供科学依据，有助于决策者做出更加明智的决策。

任务要求

1. 了解数智营销效果评估指标的概念和作用，充分理解评估指标对数智营销业务的重要性。

2. 熟悉数智营销业务中常见的评估指标类型，了解不同指标类型下常见的具体指标。

3. 理解数智营销业务场景下选取评估指标时需要考虑的因素，掌握合理选择适合数智营销业务的评估指标的基本要点。

4. 了解数智营销效果评估指标体系的概念和特点，学习搭建指标体系过程中常见的理论模型和方法，掌握搭建指标体系的基本步骤。

知识准备

一、认识数智营销效果评估指标

（一）数智营销效果评估指标的概念

指标是指用来衡量、评价和描述某个事物的标准或度量，让复杂的现象变得可描述、可量化、可比较。例如，我们通常会用体重、血压、血糖等指标来评估个人的健康状况，用国内生产总值、通货膨胀率、失业率等指标来衡量一个国家或地区的经济状况。

在数智营销领域，业务效果评估指标用于衡量数智营销活动对业务目标实现的具体贡献程度。这些指标可以帮助企业评估数智营销策略的效果，确定不同营销策略和渠道对业务增长的贡献程度。例如，通过分析直播的交易总额、销售量、客单价等指标，评估直播带货活动对商品销售增长的贡献程度。

（二）数智营销效果评估指标的作用

1. 了解业务情况

评估指标可以有效地监控和评估数智营销的业务发展情况，帮助企业或个人及时了解业务的状态和趋势。

例如，在公众号运营中，运营者可以通过关注数、阅读量、点赞数、评论数等指标，来监测和评估公众号的受欢迎程度和用户参与度。如果这些指标呈现上升趋势，则说明公众号的内容和运营策略是积极有效的，业务发展势头良好。反之，就可能需要对内容或运营方式进行优化调整。

2. 衡量业务目标

评估指标就如同一把尺子，可以用于衡量数智营销业务目标的达成情况。

例如，某款健身 App 的业务目标是用户增长，那么产品经理就可以将某段时期内的注册量、活跃率、留存率等作为评估指标，以此衡量该阶段内的用户增长目标是否已经实现。通过设定具体的评估指标作为业务目标，不仅可以明确业务团队的努力方向，还可以通过对比实际数据与目标数据进行绩效评估。

此外，评估指标能将数智营销的业务目标细化为具体的、可衡量的指标，使目标变得更加具体和明确。例如，在售后服务环节，可以将“提升用户满意度”的目标转化为“提升用户评分”或“降低用户投诉率”等具体指标。

3. 科学业务决策

业务效果评估指标可以提供客观、准确的数据和信息，帮助决策者更好地了解业务的实际情况，从而制定更加科学合理的策略。

这就好比，一家餐厅的老板想知道哪些菜品最受顾客欢迎，以便决定是否增加或减少某些菜品的供应。如果仅凭感觉或经验来做决策，可能会有较大的误差。但是，如果建立了业务效果评估指标，统计每个菜品的销售量、顾客的评价等客观的数据，就能够直观、科学地做出判断。例如，某个菜品的销量一直很低，且顾客的评价不太好，那么餐厅老板就可以考虑减少或改进这个菜品，又或者推出一些新的菜品来吸引顾客。

4. 优化团队管理

评估指标是优化团队管理和促进团队协作的重要工具。例如，在绩效考核中，设置适当的岗位绩效指标，可以帮助团队成员清晰了解工作重点和目标，从而提升工作效率。此外，合理的评估指标还能够激励团队成员，如与奖金、晋升等奖励机制挂钩，从而激发团队成员的积极性和创造力。在项目管理中，运用数据指标衡量项目进度和质量，可以使团队成员及时掌握项目情况，有利于协同合作。

5. 获取资源支持

业务发展离不开各种资源的支持，而评估指标则是获取资源支持的重要依据。评估指标就是业务发展的成绩单，业务核心评估指标的高低就是证明业务价值和潜力的最佳证明。如果数智营销业务的评估指标显示出高增长率和良好的盈利前景，那么它会更容易赢得企业领导层的青睐和支持，从而获取更多资金、人力等资源的投入。

二、数智营销效果评估指标的类型

在开展数智营销业务的过程中，会产生各种各样的数据，立足于不同的业务场景就会有不同的数据指标。

评估指标根据业务场景或目的的不同会有许多划分标准。下面就以宏观视角切入，列举一些比较重要的数智营销效果评估指标，如表 8－1 所示。

表 8－1　比较重要的数智营销效果评估指标

类型	含义	具体指标	
内容效果指标	用来衡量内容传播、互动、转化等表现效果，反映了用户对内容的吸引力和喜好程度	内容传播效果指标	如展现量/曝光量、浏览量、阅读量、完阅率、平均阅读时长、播放量、完播率、平均观看时长、跳出率、转化率等
		内容互动效果指标	如点赞量/率、评论量/率、转发量/率、收藏量/率等
		内容涨粉效果指标	如粉丝量/关注数、新增粉丝数、增粉率等
		内容转化效果指标	如转化率、点击量/率、注册量/率、订阅量/率、下载量/率、下单量、支付量、销售额等

续表

类型	含义	具体指标	
用户指标	用于衡量用户规模、行为的量化标准，有助于企业了解用户需求和行为	人口统计指标	如用户的年龄、性别、地域、职业、收入等
		用户数量指标	如用户总数、新增用户数、用户增长率、注册量等
		用户行为指标	如访问次数、访问时长、点击率、互动率、购买转化率等
		活跃用户指标	如活跃率、日活跃用户（DAU）、周活跃用户（WAU）、月活跃用户（MAU）等
		留存用户指标	如留存率、7 日留存率、N 日留存率等
品牌指标	用来衡量品牌健康度和价值的指标，反映了品牌在市场中的竞争力和影响力	—	如品牌知名度、品牌认知度、品牌联想度、品牌美誉度、品牌忠诚度、品牌净推荐值（NPS）、品牌搜索量等
销售指标	用于衡量销售业绩的量化标准，市场表现和销售能力	—	如销售量、销售额、客单价、利润、转化率、复购率、退货率、销售渠道数据、客户获取成本（CAC）、客户生命周期价值（CLV）等
财务指标	用于衡量企业经营活动在财务上的表现，反映了公司的经济实力和财务状况	盈利能力指标	如收入、成本、毛利润/率、净利润/率、投资回报率等
		营运能力指标	如资产周转率、库存周转率等
		偿债能力指标	如资产负债率、流动比率、速动比率等
		发展能力指标	如销售增长率、总资产增长率、利润增长率、技术投入比率等

在业务操作过程中，我们可以按照业务场景的不同选取合适的指标。例如，在广告推广阶段，品牌以提高品牌认知度为主要目标，让更多人看到广告就成了关键，则曝光量就会成为主要指标。

三、业务效果评估指标的考虑因素

众所周知，面对不同的企业、产品、客户，其数智营销的业务效果评估指标是不同的。选取适合自身企业或产品的数智营销业务效果评估指标时，需要考虑以下因素：

(一)业务目标

要明确数智营销业务的目标。评估指标应该与业务目标直接相关，不同的业务目标就决定了不同的评估指标，因此，在确定数智营销目标时，要根据业务目标确定与之相关的效果评估指标。例如，对于大型品牌而言，数智营销的目的可能主要在于提升品牌知名度和美誉度，那品牌指标就是业务部门需要重点关注的指标。

需要注意的是，评估指标不是一成不变的。即使是同一家企业同一个业务场景，不同发展阶段的目标也可能是不一样的。

以新媒体内容营销为例，账号的发展阶段可以划分为启动期、增长期、成熟期和衰退期等。在启动期，账号的运营目标以提权重、打标签、吸引首批粉丝为主，粉丝数、涨粉率就是这一阶段的核心评估指标。到了增长期，持续生产优质内容，增强粉丝黏性可能就成了首要目标，视频的播放量、完播率、点赞、评论、转发等互动指标就成了衡量内容质量的核心指标。进入成熟期，账号运营会重点关注账号的转化变现情况，则转化率、实际收益等销售指标就会成为该账号的主要评估指标。步入衰退期，账号就可以考虑转型或重新定位，如以维护品牌形象为运营目标，侧重于提升品牌知名度、美誉度、忠诚度等指标就成为重点关注的指标。

(二)历史数据和实时数据

在制定评估指标时，需要综合考虑历史数据和实时数据。

历史数据是评估业务效果的基础，可以作为设定评估指标的参考依据。通过对比当前数据与历史数据来设定合理的评估标准。例如，根据历史平均点击率或转化率来设定内容质量的评估标准；根据历史销售额或增长率来设定销售目标的评估标准。

实时数据是对业务状况的及时反馈，可以作为优化评估指标的参考依据。在数智营销业态环境中，市场情况和用户需求是实时变化的，根据实时数据调整业务策略也相当重要。

(二)行业标准和竞争对手

研究行业标准和竞争对手表现情况，可以帮助企业更全面、更明智地制定评估指标。

一般来说，行业标准反映了该行业的最佳实践。通过研究行业标准，企业就可以了解行业内普遍认可的评估方法和指标，如该行业成功的标准是什么，业务在哪些方面需要达到或超越这些标准，从而确保自己的业务效果评估体系与行业标准相一致。

了解竞争对手的表现能够帮助企业在业务效果评估中找到自身的优势和不足，从而制定更具针对性的改进策略，提升企业的竞争力。另外，竞争对手的指标也可以作为设定评估指标的参考，帮助企业确定合理的目标和预期。

这类数据可以通过第三方大数据平台获取，如图 8-1 所示。

(四)现有资源和团队情况

在数智营销业务中，确定评估指标时还需要结合现有资源和团队情况，即需要实际考虑企业的现状和能力。

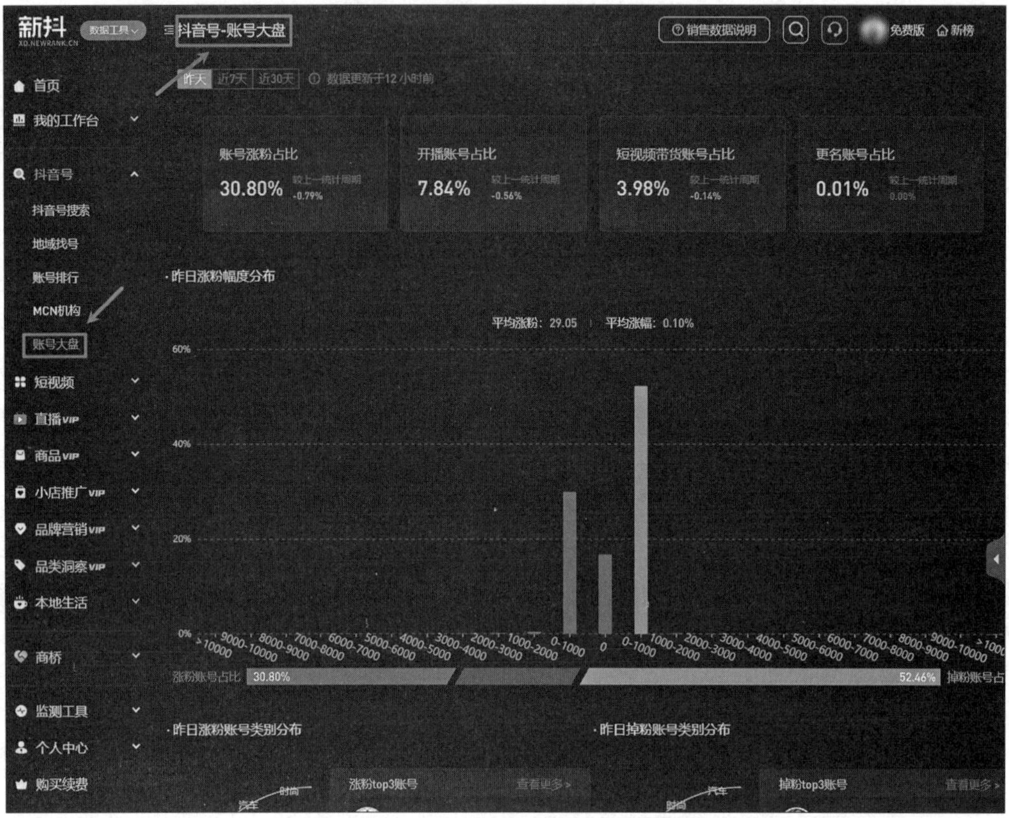

图 8－1　新抖-抖音号-账号大盘数据

如果评估指标过高，但是企业无法提供足够的资金、人才等资源投入来实现这些指标，那么预期的业务效果将会难以实现。例如，一个企业想要开展直播带货业务，但是该企业既没有相对完善的直播场地和设备，也没有比较专业的直播运营人才。在这种情况下，要想在激烈的市场竞争中脱颖而出就变得非常困难。

因此，只有根据实际情况，制定合理、可行的评估指标，才能够保证数智营销业务的顺利开展和有效评估。

四、业务效果评估指标体系搭建

（一）指标体系的概念和特点

1. 指标体系的概念

在实际生活和工作中，单个指标往往不能够全面地说明问题，通常需要通过综合多个指标来共同反映事物的全貌。例如，仅根据“体重”这个指标来判断人体的胖瘦程度是不科学的，还需要结合身高、体脂率、腰围、臀围等一系列相互关联的指标进行综合判断。这些指标所构成的有机整体就是一套可以科学全面地衡量人体胖瘦程度的指标体系。

换言之，指标体系就是指由一系列相互关联、相互独立的指标所组成的有机整体，能够共同描述和反映一个业务或项目的发展状况。通过搭建指标体系，企业可以更加客观、深入地了解业务情况，发现问题、分析问题和解决问题，从而做出更明智的决策。

翻转一下

通过网络渠道搜索查询相关资料，结合你的理解，说说指标体系的作用主要有哪些。

2. 指标体系的特点

一个好的指标体系应该具备以下特点：

（1）导向性。

指标体系应紧密围绕业务目标而构建，确保指标的选取直接与业务目标和流程关联，能够反映出业务的核心价值和关键成功因素。同时，指标的变化要能够真实反映出业务状况的变化，为决策者提供有效支持。

（2）系统性。

指标体系各个指标之间既相互独立又相互联系，能够涵盖业务的各个重要方面，且依据指标之间的逻辑关系和业务关联形成一个清晰的、有层级和关联关系的有机整体。

（3）可衡量性。

指标体系需要可以全面量化业务表现，指标必须能被准确测量和计算，并且其指标的定义和计算方式清晰明确，没有歧义。具备清晰的评估标准，能够直截了当地显示数据表现情况。例如，在直播带货中，仅用“GMV（销售总额）100 万元”来说明销售情况是缺乏实际意义的，因为我们难以判断这 100 万元是否属于正常范畴。只有通过对比（与历史数据、目标数据、行业数据等对比），即具备评估标准才能够更好地判断业务表现。

（二）搭建指标体系的方法

在业务发展的过程中，可能会产生成百上千个数据指标，企业应将数量众多的数据指标有机结合起来，形成一个指标体系。在此，我们可以借助一些理论模型和方法来搭建适合业务发展的评估指标体系。

1. 北极星指标法

北极星指标法，也称为唯一关键指标法（One Metric That Matters，OMTM），指的是企业在产品当前阶段设定的绝对核心指标。这一指标与企业的业务或战略紧密相关，能像北极星一样为团队指明方向，引导所有成员共同努力提升该指标。

北极星指标的选择，需要满足以下条件：

（1）体现产品核心价值。

能够体现产品或服务的核心价值，既能够反映产品的关键功能和特点，又应与公司的整体战略和业务目标相一致。例如，对于社交媒体 App 来说，其核心价值在于用户互动和内容分享，则北极星指标可以是日活跃用户数（DAU）或用户参与度等。

（2）具备先导性。

优先选择能够预测未来的营收情况或业务发展趋势的先导性指标，即北极星指标不能滞后于事实的发生。

小贴士

滞后性指标和先导性指标

滞后性指标是指为了达成最重要目标而进行的跟踪性指标，反映的是已经发生的结果或既成事实，如客户满意度、销售收入、市场份额等。这些指标是对最终结果的度量数据，主要用于验证和确认已经发生的经济活动或业务成果。

先导性指标是指可以衡量团队必做的、对达成预定目标有着重要作用行为的指标，是在结果发生之前对结果具有预测作用的度量数据，如日活跃用户数、周活跃用户数和月活跃用户数等。先导性指标更多关注于当前的行动和未来的结果，帮助团队预测和引导未来的业务发展方向。

例如，电商公司的目标是在未来一年内提高销售额。其中，网站访问量是先导性指标，反映了用户对平台的关注度和参与度。如果网站访问量持续上升，那么未来订单量增加的可能性也会相应提高。而订单量则是一个滞后性指标，反映的是过去的销售结果。虽然订单量对于评估当前业务状况很重要，但它无法提供关于未来趋势的预测信息。

需要注意的是，北极星指标不是一成不变的，它会随着不同发展阶段业务重心的变化而变化。我们可以通过判断产品生命周期阶段来选择最佳的北极星指标。各产品生命周期阶段关键指标如表 8 - 2 所示。

表 8 - 2　各产品生命周期阶段关键指标

产品生命周期阶段	业务重心	关注指标	关键指标
引入期	积累和获取用户	规模类指标	用户数量、用户增长率
成长期	获客质量和效率	质量类指标	活跃用户数、用户留存率、人均使用时长等
成熟期	盈利	质量类指标 营收类指标	客单价、复购率、转化率、利润等
衰退期	放弃业务或调整业务方向	—	—

（3）符合 SMART 原则。

北极星指标须具体且明确，与业务目标相关，可以被实现和被衡量，以及完成指标要有明确的时限。

（4）控制指标数量。

在数量控制上，一般选择 1 个最关键的指标，尽量不超过 3 个。具体数量还需结合业务实际，但原则上需要避免过多的指标而导致焦点分散问题。

职场案例

某支付平台在启动阶段，将“两亿三次”作为北极星指标，即一年内获得 2 亿用户，每个用户平均使用次数超过 3 次。这个北极星指标不仅考虑了用户覆盖范围，还考虑了支付场景的特性。在支付场景中，用户在进行一两次支付后，才能养成使用习惯。这种复合性的指标既考察了规模，又兼顾了质量，能够避免因单一追求规模或质量而产生的问题，有利于该支付平台的长期发展。

北极星指标拆解思路是，按照关联因素对其进行逐步拆解，把最重要的指标细化成一个个公式因子，通过层层拆解的方法也可以实现数据指标体系的搭建。

以比价类 App 为例，比价类 App 内整合了多个电商平台和外卖平台的信息，用户在 App 内浏览并对比各个平台的商品和服务信息，直接在 App 内就可以实现跳转和下单。用户完成下单后，电商平台或外卖平台会根据订单的金额和约定的佣金比例，向比价类 App 支付一定的佣金。比价类 App 则会将部分佣金以返现的形式返还给用户。

GMV（销售总额）是这种返现业务的北极星指标，GMV 越高，抽成也就越多。对北极星指标进行拆解，可得到：

GMV＝外卖 GMV＋电商 GMV
　　＝(外卖付费用户数×客单价)＋(电商付费用户数×客单价)
外卖 GMV＝外卖付费用户数×客单价
　　＝(新用户消费＋老用户消费)×客单价
　　＝(新用户 UV×新用户激活率＋老用户 UV×留存率)×外卖页抵达率×购买转化率×客单价

同理，也可以对电商 GMV 进行拆解。

基于对北极星指标的层层拆解，再结合现有的实际数据也可以定位营销过程中的问题，有针对性地改进和优化。

2. OSM 模型

OSM 模型是一个目标策略度量模型，由 Object（目标）、Strategy（策略）、Measure（度量）三个部分组成（见表 8－3）。这个模型的核心在于明确业务目标，确定实现这些目标所需的策略，并制定相应的度量指标来衡量策略的执行效果。

表 8－3 OSM 模型

	解析	示例（以打车 App 推广为例）
目标（O）	想要达成的业务目标	增加用户数量
策略（S）	为了达成业务目标需要采取的策略	线上线下多渠道推广，发放打车优惠券，优化 App 界面设计和功能操作等
度量（M）	衡量策略实施的效果和目标完成情况	新用户注册量、用户留存率、活跃用户数、用户转化率、市场份额等

翻转一下

请你运用 OSM 模型对“音乐 App 收费”进行拆解，要求拟定合适的业务目标、实施策略和衡量指标。

职场案例

京东物流的终端运营指标体系就是基于 OSM 模型将指标体系与业务策略结合的方式搭建的。

在京东物流终端揽收场景中，运营的效率和体验是被重点关注的两大方面，在此基础上拆解工作流，然后再围绕业务目标和工作流，搭建数据流。数据流将指标划分为效率类指标和体验类指标，能够支撑和反映工作流。将工作流和数据流结合起来，就构成了京东物流终端运营指标体系（见图 8-2）。

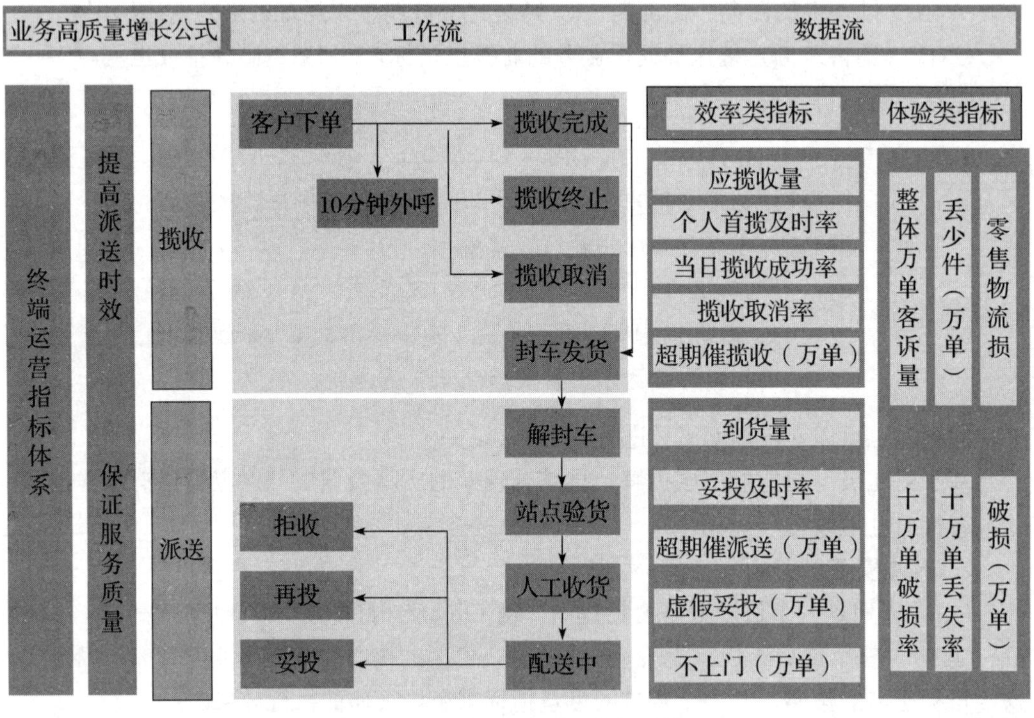

图 8-2　京东物流终端运营指标体系

3. AARRR 模型

AARRR 模型，也被称为海盗模型或增长黑客理论模型，包括用户获取（Acquisition）、用户激活（Activation）、用户留存（Retention）、获得收益（Revenue）以及推荐传播（Referral）五个关键阶段。

AARRR 模型是从用户生命周期的角度，将用户增长和转化的过程分为五个关键阶段，以帮助企业明确产品在不同阶段的业务目标，通过为每个阶段设定具体的数据指标来优化营销策略。

4. UJM 模型

UJM（User Journey Map）模型，即用户旅程地图。该模型从用户的角度出发，详细描绘了用户在使用产品或服务过程中的体验和行为路径。通过 UJM 模型，企业可以深入了解用户的需求和痛点，优化产品或服务，提升用户体验。

通过代入用户角色体验产品或业务流程，描绘从开始到结束的完整体验流程就能够梳理出用户旅程。例如，用户在电商平台上购物的行为路径是打开 App、搜索或浏览商品、查看商品详情、加入购物车、提交订单、支付订单。梳理了用户行为旅程之后，在用户旅程中的关键节点上设置相应的指标，从而形成一个指标体系。

（三）搭建评估指标体系步骤

在开始搭建评估指标体系之前，首先需要理解业务，这是搭建评估指标体系的起点。理解业务包括了解产品服务、目标受众、服务过程、盈利模式、获客渠道、用户生命周期管理、组织架构、行业竞争、竞争策略、目标战略以及营收情况等方面。只有全面理解业务，才能有效地搭建评估指标体系。

1. 明确业务目标

明确业务目标是搭建评估指标体系的第一步。评估指标体系是为业务服务的，明确业务目标能够确保所搭建的评估指标体系能够对接实际业务需求，提供有价值的信息。

具体来说，业务目标直接决定了需要关注的核心指标有哪些，即按照业务目标梳理对应的核心指标。当出现多个核心指标时，需要对核心目标进行优先级排序，从中筛选出与业务目标直接相关、能清晰反映业务目标完成情况的北极星指标。

以电商平台为例，电商平台通过搭建交易平台来完成用户与商家的交易，交易量越高，平台价值也就越高，因此电商平台的业务目标是提高交易量。与这一目标紧密相关的核心指标有很多，包括订单量、订单金额、转化率、用户活跃度、用户留存率、商品浏览量、客单价等。在电商平台中，交易量是能直接反映平台价值的指标，因此订单量或订单金额是作为北极星指标的最佳候选指标。而考虑到电商平台的长期发展，只有吸引更多的商家入驻平台和更多的用户使用平台，才能进一步促进平台的发展，当前的交易量、用户持续购买和商家的稳定合作是电商平台需要高度关注的。因此，相比于订单金额，订单量会是一个更合适的北极星指标。

因此，在搭建数据指标体系之前，必须先明确业务目标，确保整个指标体系都是围绕业务目标展开的。

一般来说，企业会制定符合企业战略的整体目标，如营收、利润、销售量、用户量等。需要对整体目标不断进行拆分，落实到各个业务模块和部门中，最终成为具体业务或部门的 KPI，这也就是搭建评估指标体系的业务目标。

2. 梳理业务流程

业务流程是业务目标得以实现的具体路径和步骤。梳理业务流程可以找出对业务目标有直接影响的关键节点，对其设置相应的数据指标，才能更好地监控和优化这些环节。梳理业务流程的方法有很多，下面介绍一些常见的业务流程梳理方法。

（1）流程图法。

流程图法是指将业务流程以图形化的方式展示出来，如图 8－3 所示。这种方法能够展示业务流程的全貌，直观地看到各个节点、环节以及它们之间的逻辑关系。

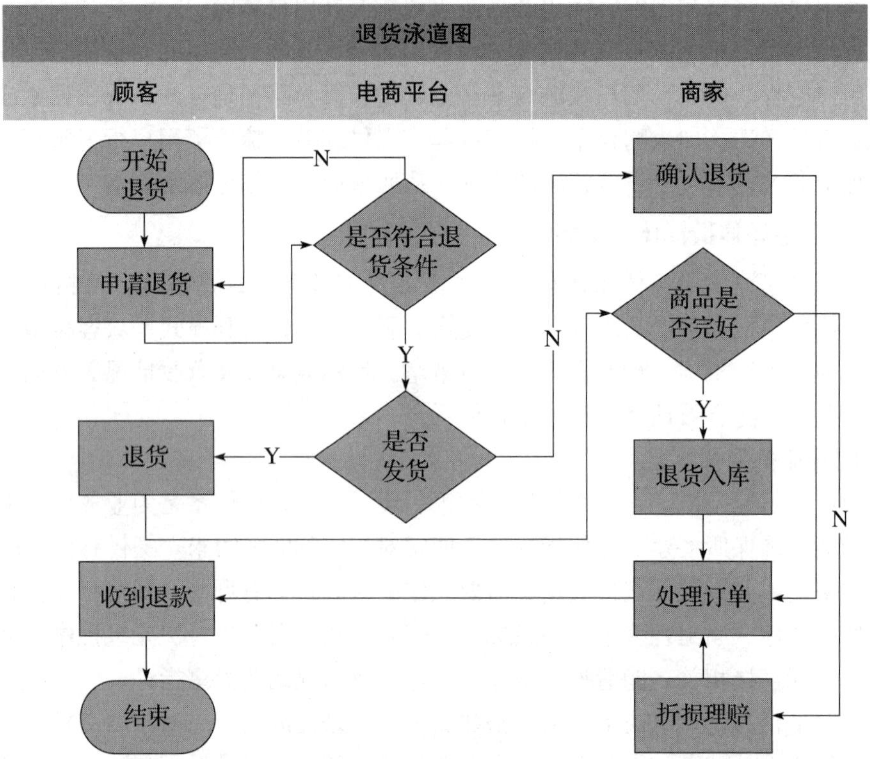

图 8－3　流程图法示例

> **翻转一下**
>
> 搜集不少于 10 个业务流程图的案例，并从中学习如何绘制业务流程图。

（2）用户行为分析法。

用户行为分析法是指通过观察和分析用户的行为和习惯，了解用户在完成某项任务或操作时所经历的步骤和流程的方式来梳理业务流程。用户行为分析可以通过用户调研、数据分析等方式获取用户行为数据来了解用户的行为，也可以通过将自己代入用户角色，模拟用户行为的方式来实际体验业务流程。

以在线购物为例，通常来说，用户在购物时会基于购物目的进行搜索，以找到感兴趣的商品。然后，浏览商品详情页面，查看商品的图片、描述和价格等信息。如果用户对该商品感兴趣，他们会将商品添加到购物车，并继续浏览其他商品。最后，用户会在购物车页面确认购买信息，并完成支付。也就是说，用户购物行为主要包括搜索商品、浏览商品、添加购物车和订单支付等环节。

（3）业务拆分法。

业务拆分法是指将企业的各个业务板块进行划分，将复杂的业务流程拆分成若干个简单的子流程或模块，然后分别进行梳理。

这种方法适用于大型生态型企业或复杂型产品。例如，旗下有电商业务、数字媒体服务、云计算服务等多个业务板块的阿里巴巴集团；还有产品生态体系下涉及创作者、用户、商家、主播、广告主等多方参与者的抖音 App。该类企业或产品的结构复杂多元，对其业务模块进行拆解之后更有利于业务流程的梳理。

在实际应用中，我们可以根据业务的具体情况综合运用这些方法来梳理业务流程，以达到更好的效果。

3. 搭建指标体系

当明确业务目标和梳理业务流程之后，就可以进入指标体系的搭建环节。

（1）指标体系搭建思路。

简单来说，指标体系搭建的过程就是将找到能够直接反映业务目标的核心指标（即一级指标），将其拆解成能够反映对应业务流程中各个重要环节的关键指标（即二级指标）；在此基础之上，再从多个维度进一步拆解这些关键指标，拆解成更精细的数据指标（即三级指标），如表 8－4 所示。

表 8－4　三级指标层级

层级	含义	示例
一级指标	一级指标通常是指业务中最核心的指标，往往与企业战略相关，能够衡量业务的运营状态以及目标的达成情况，也称为北极星指标	销售额
二级指标	二级指标是对一级指标进一步细化或分解，属于业务策略层面的指标，能更具体地描述称为业务在不同维度或方面的表现，用于定位一级指标的问题	产品类别销售额 地区销售额 客户类型销售额 销售渠道销售额 时间段销售额
三级指标	三级指标是对二级指标的纵向拆解，如路径拆解、漏斗拆解、公式拆解等，用于定位二级指标的问题，并指导一线人员进行业务操作或决策，属于业务执行层面的指标	某　具体产品的销售额 某一地区的销售额 某一客户类型的销售额 某一销售渠道的销售额 某一时间段的销售额 销售额增长率 市场占有率

这种拆解过程有助于确保指标体系能够全面、准确地反映各个业务环节的表现，能够帮助业务人员深入了解业务状况，发现潜在的问题和瓶颈，从而有针对性地制定优化策略。

（2）指标体系搭建过程。

通常可以借助北极星指标法、OSM 模型等方法来进行指标体系搭建工作。

以电商企业指标体系搭建为例：

步骤 1：运用北极星指标法确定一级指标。

在电商企业中，可以选择 GMV 作为北极星指标，因为 GMV 是能够衡量交易活跃程度、能够体现电商企业促进商品销售和满足客户需求的核心价值的先导性指标。

步骤 2：借助 OSM 模型确定二级指标。

为了实现一级指标 GMV，电商企业制定了“提升购物用户数量”“提升用户购物价格”“提升用户购买频率”这三个业务策略，按照所采取的业务策略找出相对应的度量指标，即购买用户数、客单价和复购频次，二级指标由此产生。

步骤 3：利用 UJM 模型确定三级指标。

接下来，电商企业会再对各个业务策略进行拆解，拆解成用户旅程中的若干个关键环节，将其串联成业务流程。以“提升购物用户数量”为例，根据 UJM 模型，用户行为旅程主要包括从各个渠道获取用户、用户注册、访问店铺、浏览商品、添加购物车、订单支付、成功购买等环节。

通过漏斗分析，找到用户行为旅程中各个关键环节下的过程指标，如注册数、进店率、详情页访问率、加购率、付款率、购买成功率，以此获取三级指标。

电商企业指标体系搭建如图 8－4 所示。

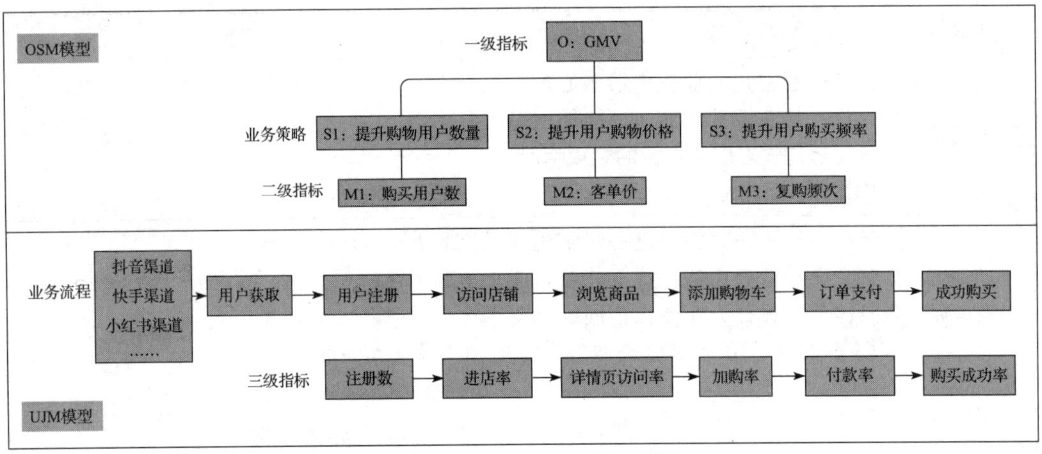

图 8－4　电商企业指标体系搭建

翻转一下

请你在“提升用户购物价格”和“提升用户购买频率”中任意选择一个策略，运用 UJM 模型梳理业务流程，确定三级指标。

业务操作

业务名称：抖音“女武神”女团起号阶段的指标搭建

工作要求：

结合 AARRR 模型，明确起号阶段的业务目标，为起号阶段的“女武神”女团账号选定一个合适的北极星指标。梳理起号阶段的业务流程，明确起号阶段的各个工作环节后，尝试用合适的方法搭建指标体系。

操作步骤：

1. 明确起号阶段的业务目标：确定“女武神”女团账号在抖音平台上的发展目标。

2. 选择评估指标：根据当下阶段目标选择北极星指标。

3. 梳理业务流程：明确起号阶段的各个关键环节。

4. 按照业务目标和业务流程，尝试搭建一个简单的评估指标体系。

任务二　数智营销数据分析与优化

任务引例

某短视频平台希望提升登录率，增强用户对平台的黏性，因此，平台业务团队围绕该目标展开了数据分析与优化工作。

业务团队先是按照不同的用户群体拆分，发现中老年群体的登录率低于大盘用户的登录率，因此，他们判断需要对这部分数据进行优化。于是，他们对用户路径进行了拆解并结合漏斗分析，最终找到了最大流失环节，即中老年群体登录时点击同意隐私条例这一环节。与其他产品对比，抖音的同意条例提醒不够直接，于是，他们对未点击同意条例直接提交登录的用户设置了明显的弹窗提醒，以提示用户选择同意隐私条例并登录该短视频 App。

通过 A/B 测试，优化方案对中老年和大盘用户登录率均有显著提升，且中老年提升幅度超过大盘，说明这个优化方案是有效的。最终，通过优化登录提交流程，中老年群体登录率提升了 2%，大盘数据整体提升了 0.5%。该短视频 App 用户基数庞大，0.5%的用户量可以达到百万级别，因此此次数据分析与优化所取得的效果是非常显著的。

任务描述

数字化时代，数据已经成为企业决策和营销优化的重要依据，而如何将数据分析结果转化为具体的营销策略优化行动，更是企业开展营销活动不可忽视的重要举措。数智营销数据分析与优化是将数据与业务结合的最佳实践。数据分析与优化通过深入的数据挖掘和分析，以数据驱动科学高效决策，从而提升营销活动的效果与效率。

任务要求

1. 了解数智营销数据分析和优化的概念和作用，把握数据分析与优化的重要性。

2. 了解数智营销数据分析和优化的前提，理解梳理业务逻辑对数据分析和优化的意义。

3. 了解数智营销数据分析和优化的大致步骤，认识数据分析工具和方法，掌握数据分析的主要思路。

知识准备

一、认识数智营销数据分析与优化

（一）数智营销数据分析与优化的概念

数据分析是指对各种数据进行收集、整理、分析和解释的过程，旨在从中获取有价值的信息和见解。

数据优化则是在数据分析的基础上，采取积极措施来改进或提升某一流程或业务的效果，以找到最佳的解决方案或策略，实现效益最大化或成本最小化。

数据分析与优化是在深入理解和洞察业务领域的基础上，对数据进行处理和分析，对业务现状和问题进行全方位的监测和洞察，发现业务瓶颈并采取优化措施解决，从而实现业务的可持续发展。

数智营销强调利用数字和智能技术来驱动营销决策和策略。而数智营销数据分析与优化是指利用数字化和智能化的手段，对营销过程中产生的数据进行收集、分析和优化的过程。企业可以通过对营销数据的分析深入洞察目标受众的行为、喜好和需求等信息，有针对性地优化营销行为和策略，提高营销效果和业务增长。

（二）数智营销数据分析与优化的作用

1. 市场洞察

通过分析市场数据，追踪市场趋势、竞争对手和消费者行为的变化，预测市场需求和消费者行为，为制定和调整市场策略提供有力支持。

例如，一家电子产品销售公司通过分析历史销售数据，识别出了销售周期规律，即每年的“双十一”“双十二”以及春节前后是销售高峰期，而夏季是销售低谷期。对商品在不同时间段的销售表现进行分析，得出手机在年底新品发布期间销售量会激增，电视、空调等家电产品则在夏季和冬季的销售量较高。基于以上发现，该公司结合新品发布、消费者购买力变化、市场竞争等因素，预测了手机、电视等商品未来三个月内的需求，然后根据预测结果调整库存以保证销售高峰期充足供应和低谷期避免库存积压。

2. 客户洞察

通过对海量的客户数据进行分析，企业可以深入了解客户的需求、偏好和购买行为，为客户提供个性化的产品和服务，提高客户满意度和忠诚度。

例如，某数据分析师从某购物平台上收集 1 000 条关于果茶产品的用户评论数据。他先是制作了词云图，词云图中显示，消费者对于果茶产品的口感、包装、味道等方面持有较高评价。词云图中“好喝”“不错”“喜欢”等词汇成为主旋律，体现出消费者对果茶产品的正面反馈。接着，他又对这 1 000 条用户评论进行情感分析，发现其得分主要集中在 0.8～1.0，这意味着大部分评论是正面的，正面情感明显多于负面情感。经过统计，发现该商品评论中的正面情感占比高达 85%，这表明消费者对果茶产品的评价基本上是认可的。

3. 效果评估

通过对营销活动数据的监测和分析，企业可以了解哪些策略和渠道是有效的，哪些需要改进。这样的反馈使得企业能够及时调整营销计划，优化资源分配，提高营销效率和投资回报率。

比如，某知名化妆品公司为推广新品，提升新品的曝光度及销量，开展了一个“超级品牌日”的推广活动。活动结束后，其销售量显著增长，交易额呈现出短时间急速上涨走势。基于此次活动所取得的销售数据、顾客反馈以及市场竞争环境，营销团队对相关信息进行了深入剖析与研究。在观察了数月销售趋势后，他们发现品牌销售额确实在活动结束之后立即得到了提升，然而仅在一个月后又回归初始状态。经过三个月的等待，品牌销售额方才逐渐稳定攀升，由此可见，该推广策略并非立即产生显著效果，而是需要时间慢慢展现。此外，他们也注意到，在此次活动推动下，品牌用户数量有所增长，但活动过后的用户流失情况较为严重。为此，品牌需要努力强化用户黏性，力求保证品牌业绩持续增长。

4. 科学决策

数据分析和优化为企业的营销决策提供科学依据，企业可以更高效地做出更明智的决策，降低决策风险。

假如，一家快餐连锁店的市场经理想要了解不同地区的消费者对不同菜品的喜好程度，他应该怎么做呢？他先是收集了连锁店在各地区的销售数据、顾客点餐记录以及顾客评价等信息；然后，对这些数据进行分析后，他发现 A 地区的顾客更喜欢辣味菜品，而 B 地区的顾客则更倾向于甜口菜品。于是，他很快就判断出，连锁店可以根据不同地区的口味偏好优化菜品组合，例如，在 A 地区增加辣味菜品的供应，并推出辣味菜品优惠活动来吸引更多顾客。

二、数智营销数据分析与优化的前提

在商业活动中，数据与业务密不可分，相互关联。数据是对业务活动的量化呈现和记录载体，而业务则是数据的来源和运用场景。因此，梳理清晰的业务逻辑是数智营销数据分析和优化的重要前提。

（一）业务逻辑的概念

业务逻辑指的是企业或组织为实现其业务目标所遵循的一系列规则、流程和决策方式。

以网购业务为例，在用户注册时，只有合法用户能够注册和登录；在浏览商品时，平台根据用户的浏览历史和购买记录来推荐用户可能感兴趣的商品；在管理购物车时，用户可以添加或删除商品，也可以对数量进行修改等。由此可知，业务逻辑反映了网购平台为促成商品交易所需要采取的一套规则和流程，解释平台是如何运作以实现在线购物的目的。

（二）梳理业务逻辑的意义

在正式开展数据分析与优化工作之前，要梳理数据背后的业务逻辑。梳理业务逻辑需要了解业务目标，理清业务流程和各个环节之间的关系，把握影响业务流程的关键因素等。因此，梳理业务逻辑对于开展数据分析与优化工作具有重要意义。

1. 明确关键指标

梳理业务逻辑有利于确定需要关注的数据指标和关键因素。换言之，梳理业务逻辑能让数据分析人员清楚应该统计和分析哪些数据指标，理解某个数据的影响因素有哪些；数据高了，可能的原因有哪些；数据低了，可能的原因有哪些。

2. 发现异常问题

梳理业务逻辑有助于发现数据中的异常问题。基于对业务流程的深入理解，数据分析人员可以知道正常情况下数据应该呈现的模式和趋势，一旦数据出现了与业务逻辑不符的情况，就意味着数据存在异常。假设正常情况下，客户下单后的平均支付时间为24小时，当大量订单的支付时间超过了48小时，这就可能是一个异常情况。

3. 优化指导决策

梳理业务逻辑有利于指导数据优化的方向和决策。根据业务目标和限制条件，确定数据优化的重点和优先级。例如，如果业务目标是提升客户满意度，则需要重点关注客户体验相关的数据，如好评率、投诉率等。

此外，在某些情况下，数据分析也可能揭示出业务逻辑中存在的问题或潜在改进点，即业务流程或规则不合理的地方，从而推动对业务逻辑的调整和优化。

三、数智营销数据分析与优化的步骤

（一）数据收集

数据收集是开展数据分析与优化工作的基石。数据收集是指从各种来源获取和整合信息，为数据分析提供原始素材和依据。数据的来源有数据库、调查问卷、在线平台、传感器等。

在过去，受限于技术和资源条件，企业主要通过纸质问卷调查、电话访谈、手工记录和整理、收集公开资料、实地考察等方式进行数据收集工作。虽然这些方法仍然有效，但随着科技的发展，网络调查、数据挖掘、传感器技术等现代化的数据收集方法使得数据收集的效率和准确性大大提高了。

数智营销时代，企业可以通过网络分析工具、社交媒体监测工具、客户关系管理系统等各种方式收集数据，如表8－5所示。

表8－5　数据收集渠道

收集方式	数据内容	工具示例
网络分析工具	收集用户在网站或应用程序上的行为数据，如页面浏览量、停留时间、点击行为等	如友盟＋、百度统计、腾讯分析等

续表

收集方式	数据内容	工具示例
社交媒体监测工具	跟踪社交媒体平台上与品牌相关的话题、评论、分享等，了解消费者的意见和情感倾向	如清博舆情、微热点、知微事见、新榜等
CRM 或 SCRM	收集客户的基本信息、购买历史、交易数据、互动数据等，了解客户需求和行为	如纷享销客、简道云、尘锋 SCRM、探马 SCRM 等
客户调研	直接收集消费者的反馈和意见	如在线问卷、电话访谈、面对面访问等
传感器和物联网	利用传感器和物联网技术收集实体产品或环境的相关数据	如智能手表等智能穿戴设备，智能冰箱等智能家电
第三方数据提供商	通过购买或合作的方式获取第三方数据，如市场研究报告、行业数据等	市场研究公司、电商平台、社交媒体平台

（二）数据分析

1. 数据分析工具

数据分析工具可以高效地处理和分析数据，实现数据分析的自动化，如自动识别缺失值和异常值、自动生成图表和分析报告等，极大提升了数据分析的效率。数据分析工具大致可以分为平台自带的数据中心、第三方数据分析工具和专业数据分析工具。

（1）平台自带的数据中心。

一般来说，各个平台都提供了数据统计与分析的数据功能，图 8-5 所示为抖音创作者中心中的数据中心。平台自带的数据中心会提供直观的图表和数据展示，使用户能够快速了解自身账号或店铺等的关键指标和趋势。

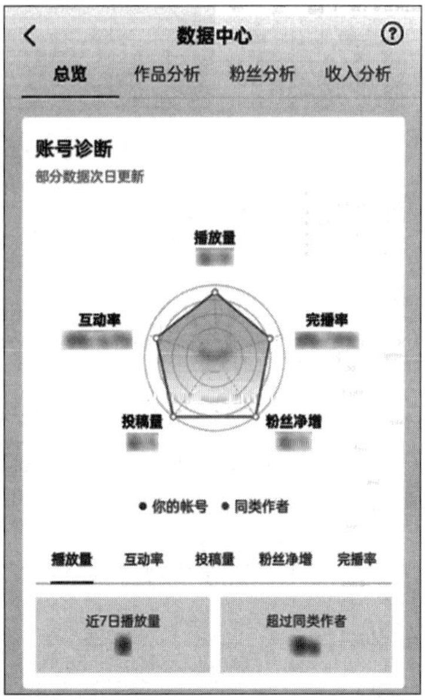

图 8-5　抖音创作者中心中的数据中心

（2）第三方数据分析工具。

第三方数据分析工具专门为特定行业或领域提供数据分析服务，适用于广泛的行业分析或深入数据探索。这类数据分析工具整合了多个平台的数据，并提供更全面的分析功能，帮助用户了解市场趋势、竞争对手情况、用户行为等。

例如，蝉妈妈（见图 8-6）、新榜、灰豚数据等面向新媒体平台的数据分析工具；又如，淘宝的生意参谋、京东的京东商智、拼多多的多多情报通等面向传统电商商家的数据分析工具。

图 8-6　蝉妈妈首页

➡ 翻转一下

调研目前主流的平台主要的第三方数据分析工具有哪些，并记录其功能和特点。

（3）专业数据分析工具。

专业数据分析工具，如 Excel、R、Python、SQL、Tableau 等，是数据分析师进行数据分析时常用的工具，如表 8-6 所示。

表 8-6　常用的专业数据分析工具

工具	简介
Excel	电子表格软件，提供了丰富的数据处理和分析功能，如数据排序、筛选、透视表、图表等，能满足大多数基本的数据分析需求
R	统计分析和数据可视化的编程语言，拥有丰富的统计分析库和图形库，适合进行较复杂的统计建模和可视化分析
Python	通用的编程语言，拥有大量强大的数据处理和分析库，可进行复杂的数据清洗、转换、统计分析和可视化
SQL	管理和处理关系型数据库的语言，数据分析师处理数据库数据的必备工具，可以高效地进行数据的查询、插入、更新和删除等操作
Tableau	数据可视化工具，界面直观易用、可视化功能丰富，可以快速创建交互式的数据可视化报表和仪表盘

➡ 翻转一下

请查阅相关资料，谈一谈 Excel、R、Python 在数据分析方面各自的优缺点。

2. 查看数据

数据为营销决策提供了有关业务、市场、用户、产品等方面的信息，学会查看数据非常关键。实际上，查看数据是一项技术活，它需要一定的知识和技能，如了解数据的含义、掌握数据分析工具和方法，以及从数据中提取有价值的信息。

一般来说，可以从维度、趋势、占比、对比等视角入手来观察数据。

（1）维度。

维度细分是通过拆解不同的维度，找到需要分析的某个指标的影响因素。性别、地区、时间、距离等是数据分析中常用的维度。

以销售量为例，基于时间维度，可以将销售量按照月份或季度划分，以观察销售量在不同时间段的变化，了解销售的季节性趋势，把握销售旺季和淡季；也可以基于空间维度，将销售量按照地域或城市进行拆解，以了解不同地区的销售情况。

在数据分析中，维度是数据在对比、占比、时间、趋势等分析的关键因子。此外，单一维度的分析往往无法全面反映数据的真实情况，因此需要从多个角度、多个层面去审视数据，以获取更全面、更准确的信息。

（2）趋势。

趋势分析是一种观察和分析数据随时间变化的方法，可以揭示事物的发展方向和变化趋势。例如，通过绘制时间序列图、计算趋势线或使用统计指标（如增长率、波动率等），呈现数据在一段时间内的趋势变化，如上升、下降或保持稳定。

趋势分析可以应用于市场趋势分析、销售业绩趋势、用户行为趋势等领域。

（3）占比。

占比分析展现了各个组成部分在总体中的分布和相对大小，用于评估各个部分在整体中所占的比例或份额，揭示了数据的内在结构和特征。

例如，对不同产品的销售额进行占比分析，分析不同客户群的消费特点和占比，了解不同品类的产品在总销售额中所占的比重，以识别畅销品和滞销品，从而有针对性地调整产品策略或优化销售渠道。

占比分析常用于市场份额分析、客户群体分析、成本结构分析等，一般用饼图、柱状图等图表来呈现占比结果。

（4）对比。

对比分析是指将两个或两个以上的数据进行比较，分析其中的差异，发现问题并找到解决思路。

1）纵向对比。

纵向对比是比较同一对象在不同时间点的数据变化。

以与历史同期对比为例，将当前数据与历史的同期数据进行对比，以了解数据的趋势和变化，发现是否存在季节性、周期性或长期趋势。一般分为环比和同比。

小贴士

环比是指与上一个时间周期进行比较，如本月和上个月比，本周和上周比。环比侧重于反映数据的短期变化，时效性强且比较灵敏，但容易受到季节因素干扰。

同比是指与上一年的同一时期进行比较，如今年本月与去年同月相比，今年本季度与去年同季度相比。同比可以消除季节性因素的影响，更能反映出长期趋势。

2）横向对比。

横向对比是比较同一时间点不同对象之间的数据差异。

以与行业水平对比为例，与行业内的平均值进行比较，了解自己在行业中的位置，发现优势和不足之处。还可以与竞争对手对比，了解自己与竞争对手的差异，识别竞争优势和劣势。

3）基准对比。

基准对比是指将当前数据与特定的基准或标准进行比较。

以与预期目标对比为例，将实际数据与预期目标进行对比，评估预期目标是否达成，如未达成，则未达成的差距是多少。

翻转一下

探索数据分析中还有哪些数据分析方法，对其进行汇总整理，构建对数据分析方法的整体认知。

3. 分析数据

如果说查看数据是为了发现问题，那么分析数据的重点就在于分析原因。

通过对比多个维度的数据，观察数据的变化趋势，可以发现异常点或潜在问题。如某个地区的销售额突然大幅下降了、某个用户群体的活跃度明显降低了，这些数据变化就需要引起关注。

针对这些异常数据，数据分析的思路是将数据与业务逻辑结合，分析潜在原因。具体思路如下：

（1）异常排查。

异常排查原因的分析思路可以分为横向的数据指标拆解和纵向的下钻维度分析，如表 8－7 所示。

表 8－7　异常排查原因的分析思路

思路	解析	示例
数据指标拆解	将问题指标通过公式的方式进行拆解，分析各个组成部分的变化情况，定位问题出现的具体环节	用户量下降，总用户量可以拆解为新用户量和老用户量，找出是新用户量下降了，还是老用户量流失了。如果不是该维度引起的，则可以尝试从性别、年龄等维度进行拆解，以定位问题
下钻维度分析	指沿着特定属性维度的层次，深入分析下一层级的数据细节，即从大到小、从粗到细地分析数据，如拆解产品销售情况，可以从年度销量深入到季度、月度或日度的销量	购买转化率下降，通过拆解用户购买路径，浏览商品、查看详情页、添加购物车、订单支付，找到具体是哪一环节的转化率下降了，以缩小问题范围，分析原因

职场案例

网红带货是某电商公司营销拓客、提升销售额的重要方式。

在过去三年里，网红带货 GMV 均保持增长趋势，但今年网红带货营销额却呈现出放缓趋势。为找到导致网红带货营销额放缓的原因，该公司对此展开了数据分析。数据分析团队梳理了业务流程，并对近三年的 GMV 趋势图进行了分析。

梳理业务流程可得，网红 GMV＝带来流量的网红×网红人均流量×下单转化率×粉丝人均下单量×粉丝客单价。对影响网红 GMV 的这 5 个关键要素进行了环比分析，如表 8-8 所示。

表 8-8　影响网红 GMV 关键要素环比分析

网红 GMV	带来流量的网红	网红人均流量	下单转化率	粉丝人均下单量	粉丝客单价
40 890 万元	16 156	530	18.7%	4.48	57 元
−37%	−9.8%	4.9%	−23.7%	−11.1%	−1.7%

由上表可得，当期网红人均流量和粉丝客单价较对比值没有太大变化，因此他们通过数据将问题范围缩小至“带来流量的网红数减少”“下单转化率降低”“粉丝人均下单量减少”这三个方面。

（2）假设验证。

基于业务经验和初步分析，提出可能的假设原因，然后通过数据验证假设的正确性，主要用于针对某一特定问题的分析。验证的方法有 A/B 测试、相关分析、回归分析等。

假设，我们猜想短视频中添加热门音乐可以提高播放量。为了验证这一假设的正确性，我们可以针对某一相似的用户群体，在短视频中的背景音乐分别使用热门音乐和非热门音乐，统计并分析两类短视频的播放量，从而得出结论是否正确。

小贴士

5W2H 分析法

5W2H 分析法，也被叫“七何分析法”，“5W”指的是 What（什么）、Why（为什么）、Who（谁）、Where（在哪里）、When（何时），而“2H”则是指 How（如何）和 How much（多少）。5W2H 分析法不仅是一种问题解决思维，也是一种数据分析思维，运用该思维可以帮助数据分析师更全面地理解和分析问题，找到有效的解决方案。具体内涵如下表所示。

5W2H 分析法

5W2H	提问	目的
What（什么）	是什么？本质是什么？目的是什么？做什么工作？	确定目标和方向

续表

5W2H	提问	目的
Why（为什么）	为什么？为什么要这么做？理由是什么？原因是什么？	探究原因和理由，找到解决问题的关键
Who（谁）	谁？谁来承担？谁来完成？谁负责？	确定涉及人员、利益相关者及其角色和利益
Where（在哪里）	在哪里做？从哪里入手？	界定问题的具体情境和可能的局部解决方案
When（何时）	什么时间完成？什么时机最佳？	安排适当的行动计划
How（如何）	怎么做？	找到解决问题的具体途径
How much（多少）	多少？做到什么程度？数量如何？质量水平如何？费用产出如何？	衡量问题的解决效果和成本效益

（三）数据优化

数据优化是针对已经找出的可能造成数据异常的原因进行针对性优化的过程，即“对症下药”。

然而，不同的业务场景所面临的问题和解决方式是不同的，只有扎根于实际业务场景和数据才可能有效地优化数据，实现业务增长。

下面以短视频运营为例，简单罗列部分关键数据不佳的问题潜在原因和对应的优化策略，如表 8－9 所示。

表 8－9　短视频数据优化表

关键数据	问题潜在原因	优化策略
播放量	标题不吸引人	编写有趣的标题，引入网络热梗等
	内容缺乏吸引力和创意	添加创意视角，增加内容干货等
	发布时间不当	在用户在线高峰时段时间段发布
	发布领域不垂直	明确账号定位，发布垂直领域的内容
完播率	视频时长过长	精简视频时长，保留精华部分
	内容缺乏亮点和创新性	注重创意性和独特性，提升原创度
	音画质差或剪辑粗糙	优化拍摄和剪辑技术，保证视频质量
	缺乏互动和吸引力	添加提问、投票、抽奖等互动元素，引导用户评论，积极回复评论

续表

关键数据	问题潜在原因	优化策略
吸粉量	推广策略不足	多渠道推广或与 KOL 合作等
	内容定位不明确	明确内容定位，了解观众需求和兴趣
	缺乏互动和反馈	积极与观众互动，引导用户关注
	更新频率不稳定	制订合理更新计划，保持稳定更新
互动量	内容平淡无趣	了解观众兴趣和需求，引入热门话题等
	缺乏互动引导	提问、邀请用户评论区分享看法
	互动形式单一	丰富互动形式，举办线上活动、发起挑战、设置互动游戏等
	回复不及时	及时回复与解答用户评论和反馈

练一练

一、单选题

1. 在数智营销领域，（　　）用于衡量数智营销活动对业务目标实现的具体贡献程度。

A. 播放量指标　　B. 业务效果评估指标

C. 绩效评估指标　　D. 销售评估指标

2. 业务效果评估指标需要考虑的因素不包括（　　）。

A. 业务目标　　B. 历史数据和实时数据

C. 行业标准和竞争对手　　D. 原有的资源和团队情况

3. 公众号运营中，运营者可以通过（　　）来监测和评估公众号的受欢迎程度和运营效果。

A. 关注数、阅读量、点赞数、评论数

B. 广告收入、运营成本、粉丝年龄、发布频率

C. 点赞数、评论数、文章篇幅、转发来源

D. 评论数、阅读时间、点赞成本、关注来源

4. 一个好的指标体系不应该具备的特点是（　　）。

A. 缺乏可衡量性　　B. 缺乏系统性

C. 缺乏导向性　　D. 涵盖所有方面

5. 数智营销数据分析与优化的作用不包括（　　）。

A. 洞察市场趋势　　B. 发现潜在客户

C. 优化营销策略　　D. 增加营销成本

二、判断题

1. 评估指标就如同一把尺子，可以用于衡量数智营销业务目标的达成情况。（　　）

2. 在确定数智营销目标时，不需要考虑业务目标确定与之相关的效果评估指标。（　　）

3. 在指标数量控制上，尽量选择3个以上的核心指标。具体数量还需结合业务实际。（　　）

4. AARRR模型，也被称为海盗模型或增长黑客理论模型，包括用户获取、用户拉新、用户留存以及获得收益四个关键阶段。（　　）

5. 在开始评估指标体系搭建之前，理解业务是搭建评估指标体系的起点。（　　）

三、思考题

为什么明确业务目标是搭建数据指标体系的第一步？请结合具体案例进行说明。

实训任务评价八

练一练参考答案

参考文献

［1］曾凡昌．数智未来：从宇宙到元宇宙［M］．北京：经济日报出版社，2023.

［2］丁荣余，卜安洵．数智经济生态圈［M］．北京：人民邮电出版社，2022.

［3］隋岩．互联网群聚传播［M］．北京：科学出版社，2023.

［4］杨先顺，万木春．智能营销传播理论新思［M］．广州：暨南大学出版社，2022.

［5］栗建．元宇宙营销：认知、方法与实践［M］．北京：机械工业出版社，2022.

［6］周飞．数智时代的游戏化营销［M］．北京：经济管理出版社，2022.

［7］琚春华，陈庭贵，陶婉琼．在线用户行为挖掘与影响力：度量与认证［M］．北京：电子工业出版社，2010.

［8］伯纳德·吉姆·詹森．搜索营销：理解关键字广告之核心［M］．北京：机械工业出版社，2019.

［9］曹虎，王赛，乔林，等．数字时代的营销战略［M］．北京：机械工业出版社，2017.

［10］戴夫·查菲，菲奥纳·埃利斯-查德威克．数字营销：战略、实施与实践［M］.7版．北京：清华大学出版社，2022.

［11］阿黛尔·斯威特伍德．智慧营销：营销部门数字化转型指南［M］．北京：机械工业出版社，2019.

［12］曾卉．互联网大数据营销［M］．北京：清华大学出版社，2023.

［13］成荣芬，魏振锋．互联网营销策划实务［M］．北京：电子工业出版社，2022.

［14］阿里云．数智化转型［R］．杭州：阿里云计算有限公司，2023.

［15］大数据技术标准推进委员会．私域营销数智化实践指南［R］．北京：大数据技术标准推进委员会，2023.

［16］阿里研究院．消费行业品牌营销数智化转型白皮书：后疫情时代的营销再升级［R］．杭州：阿里研究院，2021.

［17］秒针营销科学院．2024中国数字营销趋势报告［R］．北京：秒针营销科学院，2023.